华侨大学政治与公共管理学院丛书

■ 王晓瑞 著

华侨大学高层次人才科研启动项目资助研究成果（项目编号：600005-Z17X0118）

论农业领域环境会计的理念与实践

九州出版社
JIUZHOUPRESS

图书在版编目（CIP）数据

论农业领域环境会计的理念与实践 / 王晓瑞著 . —北京：九州出版社，2018. 11
ISBN 978-7-5108-7636-3

Ⅰ. ①论… Ⅱ. ①王… Ⅲ. ①农业会计 - 环境会计 - 研究 - 中国 Ⅳ. ①F302. 6

中国版本图书馆 CIP 数据核字（2018）第 281191 号

论农业领域环境会计的理念与实践

作　　者	王晓瑞　著
出版发行	九州出版社
地　　址	北京市西城区阜外大街甲 35 号（100037）
发行电话	（010）68992190/3/5/6
网　　址	www. jiuzhoupress. com
电子信箱	jiuzhou@ jiuzhoupress. com
印　　刷	北京市金星印务有限公司
开　　本	710 毫米 ×1000 毫米　16 开
印　　张	16. 25
字　　数	291 千字
版　　次	2019 年 4 月第 1 版
印　　次	2019 年 4 月第 1 次印刷
书　　号	ISBN 978-7-5108-7636-3
定　　价	55. 00 元

《华侨大学政治与公共管理学院丛书》总序

蔡振翔

为了更好地交流研究成果，促进学术的进步与繁荣，华侨大学政治与公共管理学院研究决定，编辑出版《华侨大学政治与公共管理学院丛书》。经过一段时间的紧张筹备，《华侨大学政治与公共管理学院丛书》第一辑、第二辑一共八种学术专著，在2017年年初的几个月时间里，由经济日报出版社陆续出版，并且在社会上产生了比较大的影响，得到不少专家学者的好评，使我们深受鼓舞。经过一段时间的精心策划，《华侨大学政治与公共管理学院丛书》第三辑一共七种学术著作（内含六本学术专著，一本学术论文集）又将隆重推出，与广大读者见面。

作为一门综合类的学科，中国的公共管理学科起步于20世纪80年代，是在政府职能转变与机构改革的时代背景下，借鉴西方发达国家有关学科的经验而缓慢发展起来的。当时学术界普遍认为，公共管理学科能够促进公共利益的有效实现，能够促进政府公共决策的科学化系统化民主化。最初出现的是各种各样的公共管理研习班，进入90年代，一些高等院校陆续地开设了公共管理专业或者一些有关的课程，到了本世纪初期，中国的公共管理学科得到快速的发展，学科体系逐渐成熟。因此，尽管中国的公共管理学科目前仍然存在着学科理论体系有待进一步完善，学科队伍建设有待进一步加强，学科专业范围有待进一步界定等诸多问题，但是总的说来，中国的公共管理学科时间不长却发展很快、专业方向涵盖面宽、办学方式灵活，基本上形成了自己独特的学科体系与方法论，具有着很好的发展前景。

华侨大学政治与公共管理学院的历史悠久，前后经历过几个不同的发展阶段，具有几个不同的名称。在 2001 年，当时的人文社会科学系申报公共事业管理本科专业获得批准，次年开始招生。在 2004 年，当时的人文与公共管理学院申报行政管理本科专业获得批准，次年开始招生。到了 2006 年，当时的人文与公共管理学院获得行政管理二级学科硕士学位授予权和公共管理（MPA）专业学位授予权，次年开始招生。到了 2009 年，土地资源管理本科专业转入当时的人文与公共管理学院。2012 年，当时的公共管理学院申报城市管理本科专业获得批准，次年开始招生。包括 MPA 研究生在内，目前政治与公共管理学院的在校生将近 1500 人，建立了比较完整的公共管理学生培养体系。

我一直认为，一个学院的生存与发展，一共有三个关键问题。首先是环境。作为大学，通常有两大任务，一是培养人才，二是学术研究。学院工作也是如此，只不过是更加具体化而已。华侨大学政治与公共管理学院拥有政治学与公共管理两大学科，这样的学科背景，导致我们特别推崇据说是出自明代顾宪成的那幅名联："风声雨声读书声，声声入耳；家事国事天下事，事事关心"，把它作为座右铭，希望政管学院的师生都能有忧国忧民的人文关怀、自由开放的精神风貌，树立起应有的人生观和价值观；其次是制度。也就是说，一定要建立起一套规范的教学、科研及其管理制度。政管学院在学校有关规章制度的基础上，结合学院教学、科研及其管理工作的实际情况，陆续出台的十几份配套的规定或者措施，有的直接照搬学校的规定，有的比学校的宏观要求更加细化更有可操作性，有的比学校提出的要求还要更高一些，以便鼓励教师从事教学、科研和服务工作的积极性；最后是目标。换句话说，学院在做好日常性程序性的工作外，既要有着长期的发展战略，又要制定近年应当达到的几个具体目标并且设法做到。可以说，经过全院师生的不懈努力，在教学、科研和管理等方面，政管学院都取得了十分可喜的成绩。

特别值得一提的是，长期以来，政治与公共管理学院重视对学生综合素质的培养，重视对学生专业知识的学习，重视对学生专业技能的训练，使得学生在走出校门时，具备了比较高的适应能力，可以应付遇到的各种困难与问题，而这一切，有赖于政管学院拥有一支结构合理、富有创造力、以中青年占据绝大多数的教师队伍，使得科学研究工作一直保持着良好的发展态势，各级各类科学研究项目、论著、奖项在全校一直位居前列，形成了通过科学研究的深入开展，进而提高教学质量教学水平的政治与公共管理学院特色。

也正是因为这样，政治与公共管理学院的公共管理学科在发展过程中，慢慢地形成自己的重点与特色。归纳起来，主要有三个研究方向：第一，在作为公共管理专业基础的行政管理研究方向，关注的重点是国家治理中的政府管理问题，通过定量和定性的方法，对公共危机管理、环境治理、城市治理等领域展开具体研究；第二，在作为公共管理专业优势的社会保障研究方向，关注的重点则是社会养老保险、医疗保险等问题；第三，作为公共管理专业特色的侨务政策与闽台区域治理研究方向，立足于闽台地域特色，服务于区域发展，关注华侨华人的桥梁与纽带作用。政治与公共管理学院的大量成果，都与上述三个研究方向密切相关。

与《华侨大学政治与公共管理学院丛书》的前两辑一样，《丛书》第三辑收录的学术新著，同样具有观点新颖、内容丰富、论证翔实的特点，同样体现出政管学院的研究水平、研究重点及其研究特色。当然，《丛书》中恐怕还是会有这样或者那样的缺点与错误，敬请海内外专家学者予以批评指正。

蔡振翔
2016 年 10 月 22 日晚八时初稿于山阳馆
2017 年 10 月 5 日晚九时改定于山阳馆

【作者简介】

蔡振翔，华侨大学政治与公共管理学院院长、教授，兼任台湾民主自治同盟第八届、第九届中央委员会委员，福建省第十一届、第十二届人民代表大会常务委员会委员等职。

略缩语表

ACFTU	全国总工会
ARD	会计监管部门
ASBE	商业企业会计标准
CAS	中国会计准则
CNKI	中国知网
CCP	中国共产党
CDA	批判话语分析法
CSR	企业社会责任
ECP	生态补偿机制
EU	欧盟
FDI	外来直接投资
FVA	公平价值会计
GAAP	普遍接受的会计原则
GDP	国民生产总值
GEP	生态系统生产总值
GGDP	绿色国民生产总值
GHG	温室气体
GPI	真实发展指数
GRI	全球报告倡议组织
GSI	世界标准化组织
IAS	国际会计标准
IASB	国际会计标准委员会
IET	国际排放权交易
IFRS	国际财务会计报告准则（国际会计标准）
IPEA	会计的制度经济学

MACS	管理会计与控制系统
MEP	环保部
MOA	农业部
MOF	财政部
NBSC	中国国家统计局
NDRC	国家发改委
NEAAS	国家生态会计与审计项目
PEA	会计政治经济学
PRC	中华人民共和国
SA	可持续发展会计
SEEA	环境与经济会计合二为一体系
SEZ	经济特区
SD	可持续发展
SNA	国家会计体系
SOE	国有企业
TBL	三重底线法
TDL	三重折旧法
TVE	乡镇企业
UN	联合国
UNEP	联合国环境规划署
WBCSD	促进可持续发展世界商业理事会
WCED	世界环境与发展委员会
WB	世界银行

·目录·

第一章 引 论

1. 可持续性与可持续性会计

澳大利亚土著人很了解所拥有的自然资源，却宁愿让这些自然资源保持原生态①。大西洋的东部群岛上，人们的需求似乎满足于“一周劳作 12 小时就获得了所需的一切”②。在农业经济之前的年代，狩猎与采集果实就能享受“社会的天然富足”，而不愿意去充分开发土地资源③。“与自然与他人和谐相处”的观念在人类原始宗教与中世纪哲学里根深蒂固，可以把这些观念视为当今众所周知的可持续性的来源④。

人类祖先似乎对大自然充满敬畏。为了满足基本生存的需要，他们仅从自然界以及人类所拥有的物品索取小小的部分，而将其余部分小心翼翼保存起来。然而，另一方面，关于这种观念也有其他考古学的研究显示：可持续性观念的来源或许还有出处。如果我们审视可持续性观念的演变过程，很快就认识到可持续性观念是随着资本主义经济⑤的兴起而问世的。只要不危及人类生存，资本主义生产方式激励人们尽可能开采利用自然资源，人们总是竭尽所能地持续寻找资源储备以确保他们的生活永远持续下去。

无论是从古代传下来的智慧来看，还是反思目前人们还自以为安却贪得无

① Sahlins M D. Stone Age economics [M]. Aldine Atherton Inc., 1972.

② Marx K. Capital: Volume III: A Critique of Political Economy [M]. International Publishers, 1977 [1867].

③ 同注①。

④ Mebratu D. Sustainability and sustainable development: Historical and conceptual review [J]. Environmental Impact Assessment Review, 1998, 18 (6): 493 -520.

⑤ 当代对资本主义经济这一概念的主流解读关注的主要是金融收益（抑或利润）的最大化。这里使用的则是对这一概念的更宽泛的解读，我们认为，无论是以收集、狩猎、农业或是机械化生产为主要活动的经济，只要其内在驱动力个人所拥有的资本的积累，那么它就属于资本主义经济。

厌的生活方式，可持续性观念经由初露端倪到逐步落地生根，并成为占据世界经济主导地位一个多世纪的新自由主义主要的竞争对手。随着人文科学的进步与发展，可持续性观念已经渗透到许多学科，尤其是经济学与管理学，发展成“可持续性发展”与“可持续性管理”等研究课题。与之相应，无论古代还是发展到现在的资本主义，权威部门（例如国家政府）也一直倡导可持续性，组织机构（例如公司）也诉诸实践。如今，国际间、国家、地区权威组织从各自层面都着力于建立协调环境与社会问题的诸多制度。同时，公司与其他经济组织或资源或在压力之下，必须对这些挑战做出负责任的回应。

但毕竟要看成效，怎样才能判定我们做得正确呢？或许并无具体答案，我们只能以回答下列问题代之。

- 什么是可持续性？
- 如何以数据追踪我们在可持续性方面所作所为？
- 这些数据与他们的实际状况及其影响是否一致不走样？
- 如何利用数据帮助我们开发得以可持续性的管理技巧？
- 我们能在多大程度上改进这些技巧？
- 在什么程度上，能在现实中实施这些管理技巧以满足我们对可持续性的预期？
- 如何在实施过程中反映具体社会与组织的意识形态基础？
- 反过来，对这些问题的理解如何有助于我们预判实施成效？

把握命题首先明确组成命题的概念定义。比较“可持续性发展”概念与“可持续性”，特别是 1987 年联合国环境与发展世界委员会那份著名的报告《我们共同的未来》（The Brundtland Report）发表以来，“可持续性发展”概念的认同更广泛。然而，对这个概念的通俗理解过多集中在两代之间的公平，难免有下列重大的缺陷：面对各种资源保护时，必然引起对长期经济增长与增长带来的负面因素的混乱理解。因此，很难说这是一个定义明确的概念①。

虽然，公众与学术界把可持续性几乎等同于可持续性发展，但对可持续性这一词汇的理解偏差不大，因为：1）它不强调在任何时点上都追求经济增长；2）这是一个更为开放的术语，可以通过它进行合法的解释，从而使更强有力的可持续性范式能够丰富术语自身内涵。本书主张的强式可持续性是合乎逻辑的推论结果，即把可持续性理解为主体的理想存在状态。在这种状态之中，主体能够通过科学数据分别掌控自然资源、人力资源与金融资源，这是以

① Hueting R. The Brundtland report：A matter of conflicting goals［J］. Ecological Economics，2005，2（2）：109 – 117.

前的可持续性难以做到的（详见第二章）。

尽管如此，“可持续性”说到底还是一个经济概念①。为了实现经济增长的持续性，各个经济主体经济活动都采取相应的措施或评估方式反而使这种经济可持续性变得事与愿违。

在经济学概念的可持续性的基础上，管理学界的学者长期以来与生态学者、农业专家以及生态经济学家联手作战致力创建并测试各种指标体系评估主体的可持续性。通过对具体自然资源承载力建立量化指标体系，学者们的研究已经结出硕果。相形之下，把人类生活其他方方面面纳入可持续性评价的可持续性指标体系非常少见。由于可持续性可“量度标志”的多维性与综合性，在这件事上取得业内共识相当困难②。

与此同时，一些由主流经济学智库主导的有影响力的全球或区域性组织提出的一些货币会计模式③崭露头角，20 世纪 90 年代以后逐渐得势。其特征就是同时重视自然资源与人力资源，这些努力表明他们修正唯金融资源是从的传统会计与报表惯例的决心。然而，这些方法受到非议，因为只能局限于零星信息以及对三类资源的补偿上面，可见这些方法是相当弱的④。很明显，支撑这些观念的逻辑就是“外部性内在化”（internalisation of externalities）⑤，这很快就成为“可测量持续性”主流理论架构。

尽管许多支持强式可持续性生态学家不赞成货币化的想法，作为管理会计的研究者，笔者自然认为适当的货币核算方案将是一个实体的可持续性评估最有前途的管理技能。这一论点也得到可持续发展核算领域许多学者的认同。主要原因在于，反对货币化这一派生态学家是唯一从实质上意识到：应该引入新古典经济理论的定价机制，而不是评估“预付价格”的主流方法，“预付价格”的缺陷在于往往把货币评估变成一个主观概念⑥。此外，还有其他货币化的方法既尊重科学数据所产生的客观性，也对不同形式的资源存量做出了不可替代的维护。

---

① Daly H E. Steady – State Economics：Second Edition with New Essays ［J］. Handbook of Environmental & Resource Economics，1992（2）.

② Munda G. “Measuring Sustainability”：A Multi – Criterion Framework ［J］. Environment Development & Sustainability，2005，7（1）：117 – 134.

③ 值得注意的是 1997 京都议定书批准的国际排放交易，世界银行（1997 年）关于真正储蓄的指标，以及全球报告倡议、联合国、欧盟、国际货币基金组织、经济合作与发展组织、世界银行（2003）在 Elkington（1997 年）的“环境与经济核算一体化体系”“三重底线”下的“公司社会责任报告”。

④ Richard J. Comptabilité et Développement Durable ［M］. Economia，2012.

⑤ Coase R H. The Problem of Social Cost ［J］. Journal of Law & Economics，1960，3（4）：1 – 44.

⑥ Richard J. Comptabilité et Développement Durable ［M］. Economia，2012.

2. 研究目标

2.1 模式设置：主流方法与三重折旧法

纵然，许多研究可持续性会计的学者主张货币会计是可行之路，也几乎无人赞成货币会计可以作为量度与计算的精确工具予以采纳。原因在于：当今世界并没有可称为"普遍接受的可持续发展会计原则"，情况很像国际会计报表准则在业内也只是相对传统的会计惯例而言，实际上没有普遍公认严格意义上的国际会计报表准则①。对于自然资源与人力资源的估值，早已存在许多办法，由此引发的争议由来已久至今还持续。可持续发展会计原则缺失与寻求可普遍认同的资源估值模式的努力催生了世界银行保值模式②。可将其视为：过去 10 年以来，可持续性会计理论架构发展的重要标志之一。在此基础之上开辟了多重探索之路。

2.1.1 世界银行模式

世界银行保值法包括三个不同的办法，即：产成品资产存量（produced capital stocks）的永续盘存法（PIM）、自然资产存量的净现值法（NPV）以及计算无形资产的间接法。后者被当成总资产存量减去前两类资产的剩余。选择估值法，尤其是选择无形资产估值法是视情形而定的务实之策（p. 22）。纵观全球，"资产会计"（P. 1）由于区域差异与信息是否透明，难免繁茂芜杂，存在差异。这也可能是报表其他项目采用"资产存量估值"（pp. 19，35）这一术语而没用"会计"一词的原因。

从会计理论的角度深究这两个办法之间的关系，凸显了下列事实：第一个办法永续盘存法（PIM）涉及历史成本会计，第二个办法净现值法（NPV）涉及公允价值会计。纵然，这两个办法在资产存量估值方面都想着搞平衡，正如 Richard（2012）所指出的那样：事实上，建立在精算基础之上的会计已经占据统治地位，使得关于自然资产与人力资产存量估值成为问题。首先来看，在设定期间内，底土资产、保护区、作物与畜牧区林产品（p. 24）等自然资产的估值采用现值法标记自然资源开发利用的经济效益，这个办法看到了经济活

---

① 今天，"国际财务报告准则"实际上是各国普遍接受的会计准则，适用于每个地方公认会计准则趋同的国家。见第三章。

② Wynne B. Where Is the Wealth of Nations? Measuring Capital for the 21Century [J]. World Bank Publications, 2005, 91 (303): 447 - 448.

动中自然资源的作用，而忽视了环境功能[①]。其次，渔场的“资产”以及纯净大气由于缺乏数据（p. 23），都没包括在内。再者，尤为重要，人力资源以及其他的社会与制度资源，由于缺乏“好工具”（p. 23），而没法直接测度，这导致不得已采用间接测度来计算无形资产存量，也就是，我们的“资产总量”是使用净现值计算未来消费，然后扣除前面两类资产存量之和得出来的。采用精算会计办法估算资产总存量，据此计算占世界资产主流份额无形资产（p. xiv），这种资产估值办法被认为来自经典的李嘉图租金理论。该模式越来越被看作是现代会计理论与实务中未来主义思维的忠实追随者。

2.1.2 三重底线法

从行业组织层面来看，这种会计科目三分法通过“三重底线法”（TBL）广为采用，似乎已经制度化，因为这个基本概念不仅用在表述公司社会责任（CSR），还用在货币会计模式的综合报表（IR）当中[②]。这得归功于 John Elkington（1997）[③] 及其有影响力的咨询公司 SustainAbility。

Elkington 提出的三重底线法是一个重要概念，对于提升“环境质量意识，这曾被企业一度忽略的社会正义”（p. 70）发挥了作用，行业视野不再局限于传统的企业盈利观念。人力、自然资源与盈利作为可持续性的三要素代表了社会、环境与经济三重底线如下列图示 1。

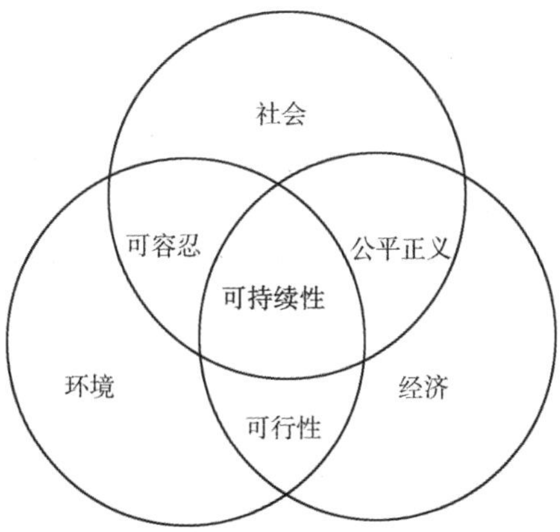

图 1 三重底线[④]

① 参见第二章第 2.3 节。

② 参见 International Integrated Reporting Council（IIRC）. International Integrated Reporting Framework, 2013.

③ Elkington J. Cannibals with Forks: The Triple Bottom Line of 21st Century Business [M]. Capstone Publishing, 1997.

④ Young S T. Dhanda K K. Sustainability: Essentials for Business [M]. SAGE Publications, 2012.

三部分貌似等额，作为与外部对照的公司目标同等予以保护。深入分析之后，这个基于会计模式的三重底线法难免有围绕着中心概念生态效益（eco - efficiency）打转之嫌，也就是可持续发展世界商业组织委员会（WBCSD）提出的可持续发展方案。这个概念原本是由可持续发展商业委员会（BCSD）也就是后来的可持续发展世界商业委员会（WBCSD）首创的，原文如下：

“通过提供价格具有竞争性的产品与服务实现生态效益，同时还能满足人类需求并带来有品质的生活，逐步减轻对生态的影响与资源的利用强度，起码能达到这样的程度，即：不至于超出人类预估的地球承载能力”①。

正如“效益”这个术语意味着经济的含义，“生态效益”一词也顺理成章地包含着“实现了经济目标，同时可能对生态投入最小化”的意思。在这一点上已经很明白了：公司对于环境与经济两个方面分别视为手段与目标而不可能同等对待，这与声称的“同等保护”自相矛盾。生态效益这一概念需要进一步的释义，一方面生态效益可以通过降低以数值指标来标志的对环境总体影响来取得，该数值指标已由 Rambaud 和 Richard（2013）定义为“环境效益”。② 另一方面，也可以直接改善投入产出比来取得。下面有一个危害环境案例，在这个案例当中，因为投入产出比比较高，“目标”实现了。然而，无论投入的绝对量有多高，众所周知，追求效益产生的“反弹效用”在宏观与微观层面都成为问题。正如欧盟委员会的一项实证研究所揭示的：在微观层面存在着“直接反弹效用——即：生产型或服务型企业的增效减成本将导致资源消耗的增加，因为资源便宜，降低资源消耗的设备投入相对昂贵”，“间接反弹效用——即：从增效降成本中获取的节约使企业有资金投入到其他生产或服务项目上”，因而，在宏观层面也出现“宽泛的经济反弹效用——即：更多的效益促使经济生产率上升，进而推动宏观经济增长与消费”③。另外，也得注意这里完全没有涉及社会因素。在投入段包括社会因素与否，都不减弱评价社会因素的难度④。

① Schaltegger S. Burritt R. Contemporary Environmental Accounting: Issues, Concepts and Practice [M]. Sheffield: Greenleaf Publications, 2000.

② Rambaud A, Richard J. The “Triple Depreciation Line” instead of the “Triple Bottom Line”: Towards a genuine integrated reporting [J]. Critical Perspectives on Accounting, 2015, 33: 92 - 116.

③ Maxwell D. Owen P. McAndrew L. Muehmel K. Neubauer A. Addressing the Rebound Effect (A project under the Framework contract ENV. G. 4/FRA/2008/0112). European Commission DG ENV. 2011.

④ Norman W, Macdonald C. Getting to the Bottom of “Triple Bottom Line” [J]. Business Ethics Quarterly, 2004, 14 (2): 243 - 262.

2.1.3 三重折旧法

无论宏观还是企业层面，从上面给出代表性的可持续发展会计理论架构，不难看出：世界银行尝试在全球范围内给出可持续发展会计报告，由于信息不充分，难以如愿；但三重底线法在个体企业应用似乎更具有根基，在这方面，三重底线法揭示了资本主义经济的一个基本事实——这是必然渗透商业思维的经济底线，也是现今商业行为的主要驱动力①。由于现在的事态明显与三重底线法倡导的经济、社会和环境资源保护相平衡的观念相背而行，现在似乎是我们重启本章第一部分所列问题的时候了，也就是，在什么程度上可以改进管理技术以实现可持续性发展？

三重底线法被工商界广为接受的事实肯定了 Gray（2010）的先见之明——“可持续性发展既是生态也是社会概念，如果不是绝对，也是与企业或组织相对精彩的一致”（p. 57）②，或许这就是社会公正与生态承载能力在区域或全球层面上相关联的原因（如上）。接下来就要通过政治和组织渠道推行配套措施。然而，根据 2005 年世界银行报告以及其他国际或国家的可持续性发展报告汇总分析，政策与资源存量管理尚未取得切实成效，因为没有切实可行的措施保存数据，也没有系统在微观、中观层面维护资产存量。

在这个意义上，Rambaud 和 Richard（2013）提出的“三重折旧法”实际上提供了运用相同的会计工具记录维护三类资产存量的可能性，如同世界银行 2005 报告所主张的那样，三重折旧法在宏观与中微观层次应用，无论以公司的形式还是以国家形式，实体都应该能清楚他们所处的境遇，能够为可持续性发展确定行动方向。

三重折旧法的概念起源于 Richard（2012）“重置环境的成本会计”（CARE）③，里面采用历史成本原则记录保留自然与人力资源存量，顾名思义，说得具体一些，就是三类资源通过预定折旧确定现值。这是传统会计理论架构开发出来的一个独特的有力工具，用以维护金融资产现值。尽管这一工具曾被

---

① Schaltegger S. Burritt R. Contemporary Environmental Accounting：Issues，Concepts and Practice ［M］. Sheffield：Greenleaf Publications，2000.

② Gray R. Is Accounting for Sustainability Actually Accounting for Sustainability…and How Would We Know? An Exploration of Narratives of Organisations and the Planet ［J］. Accounting Organizations & Society，2010，35（1）：47－62.

③ 究其源，这是一个法文标题“la Comptabilité Adaptée au Renouvellement de l’ Environnement”的缩写，可译为：“适应环境重置的会计模式”。

缺乏耐心的股东攻击为“太保守了”[①]，但这一工具一直适应于大多数资产，特别是有形固定资产。事实上，如同 Kapp（2000［1950］）所观察的那样，鉴于金融资产的保值通常是管理阶层关注科目（也就是，通常会计所说的折旧），允许重新估值而折去一个确定的货币值[②]。可是，自然与人力资源似乎没有足够的幸运享受如此对待。根据历史成本原则，一项资产的现值是它比较成本的叠加。所以，如果引用折旧概念就是为了维护自然资源与人力资源的真实存量，这些资源存量的货币价值就应该是维护成本的叠加或重置这些资产发挥其功能所需要的成本。

三重折旧法有下列几个显著特征：第一，三类资产（金融、自然、人力资源存量）不是作为一个整体而是分别记载的；第二，重置成本根据不同类别资产保值的科学数据来确定；第三，处理自然资源与人力资源存量的会计办法建立在坚实的会计理论之上，即历史成本原则，这一原则提供了从日记账分录到编制资产负债表与损益表所有必需的会计办法；第四，因为三类资产都分列记账，在传统的会计体系内能够完全汇总，这样就消除了财务管理与环境/社会管理之间似乎难以逾越的界限，因而，就可以实现用货币单位显示收益。目前来看，只有采用这个办法才能应对经济发展充满疑惑的逻辑，可持续发展会计才能有所作为。

再转向经典的历史成本会计并细说它在可持续发展会计中的作用。三重折旧法在环境主义与意识形态的视域下，展现了与主流的新自由主义迥然有异的“理性”姿态[③]。尤其令人瞩目的是，三重折旧法与前面提到的那些好心生态学者的主张相反，不仅不与可持续发展的科学标准相冲突，实际上还能成为把可持续发展的各项指标货币化的工具，这将对传统的财务报告有直接影响，换言之，这将使传统的财务报告成为“真正具有综合性”的报表[④]。作为会计理论架构组成部分，它符合以“不可持续性模式”或“强式可持续性发展”的标准，其可行性正是本书所要研讨的。

---

① Rambaud A，Richard J. The“Triple Depreciation Line” instead of the“Triple Bottom Line”：Towards a genuine integrated reporting［J］. Critical Perspectives on Accounting，2015，33：92－116.

② Kapp K W. The Social Costs of Business Enterprise［M］. Spokesman，2000［1950］.

③ Weber M. Economy and Society：An Outline of Interpretive Sociology［M］. University of California Press，1978［1922］.

④ Rambaud A，Richard J. The“Triple Depreciation Line” instead of the“Triple Bottom Line”：Towards a genuine integrated reporting［J］. Critical Perspectives on Accounting，2015，33：92－116.

2.2 现实背景选定：中国农业领域

回顾人类历史，恰恰是农业的发展使人类从环境的束缚下获得了极大的自由，由此人类开始有组织地掌控生计①。正如前面我们追寻了可持续性观念的历史起源，首先在农业活动中出现可持续性的理论与实践的历史②几乎与人类文明史同步，这并不令人惊异。

的确，选择农业领域作为学位论文选题经过再三斟酌，主要考虑到：农业领域一直是与自然与人类关系密切的经济领域，农业生产主要依赖诸如土壤、淡水等自然资源，农产品消费维持了人类生活。与其他经济领域相比，无论在古代还是已经大大工业化的现代，农业生产都具有高度不确定性，也就是人们所说的“靠天吃饭”难以彻底改观，因而，农业领域的可持续性管理技术事关紧要，值得精细研讨。Ciriacy – Wantrup（1952）指出：农业生产是一个高度不确定性领域，管理决策不当将导致巨大甚至难以弥补的损失。为了避免将来因土壤、物种、森林退化而发生的灾难，人类需要搞清与之有关的环境安全底线③。可持续性会计可发挥重要作用，没有警示信号时，可促使经济活动参与者约束或改良自己的经济行为，有益于生态；一旦出现警示信号，就能更好地让农场、企业以及全社会知晓。

从学术角度来看，选择这个经济活动领域开展三重折旧法的应用研究也基于这样一个事实，即把这类资源保护办法应用到可持续性农业领域早已有之，尽管为数稀少。例如，在一些法国农场就采用了“IDEA”④（农业可持续性指标）的办法，该办法提出一些确定金融、自然资源与人力资源维护可持续性的数据临界值指标。这些农业可持续性指标与基于三重折旧原则的货币会计办法（比如 CARE）极为相似，昭示着可持续性会计发展的光明前景。

为了从更辩证的角度继续这一讨论，本书集中讨论了一个特定的地理区域——中国。在过去的几十年里，中国成为全球经济发展的重要一极，日益引起全世界的关注。中国 GDP 连续多年以惊人的两位数实现经济增长，这种增

---

① Sahlins M D. Stone Age economics［M］. Aldine Atherton Inc.，1972.

② Mcelroy M W，Engelen J M L V，Wackernagel M. Corporate sustainability management：the art and science of managing non – financial performance［M］. Earthscan，2012.

③ Ciriacy – Wantrup S V. Resource Conservation：Economics and Policies［M］. University of California Press，1952.

④ 该缩写来自法文标题：“Indicateurs de Durabilité des Exploitations Agricoles”，could be translated as “sustainability indicators for farms”.（Zahm *et al.*，2006，2008）

长方式实现了增长也带来了后果。“国家主导”的增长方式或者“国家资本主义”的发展道路在学术界引发热议。其间，诸如这种发展模式是否具有可持续性以及是否过度开发利用自然与社会资源等问题在海内外屡屡被质疑①。的确，作为资源密集型经济体，由于对资源的大规模开发以及有效利用，中国快速经济增长一直持续着。对自然资源的过分消耗表现在单位产值中的能耗比居高不下，远远高于经济发达国家，随之积累起来的生态环境沉重负担，在“中国崛起”的讨论里却经常被忽视。

事实上，这种崛起伴随着环境恶化的意思，环境恶化不断损害中国人的健康与中国经济的生产力。《中国生态报告 2012》承认中国现在生态承载力正处于历史上最严重的状况②，然而，许多中国权威部门发布的报告与信息也暗示：对自然资源与人力资源存在的问题还没引起足够的重视③。

中国作为世界贸易的重要参与者，所占份额进入前三名，同时还致力于发展国内市场，却正面临着国外贸易伙伴提出的日渐增多的严格的环境与社会有关的条件规定（例如，欧盟与美国发起的反倾销指控），以及国内人民对良好环境的日益强烈的诉求。形势所迫，中国政府已经开始做出很大努力来改善中国环境问题以期取得社会成效。自 1994 年以来，环境法规与劳动法已经立法并付诸实施。可是，这些与污染、与自然资源开发利用有关的税费以及劳动保护法规似乎成效有限，并没有明显制止或减缓环境恶化，也没完全改善社会劳动条件，成效与期望之间差距依然明显。

根据中国国家统计局（NBSC）的数据，13 亿中国居民超过 2/3 是农民，他们的生计直接或间接依赖农业④。当中国呈现给世界经济快速发展的同时，中国经济体不太引人注目的一面——农业一直经受着多重挑战，这些挑战从土地分散化经营带来的难以大规模协同作业到过度使用化肥与农药，症结比较突出，忽视自然资源的维护（例如，不少受损土地撂荒）以及年轻劳力从自然条件恶化而难以获利的农业领域大规模流出等问题也是挑战的组成部分。这些难题需要解决，也需要宏观与中观、微观层面上管理技术的具有根本性的制度

---

① Grésillon G. Chine. Le grand bond dans le brouillard [M]. Stock, 2015.

② Xie G. Cao S. Yang Q. Xia L. Fan Z. Chen B. … Humphrey S. China Ecological Footprint 2012: Consumption, Production and Sustainable Development. WWF, Institute of Geographic Sciences and Natural Resources Research, Global Footprint Network, Institute of Zoology, Zoological Society of London, 2012.

③ 主要见环境监测司发布的年度“中国环境状况报告”（见中华人民共和国环境保护部官方网站 http://jcs.mep.gov.cn/hjzl/zkgb/，上次于 2015 年 5 月 12 日查阅），以及中国社会科学院出版的年度“中国社会蓝图”（可在社科院官方网站 http://www.cssn.cn/，最后一次查阅于 12/05/2015）。

④ 详见第五章第 1.1.2 节。

变革。这些需要也给三重折旧法创造了崭露头角的机会。

2.3 在选定现实背景下模式的实施

鉴于上述理由，我们选择中国农业尤其是中国农业企业作为可持续性会计实施状况的调研对象是很适当的，通过探索三重折旧法在中国社会背景下的实施机制，作者试图给本书引论之初所列的三个问题找到答案，也就是：1. 为了实现可持续性，实务中我们可以多大程度上采用这些管理技术？2. 在实务中贯彻实施可持续性，如何体现出构成社会与制度层面的意识形态基础？3. 怎样通过对这些问题的理解反过来帮助我们判断实施可持续性会计能够获取什么效果？

为了能够获取所需数据，也为了明确可促进三重折旧法实施的具有前瞻性应用研究的工具性因素，三重折旧法分解为以下四个部分：1）要采纳的会计准则；2）国家层面设定的可持续性会计规划；3）企业层面要采纳的可持续性会计规划；4）体现环境主义意识形态的强式可持续性观念①。依据这个思路，对下列三大事项做了三重折旧法实施状况的调研，即国际间会计准则的趋同、创建全国性的生态会计与审计规划以及农业企业可持续性会计实务报表。上面的第4项也就是本研究的意识形态方面，这里我们要对环境主义与“主流”意识形态之间互相影响的动力机制做出具体分析，其余三项在调研中已经明确。通过上述设计的分析步骤，弄清楚三重折旧法的实施可以达到什么地步。关于主流意识形态，本书持如下设定：

在确定的地理与历史范围内的某个社会（如社会主义现代中国），无论以名义的方式还是以暗示的方式，这个社会都有主流信仰。主流信仰对该社会的重大抉择和走向都有极大影响。

关于本研究的目标，Thomson（2014）的见解很有意义，他认为对可持续性会计的研究理应：

“对可持续性转型及如何减轻社会对可持续性的负面看法，对我们这个星球的不良影响有所抵消……可持续性会计研究应该批判与抵制我们这个世界的不可持续性，创立崭新的会计知识、会计流程与会计惯例；建设性地加入转型

① 人们可能会说，在这一讨论中，忽略了广为国际社会接受的可持续性管理计划。但从法理的角度来看，由于缺乏“真正”权威明示的国际法，或许在这方面所期待的国际规范的形成过程与自然法有所趋同，只能通过“软”法的方式，或者换句话说，通过基于共同信念的协议来实现（Napoli，2012）。打算将这一主题纳入第四类，即“环境主义意识形态的化身，使其具有强大的可持续性”。

过程并发现问题，解决问题。可持续性发展会计研究论文应该有助于为社会面临急迫而又严重的问题寻找答案”（p. 15）。①

的确，只有回答这些问题并提出对本书卷首所列举若干困境的可行之策之后，我们才有可能进行本书后续篇章的探讨，最终才能对特定社会与制度背景下可持续性发展会计前景做出较为准确的判断。因而，本书着手在这两大因素之间寻找一个“连接点”，恰如三重折旧法本身蕴含着它所处的意识形态，是否与中国社会背景兼容。换言之，本书寻求回答的中心问题就是——

> 在中国制度背景下，建立强式可持续发展会计体系：三重折旧法，需要哪些条件，有哪些阻力？在这个分析之上，我们对中国发展可持续性会计的前景有哪些期待？

3. 本书主论的篇章概要

本书后续篇章次序如下：引论之后的第二章是关于本书的理论、认识论、方法论架构；第三章是对中国会计准则演变的总体调研，重点放在农业企业会计准则；第四章深入调研两种主动性，一种是国家对可持续性会计规划的主动性，另一种是企业的主动性；第五章试图对在中国实施可持续性会计勾画出一条理论性的可行之路，并在广义上对促进“强式”可持续性观念实施提出可行之策；最后一章是对本书所讨论问题的总结，以及对可持续性会计未来的思考。

---

① Thomson I. Mapping the terrain of sustainability and accounting for sustainability［M］// J. Bebbington, J. Unerman, & B. O’Dwyer (eds.), Sustainability Accounting and Accountability. Routledge, 2014.

第二章　建立理论与方法论架构

1. 可持续性会计文献的综述

1.1　可持续性会计的出现及其后续演化

为了提高生产力，管理会计及其所体现的经济理性早在数千年之前就出现了，并建立了相应的业务组织持续运行，不久，人类社会在广义上把会计与“可持续性”联系起来了。这种观念把经济活动对社会与环境的影响看得重于单纯追求经济利益。尽管如此，随着资本主义时代的降临以及在自由主义意识形态驱使下对自然与人力资源的持续开发利用，各种各样的社会环境问题浮现出来，引发日益强烈的社会关注，尤其是在发达国家。

诚然，如 Gray 与 Bebbington（2001）所说的那样：“如果企图寻找会计从大体上介入环境问题，尤其是经济与环境之间具体关系，找不到一个明显的时间点”（p. 13）[①]。然而，“同样可信的是，如果没有‘绿色会计’，改善环境的主动性将无从谈起”（同上）。会计从问世之初就以最基础的数据记录与报表功能为特征，这才使得诸如国家、企业等实体对活动的经济与财务、环境与社会方面实行系统的管理。自从 20 世纪 60 年代后期以来，“绿色”会计的拥护者一只致力于这个工作方向。为了在宏观与中/微观两个层次上都获得可持续性，可持续性会计的规则日渐成为这一任务的中心角色。

1.1.1　可持续性会计在西方的演变

经济学家似乎对可持续性发展感兴趣比管理学家早得多。20 世纪 20 年代，许多像 Pigou（1920）这样的经济学家已经在考虑：通过把环境的外部性转变为社会主观意识，引人瞩目的措施就是环境税收，全面地把环境问题与企

① Gray R. Bebbington J. Accounting for the Environment: Second Edition [M]. Thousand Oaks, 2001.

业的关注结合起来①。稍后，其他经济学家，著名的有 Kapp（2000［1950］）、Ciracy - Wantrup（1952），进一步从企业的角度深入讨论了对环境与社会的双重关注。

从 20 世纪 60 年代后期到 70 年代初，可持续性会计出现一个活跃期，其标志为学术界出版了许多奠基性著述，例如：《增长的极限》《国家与企业账户的变革》等。像 Mobley（1970）声称的那样，在这些作者当中 Linowes（1968）似乎是这些规则的“生身之父”②。他首倡“社会经济会计”这一术语，最早明确了我们今天所熟悉的可持续性会计这一概念与“社会会计”的区别，后者一直在官方文件里被当作“国家收支会计”或“宏观会计”使用。至于企业可持续性会计，依照 Richard（2012）的看法，Müller - Wenk 1972 年出版的名为《生态会计导论》（*Ökologische Buchhaltung, eine Einführung*）论文集应该看作微观层面研究可持续性会计的最早一篇论文，可谓开山之作。

由此引发一大波学术著作出版的热潮，探讨在更为广泛的会计领域创建“一个新会计体系”的可能性。即若这一时期的著作不够成熟或其中某些过于机械具有简单化的倾向③，这些早期著述对于 Pigou（1920）提出的外部性的主观化（即把外部环境恶化通过制度化转变成主观意识的重视）命题及其对传统的经典经济理论的成本效益分析法的利用做了反思，为经济增长的可持续性问题的讨论加了一把火。这些著述似乎聚焦在宏观层面以及问题的社会方面。

伴随着这些早期学者的讨论，国际组织与政府组织对这类学术研究的资助日渐增多，尤其是那些有助于改善宏观经济增长指标体系的研究。较为典型的资助就是，对经济繁荣的测度，后来发展成联合国可持续经济繁荣指数的研究项目。在国家层面，与之类似的工作有《英国政府绿皮书》与《会计展望增补 50：美国会计协会社会成本测度委员会报告》提出的观点：赞成建立一个更广泛的会计体系。其意图是温和劝说与敦促而不是建章立制④。

诚如 Richard（2012）指出的那样，可持续会计的成长史与经济理论的进

---

① Pigou A C. The Economics of Welfare［M］. Macmillan, 1920.

② Mobley S C. The Challenges of Socio - Economic Accounting［J］. Accounting Review, 1970, 45 (4): 762 - 768. Linowes D F. Socio - economic accounting［J］. Journal of Accountancy: Publication of the American Institute of Certified Public Accountants, 1968, 126, 37 - 42.

③ Mathews M R. Twenty - five years of social and environmental accounting research: Is there a silver jubilee to celebrate?［J］. Accounting Auditing & Accountability Journal, 1997, 10 (4): 481 - 531.

④ Mathews M R. Twenty - five years of social and environmental accounting research: Is there a silver jubilee to celebrate?［J］. Accounting Auditing & Accountability Journal, 1997, 10 (4): 481 - 531.

步演化密切相关并深受不同学派经济学家观点的影响（p. 35）。由于20世纪80年代对公司会计的批评深入透彻，促使学术界兴趣转向环境方面。可持续性会计在"会计政治经济学"理论框架的支撑下，日渐成为一门独立的新学科，侧重于会计体系发挥作用的广阔的制度与历史背景。会计政治经济学认为会计作为一个管理工具必然受到意识形态的影响，因而，必须突破主流意识形态的边界寻找更好的工具。在主流意识形态的约束下，传统会计难以正确对诸如自然资源、人力资源所具有的价值与以正确的估值①。随着可持续性会计理论基础的夯实，20世纪80年末到90年代期间，从公司层面关注社会与环境会计模式的论文大量发表，这些论文也把可持续性会计现实应用及其所欲的阻力包括在内。

在同一时期，联合国环境规划署（UNEP）倡议成立环境会计工作组，世界银行也组织了四场专题讨论会，这些工作似乎都对准了早期目标，聚焦在对国家账户的变革②。在区域或国家层面，1993年欧共体发表了题为《走向可持续性》的第五个行动计划，另外还有核算"社会效果（bilan social）"的法国模型也在学术界引得众人瞩目③。其间，从20世纪90年代初，不少发达国家银行，包括重建与发展国际银行（IBRD）、重建与发展欧洲银行（EBRD），对一些组织展开了生态审计，旨在消除他们已投资的环保项目出现拒付的风险。生态审计推动这些组织更加重视可持续性会计。

20世纪到21世纪期间，可持续性会计发展史上出现一个重大的变化。学者做了很多研究来建立合适的会计模型并注重在公司层面的实务操作。这些研究极大丰富了文献。从中涌现出三重底线法（TBL）④，John Elkington（1997）和它极具影响力的咨询公司对此贡献很大。由于SustainAbility咨询公司制度化的双年度示范报表、毕马威KPMG三年一度的实务调研以及全球报告倡议组织⑤搞的可持续性报告指导，尤其是社会责任部分，受其推动，三重折旧法理

---

① Cooper D. Discussion of towards a political economy of accounting [J]. Accounting Organizations & Society, 1980, 5 (1): 161 -166.

② Ahmad Y J. El Serafy S. Lutz E. (eds.). Environmental Accounting for Sustainable Development [M]. The World Bank, 1989.

③ Christophe B, Bebbington J. The French Bilan social—A pragmatic model for the development of accounting for the environment? A research note [J]. British Accounting Review, 1992, 24 (3): 281 -290.

④ 关于三重底线法（TBL）的更多内容，参见"导言"一章第2节"研究目标"。

⑤ 全球报告倡议组织 Global Reporting Initiative（GRI）成立于1997年，由美国非盈利环境经济组织CERES和联合国环境规划署UNEP共同发起的，秘书处设在荷兰的阿姆斯特丹. GRI的报告框架旨在提供一个普遍为人们所接受的企业社会责任报告框架。它作为汇报一个机构的经济、环境及社会绩效之用。所有机构，不论规模，行业与地点，皆可使用。GRI框架顾及各行各业的实际需要，包括小企业以及大机构等。

论框架对遍及世界的企业可持续性会计报表影响至深。总体来看，在全球报告倡议组织指导原则下的企业社会责任报告要求独立的记叙性文件记载公司营运对社会与环境的影响，将其作为主要财务报表的附件。

几乎同时，基于三重底线法（TBL）出现了另一个提议，即国际报表委员会（IIRC）倡导的综合报表。不同于前面说的全球报告倡议组织与社会责任报告（GRI - CSR）模式，综合报表一直寻求以货币单位来表述企业社会、环境、经济三个方面综合影响。然而，近来国际报表委员会的这一方法颇受非议，原因在于：综合报表的后续发展似乎导致其重心漂移到为供货商提供信息，而不是为广大利益相关者①。其他综合性会计与报表方式也显露了类同趋向。

在探求企业可持续性框架的这些有意义的学术活动之外，也出现了一系列带有具体估值方式与测度模式的宏观可持续性指标。综合环境与经济会计系统（SEEA）就是一个典型，它与受到联合国首肯的国家账户系统（SNA）以及世行（2005）提议的计算一国“真正储蓄”的模型相容。

另外，随着这一时期可持续性会计文献越来越多，越来越丰富，关于可持续性会计发展一些重要观点也相应多起来。这些著述展露了引人注目的洞察力，极大影响了当代可持续性会计的研究。

1.1.2 可持续会计在中国的演变

中国的可持续性会计文献直到20世纪90年代，作为“西方会计理论思想的新浪潮”引起中国会计研究者的关注②。中国最有影响力的会计学者之一的葛家澍与其同行厦门大学的李若山1992年首先在中国顶级会计学刊《会计研究》上发表了题为《二十世纪九十年代西方会计理论新思想浪潮：绿色会计理论》一文，由此开启了中国可持续性会计研究。如该文标题所示，这个会计理论的重要观点在中国会计研究领域是一个完完全全的舶来品。作者断言：在七十年代的“信息会计”与八十年代的“实证会计”之后，“绿色会计”作为会计研究的新“时尚”项目，正在吸引世界的关注，中国也不能置之度外（p. 1）。这个观点与其后西方同行看法是一致的。的确，在20世纪90年代后期，“兼顾社会与环境的会计”思想实质上进入了会计研究领域。很多中国研究者赞同这一事实：这篇论文标志着中国可持续性会计研究的开始，并成为此

① Bebbington J. Unerman J. O’ Dwyer B. （eds）. Sustainability Accounting and Accountability [M]. Routledge, 2014.

② 葛家澍，李若山. 九十年代西方会计理论的一个新思潮——绿色会计理论 [J]. 会计研究，1992 (5): 1-6.

后20年的一个里程碑。

尽管引人注目，但其影响还是局限于中国国内。作为一个“重要概念”，可持续性会计这一术语似乎很难纳入中国会计研究者的认知[①]。因为从语义与传统的视角来看，“会计”在人们心目中仅仅是与一个经营有关的管理工具，与西方背景下的会计相比，这一术语在中国自然要涉及宏观与中/微观层面的“计数与计算”，研究会计要反复考虑诸如会计假定、计量手段以及会计责任等一系列问题。根据这些作者看法，可持续性会计理论进入中国并加以推行，碰到问题是难以避免的，可持续性会计的前景依然不明朗（同上，p. 71）。甚至，从90年代末引入之后，可持续性会计的研究在中国似乎曾一度停顿，直至21世纪早期才出现重新活跃的迹象。如今，不再仅是文献评论与学术讨论，还可以看到中国的可持续性会计研究的文献出现相对独立的主题：第一，聚焦在国家账户的调整[②]；第二，对社会责任报表的实证性批判性研究[③]；第三，开发量化环境影响指标体系[④]。

1.1.3　小结

就上面列举的文献综合来看，可持续性会计发展的时间系列呈现如下的看点：或许巧合，可持续性会计研究的出现与复兴及其贯彻实施似乎与西方世界的三次能源危机的时间（1973，1979，1990）很契合，也与中国环境问题爆发的时间很契合[⑤]。更引人瞩目的是，中国的可持续性会计研究的发展路径与西方在时间与理论依据方面有很大的不同，时间上比发达国家滞后20年，中国的经济学界与会计学界的研究者只是广泛地查阅文献追踪趋势，竭力开发能够适应中国社会背景的本土化版本，而不能够在学术自由精神之下，自主地发展可持续性会计较为系统的理论架构。

1.2　关于会计与可持续性的多重研究方法

可持续性会计领域的研究文献大体可分为两类：一类是应用性研究指向开发合适的管理工具与监管规范，另一类是释义性研究旨在理解这些工具的出现

---

① 耿建新，房巧玲. 环境会计研究视角的国际比较［J］. 会计研究，2004（1）：69 – 75.

② 张航燕. 对编制自然资源资产负债表的思考——基于会计核算的角度［J］. 中国经贸导刊，2014（31）：54 – 56.

③ 董淑兰. 农业上市公司社会责任会计信息披露研究［D］. 沈阳农业大学，2011.

④ 冯丽，王媛媛，闫晓冉，等. 农场一级的农业环境影响评价——12 种基于指标的评估方法的对比分析［J］. 农村经济与科技，2012，23（10）：24 – 26.

⑤ 参见第四章。

以及与社会、生态有关信息的自发讨论。如 Gray（2007）概括的那样，在这些文献中高频出现的关于可持续性会计的理论基础有三大主要框架：实证会计理论、代理理论、利益相关者与合法性理论；另外，还有小资产阶级政治经济学视角（p. 185）[①]。

依据实证会计理论，一家公司可被视为"合同节点"，因而，乐意运用会计作为工具促使合同形成与履行[②]。遇到社会与环境问题则将其视为可能对合同有影响的因素，交由公司会计将其转化为会计问题来处理。这类利己主义的公司（公司高管）只对上司负责，只采取利己主义的会计政策。从传统会计文献到广义的治理领域所提供的架构不但对于理解这些公司采取的社会与环境战略不太中用，也对理解政府的做法不太中用，原因在于：履行社会与环境责任与公共会计责任有不可分割的关系。

从弗里曼的理论 Freeman's（2010 [1984]）[③] 开始转向对利益相关者与实体合法性的关注。依照他的看法，利益相关者是"可以影响或者被公司既定目标所影响的群体或个体，最典型的就是：政府、当地社区组织、供应商、雇主、顾客、竞争者、媒体以及环保者"（p. 25）[④]。公司作为维护不同利益相关者关系的中枢，如果忽视这些关系从而未能维护这些不同利益相关者的利益，公司本身的存在就难以为继。与此相近，根据合法性理论，在公司与每一个利益相关者之间应该存在"社会契约"。这种心照不宣的契约使公司有义务例行向这些利益相关者发布信息，回应社会对公司关切，以此获得公司活动的合法性[⑤]。这种商业导向观念来自社会责任、综合报表理论，并由此产生出来三重底线法[⑥]。

不言而喻，这两套理论看起来具有相似性与互补性，鉴于 Coase 所认为的

---

① Gray R. Taking a long view on what we now know about social and environmental accountability and reporting [J]. Issues in Social and Environmental Accounting, 2007, 1 (2), 169 - 198.

② Coase R H. The Nature of the Firm [J]. Economica, 1937, 4 (16), 386 - 405.

③ 如在"引论"那一章关于认识论的讨论所示，社会学家像 Bourdieu（1976，1980）and Mauss（2002 [1950]）通过向潜在顾客群提供礼物的办法实现控制的观点与此相近。

④ Freeman R E. Strategic Management: A Stakeholder Approach [M]. Cambridge University Press, 2010 [1984].

⑤ Antheaume N. Teller R. Quel regard vers d' autres formes de comptabilité : comptabilité sociétale et environnementale [M] // Dumontier P. Teller R. (eds.), Faire de la Recherche en Comptabilité Financière. Vuibert, 2001.

⑥ 诚然，企业社会责任与三重底线法（TBL）之间存在着细微的差异，因为前者对不同的"责任"给予了不同程度的优先考虑，而后者则主张"同等"的权重。然而，正如本研究所进一步证明的，所采用的最终哲学是相同的。

合同关系由社会合同延伸到利益相关者，实体（在这个意义上指的是企业，而不是国家）愿意为维护这些关系而采用可持续性会计作为沟通相关信息的工具。实行中所遇困难来自委托代理的问题，由于“代理人”会选择只披露对其有利的信息这一事实，公司对外发布的相关信息可能受到公司经理们的扭曲。经典的代理理论也显示由市场赤裸裸的追求效率可催生纯粹的利己主义行为，主要原因在于公司与其不同的利益相关者信息不对称，从经典的代理理论引申出：这种权力的不同需要一种沟通解释机制①。

有别于上述的解释组织行为的“对现存社会秩序观察与接受”理论框架，政治经济学视角的会计，一方面批判现存社会秩序并试图把经过变革的相关秩序予以推行，变革的含义首先就是把政治经济学看作“对权力相互作用、权力行使者目标以及生产交换体系的研究”；另一方面，政治经济学视角下的“会计”才是一个“不可脱离经济活动发生时所处的政治、社会与制度架构而孤立研究的经济领域”②。

再看政治经济学会计的发展。根据 Gray 等人（1995）的分类，显而易见，建立在“小资产阶级政治经济学”基础上的可持续性会计文献总体上大有增长；与此对照，基于“古典政治经济学”的可持续性会计文献却越来越少。尽管广为相信“小资产阶级”（在中国经常将其翻译为“庸俗”，例如，庸俗政治经济学与小资产阶级政治经济学基本上是同义语）这个修饰语有助于理解公司不愿披露与可持续性有关的经济活动的原因，古典视角依然与之有关，甚至更根本，尤其在特定背景下寻找推行具体会计模式的规范研究中更为突出。

话虽如此，作为会计总体一部分的可持续性会计“没有理论能够解释其各个方面，尤其是实践，甚至缺乏一个可推行的坚实理论基础，以至于成为权力任意影响的牺牲品，更没有简单明了又有合理性的可执行细则”③。正如 Gray 等人（1995）所认为的那样，上述理论都或多或少有相近之处，只是其精细程度，换言之，研究的关注范围有所不同罢了。就像 Cooper and Hopper

---

① Hill C W L. Jones T M. Stakeholder - Agency Theory [J]. Journal of Management Studies, 1992, 29 (2), 131 - 154.

② Gray R, Walters D, Bebbington J, et al. The Greening of Enterprise: An Exploration of the (non) Role of Environmental Accounting and Environmental Accountants in Organizational Change [J]. Critical Perspectives on Accounting, 1995, 6 (3), 211 - 239.

③ Gray R. Taking a long view on what we now know about social and environmental accountability and reporting [J]. Issues in Social and Environmental Accounting, 2007, 1 (2), 169 - 198.

(1987) 所提出的那样，“有所见必有所不见”（所有的观察都有或多或少的盲区）[①]。因而，为一项具体研究选择任何具体的理论框架都不可避免导致某种意义上的盲区。这的确是为什么需要理论选择的多样性与跨学科研究的原因。

因此，本书有意把人类学作为研究的一面引入可持续性会计研究，并以此作为理论框架，期待成为“所见”的一面，为可持续性会计研究贡献一个新视角。

2. 本书关键概念的定义

2.1 可持续性

与“可持续性”这个术语相比较，“可持续性发展”的概念似乎更广为认同，特别在《我们共同的未来》（*The Brundtland Report*）1987 年联合国环境与发展署那个有名的研究报告发表之后，“可持续性发展”概念声名鹊起。在这份报告当中，高频提及的这一概念有如下定义：

“在不损害子孙后代满足自身需要的能力的情况下，满足当代需要的发展。”

这个家喻户晓的发展定义那时获得以 Barbier（1987），Hartwick（1977，1978a，1978b）and Solow（1986）为代表的一批主流经济学家的支持。Solow 后来进一步解释这个概念写道：

“……只要留给以后每一代像这一代同样富裕的可能性就够了，当代人永远有权利从人类所拥有共同储备中索取尽可能多的份额”（1986，p. 143）[②]。

在这个意义上，只要当代与以后每一代同样富裕，人类社会就自认为是可持续了。可是，不同代际之间在各自的时代的富裕程度没法界定。该观点假定：代际之间富裕可平等分享，所有形式的资源可以没有任何限制的互换以及各种形式资源的总值作为一个总体可以保留下来。而且，正如 Goodland（1995）已经指出的那样，引用发展这个术语之时，有关的讨论就各执一端，

① Cooper D J，Hopper T M. Critical studies in accounting [J]. Accounting Organizations & Society，1987，12（5）：407 -414.

② Solow R M. On the Intergenerational Allocation of Natural Resources [J]. The Scandinavian Journal of Economics，1986，88（1），141 -149.

歧义频发（p. 4）[①]。的确，在学术文献与公共讨论中，“发展”一词经常与经济发展（Daly，1990；Goodland，1995）既有联系又相混淆，这使得整个可持续发展概念的重心有所偏移。

主流定义的双重歧义不可避免导致这样情景：人类社会不停地寻找发展或者富裕之路；在这个过程中，消耗的自然资源，只要能马上有同等价值的人造资源来填补，消耗就是可容忍的；如果能创造更大人造资源价值与自然资源消耗相交换，这就被看作是一项不错的“投资”。这派思想所呈现的逻辑被[②]（1977）归类为“可置换性范式”或“弱式可持续性”（p. 22）。

与之对照，“不可替代性范式”或“强式可持续性”在生态经济学领域是不存在的。与从“新古典主义福利经济学引申”（同上，p. 27）出来的可置换性范式不同，本书提出的范式涵盖了许多学术观点的贡献，共享了两个共同点：1）所有这些不同观点都或多或少认为自然资源具有不可置换性；2）经济增长不再作为一个至上的优先选项。Pearce Daly Hueting，Ekins（2003）等是这派思想的演变中的代表性人物。[③]

David Pearce 和他在全球环境社会经济研究中心的同事们 1989 年公布了他们的开创性工作《绿色经济蓝图》，首次承认有两种类型的可持续性（资源的弱式保护与强式保护），Daly（1991）对强式可持续性做了详细的说明。他同意自然资源与人力资源不可互相替代但可互补，进而认定：为了获得经济稳定而令人满意的发展，关键自然资源（CNC，详见章节 2. 3）无论在什么情况下都值得保护，自然生态系统应该尽可能地得以维护，在维系收益的基础上，应该开发资源的可循环利用。

基于许多已有著述，Hueting（1998）申明：不同种类资源的不可替代性；进而从一个不同的角度接近了对可持续性评估的主题。他们对自然资源的保护贡献了独到的经济学分析，认为：实际上，可持续性是一个客观概念，对其评

---

① Goodland R. The Concept of Environmental Sustainability [J]. Annual Review of Ecology & Systematics, 1995, 26 (1): 1-24.

② Hartwick J M. Intergenerational Equity and the Investing of Rents from Exhaustible Resources [J]. American Economic Review, 1977, 67 (5): 972-974.

③ Pearce D, Markandya A, Barbier E B. Blueprint for a green economy [Pearce report]. [J]. 1989. Daly H E. Steady-State Economics: Second Edition With New Essays [J]. Handbook of Environmental & Resource Economics, 1992 (2). Hueting R, Reijnders L, Boer B D, et al. The concept of environmental function and its valuation [J]. Ecological Economics, 2004, 25 (1): 31-35. Ekins P, Simon S, Deutsch L, et al. A framework for the practical application of the concepts of critical natural capital and strong sustainability [J]. Ecological Economics, 2003, 44 (2): 165-185.

估应该完全建立的生物科学的基础上。此外，这种对可持续性建立在科学数据上的评估方法要求：在自然方面而不是在市场价值方面，重置并保护（潜在）环境功能。

沿着与 Daly、Hueting 等人相同的脉络，Ekins 和他的同事们也承认了两种可持续性范式存在区别，进而注重于这个概念的重要组成部分——自然资源方面，以及对环境政策应有的影响。他们也坦承："并不是环境功能的各方面都可以，或需要维护"（Ekins et al.，2003，p. 174）。因此，依据不同环境功能表现出来的重要性，我们需要找到可行之策来识别与维护关键自然资源。顺理成章，环境可持续性应该成为这类资源有效维护的对象（同上，p. 182）。

因而，如何区分弱式可持续性与强式可持续性显得很有必要。这两股关于可持续性的思潮根植于彼此相反的两套意识形态体系：弱式可持续性仅仅要求以货币单位把自然资源当作"资源"加以维护；强势可持续性则把（关键）自然资源当作物理存量加以保存。

恰如 Neumayer（2003）所指，科学不能为这种范式背书，因为（不）可持续性已变为一个假设，面对未来的不确定性，已经成为一个难以检验的猜想（p. 88，p. 192）[①]。尽管如此，还有某些学者相信 Slow（1986）的可持续性观点与强式可持续性仅仅在某些点上是一致的，后者仅是弱式可持续性的一个特例[②]。Ekins 等人（2003）仍然在论证：如果弱式可持续性是一个推理的假设，就不可能以溯及既往的形式来证明该假设是否正当。因为，先假设再在假设之上展开研究难以显示弱式可持续性是否得以证实，也不能在论证之初就阐明资源的等量可替换问题是可信的。

而且，与论战的另一方相比，弱式可持续性这一派思想似乎不接地气，需要继续阐明的内容太多。事实上，恰恰是这一派首先提出"可持续性发展"一词并得以广泛传播，这一词汇因模糊性而具有多重含义与多重哲学意蕴也是流行的一大原因。恰为这种修辞特点，一方面，促进这一词汇的传播；另一方面，运用于社会实践之时，也引发了混淆。

基于上述两点，本书不再限于"可持续性"这一术语及其意涵，另辟蹊径，主张以"强式可持续性"作为先验性大前提。这一最接近本书意涵的可持续性定义与 Hueting 和 Reijnders（1998）的定义极为相似。在他们题为《可

① Neumayer E. Weak Versus Strong Sustainability – Exploring the Limits of Two Opposing Paradigms [M]. Edward Elgar，2003.

② Hediger W. Weak and Strong Sustainability，Environmental Conservation and Economic Growth [J]. Natural Resource Modeling，2010，19（3）：359 – 394.

持续性是一个客观概念》的论文里，也把强式可持续性作为先验性大前提，定义如下：

"对人类所处生物物理环境重要功能的利用（或可能的利用）还能使生物物理环境继续维系功能正常"（p. 130）。[①]

于是，可持续性的成效如何完全依赖于实体（国家与企业）的生存环境是否处于理想状态，也就是，实体所控制自然、人力以及金融资源的存量分别与科学指标比对是否处于正常状态，即没有不可持续状态出现。换言之，本书所说的"可持续性"与经济增长意义上的"发展"没有关系，甚至有些背道而驰，本书的"可持续性"反而要求人类生活方式某种程度上的简约，而不是奢侈。所以，除非另有所需，从此伊始，本书所说"可持续性"术语所指就是"强式可持续性"，借以与允许可替代性的弱式可持续性范式相区别，也与本书提及的新古典主义意识形态学派的环境主义相区别。

2.2　会计

长期以来被看作"商业语言"的会计，作为人类经济活动的基础性管理工具，早已渗透到社会生活与学术研究的各个方面。其实，不论完全理解与否，经济学家、社会学家与统计学家都在运用会计[②]。会计不仅是一个纯粹"商业助手"，更是一个涉及逻辑、原理、假设以及专业术语的独立学科。由于它的内涵如此之丰富，以至于很难有一个普遍认同的会计定义。例如，Marriott *et al.*（2002）早在1966年就对美国会计协会做出的定义做了高度概括，写道：

"……或许可定义为一个以货币单位记录与报告商业活动的体系，根据它所提供的信息，相关利益方能够做出业绩评估、决策与控制"（p. 1）[③]。

把会计视为一个客观信息体系，这是一个非常侧重于技术的视角。与之相对比，Richard 等人（2014）则强调：会计提供的信息是对现实的表述。在信息的提供过程中，自始至终都伴随着权力的行使（p. 14）。他们进一步表述了会计的实际状况：

---

① Hueting R, Reijnders L. Sustainability is an objective concept [J]. Ecological Economics, 1998, 27 (2): 139 - 147.

② Linowes D F. Socio - economic accounting [J]. Journal of Accountancy: Publication of the American Institute of Certified Public Accountants, 1968, 126, 37 - 42.

③ Marriott P, Edwards J R, Mellett H J. Introduction to Accounting [M]. SAGE, 2002.

“……旨在量度财产的价值与实体经济行为的后果的一套客观信息系统”①（同上）。

另一方面，Colasse 与 Lesage（2007）强调会计实务当中的权力关系，并把会计定义为：

“……一套既包含技术因素又包含人文因素在内的方法。借助这套方法，公司或（组织）主管可向那些与之存在合同关系或非合同关系的经济与社会活动参与者表明公司状况，以此，施加影响并接受反馈”②（p. 10）。

这些法国学者提供的更为广阔的视角与 Gray 和 Bebbington 对环境会计研究反思之后形成的看法是一致的，新自由主义引导的目前典型会计模式的会计基础与业务操作流程的特点都内含着早已预设大前提。这些业务操作流程与环境保护，尤其与强势可持续性的追求有根本性的冲突。在这个意义上，目前流行的会计模式与其说保护环境，还不如说破坏环境更贴切一些。依据这个看法，本书主张：会计及其传播应构建一个在社会切实可行的客观概念，建立一种意识形态从实质上摆脱陈腐与琐屑的老生常谈；充满新自由主义价值观的主流会计理应转变为强式可持续性会计。强式可持续性会计是本书探讨主题。

在这一点上，无须赘言，本书采用“可持续性会计”这一术语涵盖了来自学术界诸如：“绿色会计”“环境会计”“环境与社会会计”以及“生态会计”一系列简单概念。几乎每个简单概念的含义都受同一个意思的不同影响，可是，这些简单概念对于目前主流会计学研究而言，没有形成一个固定含义的科学术语③。尽管如此，各方也广为认同所有这些会计架构或多或少都有一个关于主流财务会计重要看法，力图涵盖更多会计领域。因为，“着眼于可持续性的会计”（即可持续性会计）远远超越常规会计理论框架里的普通会计、报表与审计体系等最常见概念④，开宗明义就要弄清两个基本问题：第一，输入/输出要素分别计入数值并将其转换为货币单位，使之在可持续性会计中更适合量度与计算？第二，关于会计范围，在可持续性会计框架下，哪些是实体应该承担的“责任”。运用强式可持续性概念，管理领域的学者长期以来与生态

① Richard J. Bensadon D. Collette C. Comptabilité financière – IFRS versus normes françaises (10e édition) [M]. Dunod, 2014.

② Colasse B. Lesage C. Introduction à la Comptabilité (10e édition) [M]. Economia, 2007.

③ Mobley S C. The Challenges of Socio – Economic Accounting [J]. Accounting Review, 1970, 45 (4): 762 – 768.

④ Gray R. Taking a long view on what we now know about social and environmental accountability and reporting [J]. Issues in Social and Environmental Accounting, 2007, 1 (2), 169 – 198.

经济学家、生态学家以及农业专家并肩工作，力图创建评测可持续性的各类指标体系。所做的研究硕果累累，尤其以量化指标评定最为突出，即通过各项理化指标明确自然资源特定方面承载能力，立足于科学数据基础。在这些工作当中，Wackernagel & Rees（1998）“生态足迹”与在一些法国农场推行的 IDEA 模式就是鲜活的例证，成功地为保护自然资源提供了强式可持续性范例[①]。

其间，对人类生存其他方面评估可持续性的物化指标考虑得很少。的确，由于可持续性测量标杆应该是多维的与可汇集的，在这一点上要取得广泛共识极为困难（Munda，2005）。

什么样的可持续性指标可满足两类批评意见要求？在这方面，本书主张：充分的货币会计体系最有希望成为评估实体可持续性的手段。另有许多致力于可持续性会计领域的学者也坚定持有相同主张。再者，货币化的逻辑也受到 19 世纪与 20 世纪期间最伟大的社会学家之一 Max Weber 的支持。在他开创性的著作《经济与社会》写道：

“从纯粹的技术观点来看，货币是经济计量的最“完美”的工具。也就是说，它是最能体现理性的经济活动定向手段”（1978［1922］，p. 86）[②]。

依照这个观点，如果我们寻找一套指标量度可持续性提供给经济活动的所有参与方，Weber 的意见就是货币。为了使这套指标体系既具有多维性又可汇集，以及通过最“合理”的方式追踪经济活动预期的方向，Weber 把货币表述可用来量度与计算的为“一般等价物”。

然而，不少赞成强式可持续性的生态学者反对货币化的思路。例如，作为工程师农学家，同时也是农业经济专家的 Ciriacy - Wantrup 极具洞察力地指出：早在 1952 年特别在极具不确定性的农业领域，管理决策也可能导致自然资源很大的且不可修复的损失，传统新古典主义对投入产出最优化也完全放弃了，包括任何形式的货币化在内[③]。的确，某些货币会计模式，比如：某些对全球或区域性有影响力的组织合作提出的国际排放贸易（IET）平台下的碳会计，就成问题。这些组织旗下智库几乎全部信奉主流经济学，这也是成问题的

---

① Wackernagel M. Rees W. Our Ecological Footprint：Reducing Human Impact on the Earth［M］. New Society Publishers，1998. Vilain L. La méthode IDEA：indicateurs de durabilité des exploitations agricoles［M］. Educagri Editions，2008.

② Weber M. Economy and Society：An Outline of Interpretive Sociology［M］. University of California Press，1978［1922］.

③ Ciriacy - Wantrup S V. Resource Conservation：Economics and Policies［M］. University of California Press，1952.

一大因素。因为他们推行的货币估值法本质上就是建立在污染排放权市场贸易的定价机制上。他们相信增加污染的成本就会促使实体最终选择尽量少污染以降低成本。典型事例就是设计了温室气体排放权的贸易机制。这即是“外部性转变为主观意识性”——把降低污染的社会要求转变成实体的趋利意识。根据“反货币化”生态学家的看法，这一创设对强式可持续性几乎没有建设性，甚至可能有危害，首先因为这个办法的核算范围只覆盖了自然资源的一个小小部分；其次因为这种贸易的价格（以温室气体排放为例）构成了生产成本，促使企业有意愿通过解决污染/排放问题降低成本，如果更便于找到或更小的成本代价（比如：利用更廉价劳动力，采用更廉价原材料），企业也可能采取其他办法降低成本，不再在意污染成本。进一步说，一旦补偿污染受害者所要“支付的价格”仅是一笔污染者对环境资源恶化所应支付的费用，而不是主动的资源保护意识，污染者就会与受害者协商来确定“价格”，货币估值法完全变成了一个主观概念，污染者与受害者双方认可就通过[①]。

然而，确立在物化科学标准之上的可持续性指标体系的核心意涵与货币化并非水火不容。正如 Ekins 等人（2003）所主张的那样：“即使实施货币化与结算过程中，有些难以逾越的困难”,“也得竭力而为使之可操作”（p. 168）[②]。的确，赞成强式可持续性的会计学者也一直在努力把他们信念转变成会计操作办法。他们认为：那些持用心良苦的生态学家所反对的货币化，在很大程度上来自占主导地位的新古典主义经济学。正如前面章节提及且后面还将进一步论述的三重折旧法所认为，货币化理应作为一种会计方法，与主流经济学家认为的货币化有所区别。事实上，环境与社会成本的实质完全在于：不再局限于市场机制下的机会成本，而是去寻找维护特定资源资本生态潜力所需要支付的可能性成本。

关于第二个问题，答案相对直接明了。因为依据 Thornton（1993，2013）的说法，谈及环境与社会会计时，必须特别强调以下两点：作为政策制定者的政府的立场与作为主要施行者的企业的立场。已有的可持续性会计研究文献表明：确确实实，政府与企业是环保“游戏”的两大主角。在这点上，首先容易弄清的是：本书所研究的可持续性会计主张国家政府与企业都负有责任。因此，本书从国家层面与企业层面探究与环保相关的系列问题。正像 Gray

① Bebbington J. Gray R. Hibbitt C. Kirk E. Full Cost Accounting：an Agenda for Action［M］. London Certified Accountants Educational Trust，2001.

② Ekins P，Simon S，Deutsch L，et al. A framework for the practical application of the concepts of critical natural capital and strong sustainability［J］. Ecological Economics，2003，44（2）：165 – 185.

(2010) 所指，从全球或者区域层面到企业层面，“转换”可持续性价值是“令人担忧的，可能在某些方面也不明智”（p. 57）[①]。有目共睹，国家与企业会计在理论与实务方面有很大差异（本书后续章节还将深入阐释这种差异），在这两个层面适用某种具体的可持续性会计框架必有重大差异，适用的场合也会因为国家的制度背景不同而有所变化。

2.3 资本

依照牛津辞典的定义，资本一词的含义是“个人或组织拥有的以货币形式存在的财产或其他资产，用于开办公司或投资就是资本”。依照同一出处，资本主义就是“国家的贸易与产业由追求盈利的私有业主控制，而不是国家控制的政治经济体制。显然，会计术语会以简洁的形式经常出现。在名之为“资本主义”的政经体制内，资本存量被视为用来盈利的资产；运用资产实现经济利益要借助于货币资本会计。在这个意义上，资本主义精神及其管理模式本质上是由资本会计的合理性确定的。出于同一原因，如果我们承认资本主义是（希望是）可持续的这种合理性，那么，货币资本会计依然有望成为我们的依赖。

关于资本的含义，经济学家与会计师似乎看法不同，鉴于经济学家几乎众口一词将其视为可利用的资产（如前所述），会计师经典一派则视之为一项持有的负债。就像 Nobes 所观察的“在会计那里，‘资本’最初是一个信用概念，‘资本与负债’现在依然是资产负债表的标题”[②]。

在如今的资本主义经济体制内，不管怎样，这些经济学家的概念还是大有市场的，甚至在会计界。最鲜明的证据就是：在国际财务报表准则，资本存量的会计分类与处理受到新自由主义经济学家的影响，已经渐渐从传统会计原则漂移，这些新自由主义经济学家的最具有代表性的是 John Hicks 与 Irving Fisher[③]。根据这些经济学家的看法，一项资产应该以它的效用的估值作为它的现值，其价值会随着预期效能之价值的波动而波动，也会随着将来折扣率的波动

---

① Gray R. Is Accounting for Sustainability Actually Accounting for Sustainability…? and How Would We Know? An Exploration of Narratives of Organisations and the Planet [J]. Accounting Organizations & Society, 2010, 35 (1): 47 -62.

② Nobes C. Accounting for capital: the evolution of an idea [J]. Accounting & Business Research, 2015, 45 (4): 413 -441.

③ Hicks J. Value and Capital: An Inquiry into Some Fundamental Principles of Economic Theory [M]. Clarendon Press, 1946. Fisher I. The Nature of Capital and Income [M]. Macmillan, 1906.

而波动[①]。在这个意义上，如果或只有如果把资本看作一项资产，且能产生将来的现金流，资本才是有“价值”的；只有资本能够提供效用并创造利润，才能谈及资产保护与资本保值。

与那些持“能够维持”观点的经济学家相对，传统会计师把资本视为“一项应付债务”，在创造利润之前，先要做好资本保值。因而，本书采信了会计师的观点——这个观点与本书赞同的强势可持续性范式是一致的，即：

“承载价值（或资产价值）可视为不得不支付的先期维护成本”[②]。

关于“可持续性”术语的定义本章节数次提及，对不同形式资源的辨识毫无疑问成为可持续性会计的核心问题，事关会计核算范围。

一般而言，所有的会计体系都是为“利益相关者（或股东）”的资本保值服务的。在传统会计框架内，唯一希望保护的资本存量就是投资者的出资，尤其是债权人与股东的出资。这项资本在文献中，被称之为“金融资本”“人造资本”“制造资本”或“生产资本”。

说起可持续性会计框架，话题变得复杂起来。生态经济学与可持续性管理领域的专家学者做过多次尝试，例如，Ekins 强势可持续性的首倡者曾把资本存量分为四大类：制造的、人力的、社会与制度性的以及自然的（也可称为“生态或环境的”）资本。与此相近，Richard（2012）认为可持续性会计要考虑的资本种类共有六大类。

一、金融资本（参阅前述）。

二、自然资源，这项资本按照其环境功能可分为四类：

——为生产提供原材料（矿物、食物、石油、木材，等等）；

——废弃物的降解；

——为维持人类生存（如：气候条件、稳定的生态系统、保护地球生命的臭氧层，等等）；

——提供宜居环境（森林的美丽、静谧，等等）。

三、人力资源：所有个人具有的生产力。

四、社会与组织资源：参入者能够实现自己劳动的所有的网络与组织。

五、文艺资源（如：历史性雕塑、文学作品、文化，等等）。

---

① 这种估值法已经被国际财务报告准则用于生态资产的估值（IAS41），比如，对森林与畜牧的估值。详见本书第三章 。

② Rambaud A，Richard J. The “Triple Depreciation Line” instead of the “Triple Bottom Line”：Towards a genuine integrated reporting［J］. Critical Perspectives on Accounting，2015，33：92 –116.

六、无形资源（法律与政治体制、文化与社会遗产，等等）。[①]

从宽泛的资源分类角度来看，引人注目的是：即使上面列举的资源分类在广义上都与可持续性有关，这些分类的界限有时也是比较模糊的，这种模糊性导致量度与核算的困难。那么，能够帮助企业获得可持续性的可持续性会计框架的必要条件到底有哪些资源存量构成？

（生态）经济学家长期以来一直在寻找问题答案。诚如文献概览所示，来自新古典主义意识形态的可持续性会计雏形偏重于维护金融资本，把环境与社会影响看作（负的）外部效用，这一派经济学家力图通过成本盈利分析系列方法把这些问题加以控制。从资源存量多重维护的视角，这些措施顶多只能寻求实体盈利与自然社会环境之间的妥协。

随着时间的推移，选择这三类资源存量，也就是金融的、人力的、自然地，纳入思考的范围，已成定局。在那些为资源多重维护而颇费心思而设计会计框架的学者那里已达成广泛共识。最早期的探索性工作里面包括 Elkington（1994）题为《面向可持续性公司：可持续性发展“三赢”商业战略》论文[②]。该文从客观立场面向公司管理，比较全面地阐释了三重折旧法，使这个本以商业为中心的理论增添了向宏观面过渡的内容。他把可持续性战略设计为“公司、客户、环境同时受益”（同上，p. 90），他在著述中把三个方面，也就是公司经济的、环境的与社会的，当作与企业可持续性战略关乎紧要的因素。这三个方面后来演变为三重底线法的“三维”（即人、地球与盈利，因每个英文单词首个字母都是 P，也简称“3P”）。

关于国家层面可持续性会计，世界银行关于如何量度国民财产发表的文件提供了一个更为清晰的资源维护视角，广泛讨论了三大类“财产存量”的估值问题。在 2005 年的报告中，清清楚楚地写道：为了警示实体“经营下滑”的风险与偏离“可持续性道路”的可能（p. 19），应该确定财产延伸与“准确的综合”的含义。在同一份报告中，财产作为一个用来可与资本交换的术语，包括：诸如厂房、机器、器材与基础设施的生产资本，也包括：诸如消耗性资源、可循环利用的资源、与农用地等自然资源，还包括：诸如简单劳力、人力资源（具有劳动技能与专门知识的人）、社会资源与配套的社会服务机构在内的无形资产（同上）。

---

① Richard J. Comptabilité et Développement Durable［M］. Economia，2012.

② Elkington J. Towards a Sustainable Corporation：Win – Win – Win Business Strategies for Sustainable Development［J］. California Management Review，1994，36（2）：90 – 100.

乍看起来，似乎三重底线法与世界银行模式双双摆脱了重心在金融资本的传统成本—盈利分析体系，并考虑把与可持续性休戚有关的三类资源予以同等保护。尽管如此，这些说法依然具有误导。首先在于《餐叉食肉者》这本书把三重底线法引入世界，作者 Elkington（1997）承认支撑三重底线法的“经济效益”概念揭示了公司的“经济效益与环境效益之间的重叠程度日益增加”。在其列举的案例中，金融资本（制造活动的生产率，总营业额或总收入）被提升至优先地位。在“经济效益”这个术语内，这个优先地位似乎成了不证自明。世界银行模式的可持续性会计一直承认“测度资源存量是一项复杂任务”，世行 2005 报告不仅采用两种不同甚至有实质性矛盾的办法来评估生产资本与自然资源存量，也采用间接法核算后一类无形资产资本：“作为一项残值，即总财产与生产资本与自然资源总计之间的差额”（p. 23）[①]。这两个维度都意味着，这三种资本似乎没有得到平等的估值，并享有同样的“保护力度”，主要原因是缺乏更好的方法。这些可疑的资本处理方式似乎是主流经济意识形态的产物，而主流经济思想受到现代金融逻辑的影响很大。

事实上，早在 19 世纪 40 年代，Polanyi（2002［1944］）就极具洞察力地指出，土地、劳动与货币，或换言之，自然、人力与流通方式，就是经济的三大基本要素，这个看法被主流市场原教旨主义者搬进了单纯的商品买卖关系中。因为劳动与土地成为维系人类共同体与人类生存的关键因素，使这些因素服从市场逻辑意味着：使人类社会从属于市场的兴衰变迁（Zhong & Wang, 2014）[②]。本书的立场是：金融、自然、人力三大类资源，无论国家（宏观）层面，还是企业（微观）层面，在可持续性会计的框架下都应该受到同等保护。

2.4 价值

“价值”这个术语具有广泛的含义。在不同学科中采用这一术语，有各自不同的价值理论依据。在哲学意义上，这一术语与我们所说的“伦理准则”“道德标准”有密切的关系，由此派生出个体品性是否优良的许多标准，人们以此为据评判事物。从环境伦理学来看，特别涉及环境问题的哲学领域，涉及寻求扩大个人在环境方面的道德行为的所有措施，皆在关注之列。这些对人类

① Wynne B. Where Is the Wealth of Nations? Measuring Capital for the 21Century［J］. World Bank Publications, 2005, 91（303）: 447－448.

② Zhong X. Wang B. Debating the Socialist Legacy and Capitalist Globalization in China［M］. Palgrave Macmillan, 2014.

周围其他物种的行为本质上是以价值为导向的，要么是以人类中心价值观为基础的社会经济政治体系，要么是以生物中心价值观为基础的更为激烈的行为，或者介于两者之间。

在经济意义上，价值通常都是以货币单位来衡量的，正如新古典主义经济学家所主张的那样，价值与市场连接，甚至被市场决定。于是，经济意义上的价值在于它的形成机制，此间，价值归结或应该归结于具体商品或服务；商品与服务有所区别，区别的依据在于：研究者所涉及的价值附加过程本质上是否依据实证的或标准的方法。换言之，他们看的是具体的商品与服务怎样在市场上被（或将被）定价的。在生态经济学界，尤其是那些新古典主义派的学者相信：出于对大自然的敬畏，特别是以价格的形式，我们首先应该使大自然的价值看得见。然而，对大自然估值方法有很大的不同，这里的大自然，广义上说，也就是指在人类经济活动的自然资源与人力资源所构成的环境。这些不同的估值方法用两个似乎同义词为划分标准，可分为两大类：价值保护与价值保留。

保护论一派把自然与人力视为资源，因而，主要关注如何“聪明”地加以利用。这一派判断所有问题都根据尽可能“从长计议”，并加以最大利用为准则[①]。可以这么说，这一引人注目的准则并没给新古典主义经济学理论造成多大分歧，因为，多少有些含混的“从长计议”也体现了对发展的成本效益分析，以及对开发项目的长远眼光，而不再仅仅一句简单的“对未来关切”。在他们看来，价值可理解为个体偏好的汇集，也就是在自由市场中对商品愿意支付的价格，或者具体可视为“资产”的资本存量所提供的服务可能带来的盈利[②]。

另一方面，保留论一派则致力于保护自然与人力资源存量以免遭受重大变故。该派观点最早根植于一种准泛神论意识形态。该派主张：人类存在作为“伟大整体创造”（也就是大自然）的一部分，拥有无限的可能性与潜力，只有保留与研究自然规律，“伟大整体创造”的争议性才能得以尊重，因而，必须拥有长期的可持续性。论及估值，保留论一派的学者强调不应该把任何价格标签贴到已取商品与资产形式的自然与人力资源上；反之，应该采用的货币核算方式就是：根据维持生态与人力潜力使其继续正常发挥作用所需投资来估算

① Norton B G. Toward Unity Among Environmentalists [M]. Oxford University Press USA, 1991.

② Levrel H. Hay J. Bas A. Gastineau P. Pioch S. Co? t d' opportunité versus co? t du maintien des potentialités écologiques?: deux indicateurs économiques pour mesurer les co? ts de l' érosion de la biodiversité [J]. Natures, Sciences, Sociétés, 2012, 20 (1), 16 - 29.

成本①。只有通过这种方式，资源存量才能长期得以切实保留。

如何看待资源保护与资源保留两者之间的区别，引人注目的是：后者容易与众所熟知的环境“存在价值”的保持相混淆，这意义下的“存在价值”来自新古典主义经济学对资源持续存在的关注。最早引用这个概念的是 Krutilla（1967）②，后来还有不少学者也做了探索，其主要意思是：技术进步与之相伴的经济发展的不可逆性使得善待资源比对资源索取更有价值。可是，这一概念容易从两个方面理解：一个方面，根据 Krutilla’s 的想法，这应该予以系统性解释（本书作者也是这个意思），从功利主义思想意识来看，“人们情愿为某些事情付出代价而不期望他们自身从中获利的结果”促成这种情形；另一方面，依据 Krutilla 本人所提出的“规范”方法，这也可以理解为一种“资源须保留并应该持续存在的纯粹知识”③。显然，后者才是前面所说的环境保留一派的想法，也深深植根于本书所主张的强势可持续性概念之内。

作为货币核算工具，理应保留对经济活动的货币记录，帮助企业在资本主义经济环境内做出明智的决策，会计一直集中体现资源保护还是保留的两难困境。随着会计的演变，例如，像 Hawken 等人（2013）注意到的“‘工业资本主义’并未完全符合它自己的会计原则，核算自己的资源并称之为收入，却忽略了给它所使用的大部分存量资源配以价值——包括自然资源与生物系统以及基于人力资源的社会与文化系统”（p. 5）④。的确，现行会计体系必然内含价值矛盾：企业被市场奉行的追求“持续性”盈利并近期分红的价值观所驱使，会计体系不得不调整自身附和趋势，因而，偏离走向真正长期可持续性的审慎观念。

本书认为：与这些主宰传统会计与可持续性会计理论与实务“未来派”会计视角相比，历史成本会计（HCA）体系对更好管理自然与人力资源存量贡献更大。从根本上来说，上述命题不是指把“资源锁起来”或采取过激的“深绿”措施，而是平等对待三大类资源，就像三重底线法所主张的那样。因

① Krutilla J V. Conservation Reconsidered [J]. American Economic Review, 1967, 57 (4): 777 - 786.

② Krutilla J V. Conservation Reconsidered [J]. American Economic Review, 1967, 57 (4): 777 - 786.

③ Crowards T. Nonuse values and economic valuation of the environment: A review [J]. CSERGE working paper GEC, 1995, 95 - 26.

④ Hawken P. Lovins A B. Lovins L H. Natural Capitalism: The Next Industrial Revolution [M]. Routledge, 2013.

为，以系统折旧为特征的历史成本法（HCA）恰恰就是用来保留金融资本的①。

正如本书前面引论中研究视角所示：三重折旧法采用历史成本分析法（HCA）与对三大类资源存量同等系统折旧；具体说，也就是在资产负债表的负债栏目记入自然与人力资源，并创建对应的‘资产’科目作为资源占用，同时允许进行折旧，通过这个办法，自然与人力资源的货币价值就被转变成累计的维护成本，而不是‘财产’。在现存的大多数可持续性会计框架里面就是这个情形。用这个方法，不仅避免了任意估值（就像世行报告 2005 所说的）与标价，计算环保成本的不确定性等问题大体上不必理会，因为只要那些从重置方法中受益者的收益与那些受损方的损失相等，资源重置最终将抵消资源恶化引起的所有损失②。

说起来，即使称之为“历史成本会计”，有“向后看”的意思，它也是一个对未来有更大尊重的会计办法，因为其未来的潜在价值保留在这一会计哲学。

3. 会计的政治经济学

如今，学者们普遍把政治经济学看作经济学的前驱，在社会科学领域，政治经济学的历史相当长了。这一术语的定义一直随着时间与作者的不同而有所演变。作为解释经济现象的理论框架，政治经济学

“……不仅要以市场交换为研究中心，首先，还得分析市场交换能够进行的制度性架构，其次，也得分析与诸如政府、法律、产权等社会机构的关系，这些社会机构都拥有权力或者在经济体中起重要作用”③。

根据这些原理，20 世纪 80 年代就有学者认为：会计经济学的根基就在这里，可持续性会计的研究文献也以此为据。最初提出这个看法的是 Tinker（1980）题为《走向会计经济学：剑桥争论的实证性说明》的论文，会计政治经济学强调当前占据主流地位的“会计边际主义理论缺乏足够的逻辑基础”（p. 5），那种框架下的会计报表就只提供企业的效益消息，忽略了市场力量背

---

① 见《国际财务报告准则》账目处理固定资产与永续盘存法（PIM），被世界银行报告（2005）采用。

② Roach B, Wade W W. Policy evaluation of natural resource injuries using habitat equivalency analysis [J]. Ecological Economics, 2006, 58 (2): 421-433.

③ Jackson P M. The Political Economy of Bureaucracy [M]. Philip Allan, 1982.

后的社会政治基础①。会计政治经济学作为一个研究工具，“理应能够在会计运作的广义社会结构与制度背景下，审视会计所有功能”②。进而言之，作为一个研究工具，要能够批判现存社会秩序并通过改革提供相关可行之策，因为批判理论一向关注社会环境的实质及其历史背景，这样会计政治经济学也就进入了批判理论的范畴。后来，许多研究者采用并发展了这一研究方法。

Gray 等人认为，会计政治经济学的要点在于：会计作为一个经济领域，“对其研究，不能脱离会计运作的政治、社会与体制框架”③。这个观点与早期的会计定义是一致的：把会计看作一套主观信息系统，用来优先处理会计所处体制内的事情并予以追踪，在处理与追踪的过程中，还能系统性地自我纠偏。与会计政治经济学相关的可持续性会计有两个变种，即“庸俗的（也可当作“小资产阶级的”）”与“古典的”之分。前者只对利益集团的利益关系从微中观层面处理感兴趣，对资本主义体制内各种力量结成的各自自重集团利益没有明确的共识；后者在分析活动中则偏重于关注结构性矛盾、不平等性以及政府的作用。

因为，从小资产阶级会计政治经济学视角来看，流行的利益相关者理论与合法性理论（尤以本章前面提到的企业社会责任为甚）有时出现部分重叠，在近来可持续性会计的研究中，“小资产阶级”变种已经成为主流研究工具。事实上，可持续性会计作为一个相对新颖的学科被引入中国之时，恰是发达国家面临日益严重的环境与社会问题，“在自由主义呼声之下国家应向后退”的政治背景下诞生可持续性会计之日。问世至今，一直被看成：能够为上述社会问题提供随时可用方案的一个有前途的学科。可持续性会计被广为研究为的是在公司与它们利益相关者之间寻找互动（解释）机制，所谓的利益相关者（不是唯一）明明白白就是发达国家的那些资产阶级。然而，这些努力似乎未能解决这些关系的系统性重构以及潜在的结构性不平等的问题，尤其是在未充分实行自由市场机制、弱势政府控制、国情特殊的国家④。

另一方面，全面来看，古典政治经济学被用来认识确定一个经济体内的社

① Tinker A M. Towards a political economy of accounting: An empirical illustration of the cambridge controversies [J]. Accounting Organizations & Society, 1980, 5 (1): 147 - 160.

② Cooper D J, Sherer M J. The value of corporate accounting reports: Arguments for a political economy of accounting [J]. Accounting Organizations & Society, 1984, 9 (3): 207 - 232.

③ Gray R, Walters D, Bebbington J, et al. The Greening of Enterprise: An Exploration of the (non) Role of Environmental Accounting and Environmental Accountants in Organizational Change [J]. Critical Perspectives on Accounting, 1995, 6 (3), 211 - 239.

④ 同上。

会关系。这里“一个经济体”指的是在一个固定的地理范围内（也就是，国家）形成的相对完全与独立的商品与服务的生产与交换体系。然而，当今，所有的国家在不同程度上，都被融合进了资本主义全球经济体系，因而，不可避免具有资本主义特征。其中一个最为突出的特征就是：生产就是为了获取或积累利润。在资本主义经济体所有功能当中，这是一个最根本的构成要素，以政府机构为代表的国家在资本主义体制内各个方面都起重要作用，会计领域也概莫能外①。由于行使权力的传导机制，会计作为记录、分类、分析与报告管理信息的系统自身也被看作所处的政治经济背景下的一个后果与一个媒介，不可避免带有这个体制的种种痕迹与特征，会计的运作过程受所处体制的系统性影响。一个具体会计理论（与之相对应的实务）只能是特定生产方式的后果；情形如出一辙，今天来看，未来的财务会计体系应该是现行自由市场经济的后果，满足“急躁的股东”的胃口已经成为商业优先考虑的事项，很难改变②。

在他们题为《超越纯粹理性的批判：环境问题的社科研究从政策到政治再到实践》的论文里，Tinker 与 Gray（2003）从古典会计政治经济学的视角揭示可持续性会计。他们断言：当生态可持续性被看作追求“劳动（价值）的解放”中一个不可分割的部分时，事实上，或许存在着马克思主义关于可持续性的观点（p. 733）③。在自然界，不能把人类自身看作是实现人类愿望的纯粹手段，马克思主义对大自然持有功利主义与工具性的看法正是某些生态学家的忧虑之所在，与之相反，该文主张征用环境就像马克思所争辩的那样，就是抑制劳动工资的一个办法。他们认为在许多场合下马克思主义著述中表达的看法就是自然主义的观点。举例来说，在《资本论》第一卷里写道：

“资本主义生产方式……扭曲人类与自然界的动态相互关系，它阻断了人类以食物与衣物形式消费的大自然的组成部分重返大自然；因而，妨碍自然界由来已久的增加土地肥力的自然运动……资本主义农业进步是一种技术进步，这种进步不仅是对农业工人的掠夺，也是对土地资源的掠夺；在一定时段内增加土地肥力所取得的成效，同时也是对土地资源长期肥力下降的威胁……资本主义生产方

---

① Braudel F. La Dynamique du Capitalisme [M]. Flammarion, 1985.

② Chiapello E. Les normes comptables comme institution du capitalisme?: Une analyse du passage aux normes IFRS en Europe à partir de 2005 [J]. Sociologie Du Travail, 2005, 47 (3), 362 - 382.

③ Tinker T, Gray R. Beyond a critique of pure reason: From policy to politics to praxis in environmental and social research [J]. Accounting, 2003, 16 (5): 727 - 761.

式，因而……（侵蚀）……所有财富的最初来源——土地与劳动者”①。

为了解放自然（土地）的价值与劳动（劳动者），马克思号召找到“最大可能摆脱现有的对人类野蛮、非人性化生活方式的政治途径”②。伴随着社会政治运动还出现了其他一些古典政治经济学的论点，马克思这个论点鼓舞了古典会计政治经济学派对可持续性会计的研究（尽管马克思本人并未完全自愿地把自己看成环保事业的捍卫者），特别是在那些国家权威还算强势，“政治途径”较有可能重新把社会导向可持续性的国家。

当今，把会计看作社会中性、客观与无须情感的业务的观点受到质疑。一个更为动态、交互、社会重构与辩证的会计观点已经逐渐取得立足之地。随着新兴经济学与各种不同经济发展模式以及不同的政治社会团体出现，在会计演变的研究领域以及这些经济学对环境与社会问题的研究领域，似乎没有什么力量还能把政治经济学的研究局限在庸俗（小资产阶级）的观点之内。旨在调研中国农业领域实施一个具体的可持续性会计模式（三重折旧法）的机遇与阻力，本书采取了政治经济学的古典视角，原因在于：在特定社会背景下寻找可行的会计模式的规范研究与这个视角相关性最大。

4. 可选择的制度性政治经济学

既然在前面的章节我们已经确认接受这个观点：把记录、分录、分析与报告管理信息的会计系统首先放在具体的政治经济背景下予以考察，并把会计看作旨在“介入或对个体、实体起作用，处理管理信息，协助个体与实体实现既定目标”的一项社会实践。本章要从人类学的角度深入探讨这个方向，并主张社会统治权在形式与内容两个方面，对作为资本主义生产方式管理工具的会计具有决定作用，恰如资本主义经济体系各个方面都受制于统治权③。

4.1 新自由主义和新古典主义经济学

本书前面章节数次提及“新古典主义经济学”及其根基“新自由主义意

---

① Marx K. Capital: Volume I: A Critique of Political Economy [M]. International Publishers, 1977 [1867].

② Tinker T, Gray R. Beyond a critique of pure reason: From policy to politics to praxis in environmental and social research [J]. Accounting, 2003, 16 (5): 727-761.

③ Polanyi K. The Great Transformation: The Political and Economic Origins of Our Time (2nd edition) [M]. Beacon Press, 2002 [1944].

识形态”，进行下列讨论之前，有必要明确这些概念。

在中/微观层面上，与古典经济理论的价值、效用与边际大不相同，新古典主义经济学派从20世纪30年代有了令人瞩目的新进展，把它的领地扩展到了计量经济学与宏观经济研究方法，尤以凯恩斯的观点引人注目。它应该注意到了：在实际的生产与市场商品与服务的交换中，所有的新古典主义讨论首先都围绕着“实体经济”进行；其次，（古典的）“政治经济学”是经济学科的先行者，对整个经济体系与权力关系的哲学反思催生了政治经济学，与古典政治经济学相比，新古典主义经济学是从个体理性与决策择优的假定起步的，包括统治权在内，这两个假定在整个经济学体系中起着基础性的作用。凯恩斯主义者认为，政府及其政策对自由市场机制失效能起补救作用①。

每当谈及新自由主义者意识形态或“新自由主义”常常要与新古典主义经济学联系在一起，或者经常把两者混为一谈。不可否认，这两个概念都指向市场功能机制与民主含义，两者之间不时被换用，两个概念前面都有一个“新”字用来表示理论探索的新方向。然而，在经济对市场的依赖程度上以及市场所处的政治环境所属哪种民主类型，向哪个方向调整市场，两者还是有细微差别的。恰恰是这些细微差别把两者区分开来。新自由主义作为一种意识形态，既涉及政治也涉及经济。在民主发展方面，鉴于有“新自由主义之父”美誉的哈耶克与弗里德曼都认可，古典自由主义在民权上的政治观点以及政府与权威部门有责任保证经济自由；但他们的经济观点却很不相同，特别是在总需求的“管理”上②。奥地利的自由放任主义者，即“市场原教旨主义”也持同样的看法，现已成为自由主义思想新取向的实质③。

4.2 主流意识形态与经济学的异端

如今，作为商界与政界主流意识形态，新自由主义似乎在一些企业与政府决策时发挥重要的指导作用，但每当资本主义世界危机来临时又颇受诟病。同时，无论在微/中观层面还是宏观层面，被当作经济学“主流派别”的新古典主义在新自由主义的控盘下也不断开拓自己的领地，常常与其他经济学“异

① Keynes J M. A Tract on Monetary Reform [M]. Macmillan, 1923.

② 弗里德曼主张总需求应该由中央银行的货币政策来调控。哈耶克却更趋向于极端自由主义，主张总需求不需要市场之外的力量调控。

③ Friedman M. Nobel Lecture: Inflation and Unemployment [J]. Journal of Political Economy, 1977, 85 (3): 451 -472. Hayek F A. Denationalization of Money: An Analysis of the Theory and Practice of Concurrent Currencies [M]. The Institute of Economic Affairs, 1977.

端”相比较而被提及。

其中一个突出代表就是生态经济学，这里面占主导地位的意识形态与本书提及的资源守恒且不可替代观点相一致。正如圈内久负盛名学刊《生态经济学》绪论所描述的那样，这个跨学科研究领域“扩展与综合了对自然家底（生态）与人类家底（经济学）的研究与管理”①。正如前面所讨论的，尽管估值方式不尽一致，生态经济学作为一个学科，它的根基建立在资源守恒且不可替代观点上。

此外，另一个突出的代表就是制度经济学，这个学科的一个重要前提就是：经济学不能与所处的政治与社会制度相脱离。新古典主义者不接受这个看法。这个学派还有其他几个变种，如：Veblen 创立的所谓“古典”制度经济学，在研究人类行为的模式与规范中认可达尔文主义，现在已经演变为“新制度经济学”（NIE），这种意识形态与新古典主义经济学接近，他们把视角延伸到与财产权、交易成本等有关的制度层面，寻求在资本主义经济体制里面建立一套制度促进个体间有效持续交易。制度主义经济学（IPE）从另一个研究方向，采取返回“反市场”层面的权力关系基点，对渗透于经济体制内的国家角色“再发现”，表达了对以新古典主义经济学与新制度经济学为理论出发点的新自由主义意识形态的怀疑②。

4.3 会计的制度主义经济学

在《集体行动的逻辑》一书中，奥尔森强调法律与社会秩序是所有文明经济活动所必需的先决条件。这一先决条件被进一步解释为“共同或集体利益”，亦可称之为经济学里的“公共产品”。即使一个经济体内所有经济活动的参与者（个体与机构）都需要这些公共产品，没有任何人愿意承受提供这些公共产品所支付的代价。因为他们个人所作所为不会对社会状况有任何显著影响，也因为不管他们是否为提供这些公共产品出过力，他们都可以享受到其他方面提供的这些公共产品。另一方面，国家已经收了税。因而与其他所有组织机构相比，政府应该对提供这些公共产品拥有最大能力，也负有最大的义务

---

① 见网址：http：//www. journals. elsevier. com/ecological - economics/，last consulted on 16/10/2015.

② Braudel F. Civilization and Capitalism，15th －18th Century：The wheels of commerce［M］. University of California Press，1982.

(pp. 13 - 16)[①]。

这个观点在制度主义政治经济学者的著述中听到了回声。在涉及科技与制度根本性变革的大规模经济改革过程中必须有国家干预的理论，被制度政治经济学采用，Chang Ha - Joon（1994）是首倡者[②]。这个过程被称之为“结构性变革”（同上）或者“制度性变革”或者借用 Olson 的话来说，采用一套新的“法律与秩序”。Chang 是这样看的：在秩序性变革、政府或者政府代表的“国家”的相互影响期间，政府被赋予了与经济体中“企业家”非常相似的地位；像企业家那样必须具备对未来的战略眼光，领导企业在不断变化的经济环境中生存下来，中央政府也应该具备“对未来的眼光”，当需要制度性变革时，领导整个国家；像企业家采用公司治理结构与策略来经营业务那样，中央政府需要建立新的机制来管控变革过程中不可避免出现的冲突（p. 288）。

就像新制度经济学与制度政治经济学之间的差异那样，在引导性与强制性制度变迁之间也存在广为人知的区别。以 Lin（1989）的论述为例，“诱导性制度变迁指的是群体回应制度性失衡出现的获利机会而采取的自愿行为，反之，强制性制度性变迁则是政府的政令所为”（p. 4）[③]。因而，两者之间的区别在于：“游戏规则”（制度）是由游戏本身内生（自由市场游戏），还是游戏之前规则就被事先设定[④]。但这个区别并非泾渭分明，后来，Lin 在争论中重申：像自由主义者希望的那样，为了达到由群体自愿发生的引导性制度变迁，有必要首先“建立一个鼓励群体积极参加并可获取生产性盈利收入流的体系”(Lin，1989，p. 29)。还有必要使“这个体制允许群体将他们的时间、努力以及金钱做投资并有所收益”（同上）。概言之，一定要为“自由游戏”预先设定一个“游戏场地”。Lin 的第一个问题：体制应该是演化过程中自然选择机制（也可将其视为构成人类个体自私本性的基础），第二个问题无疑是指一套社会规范，可以说是一套由权威保障的法律和相应的执法权力。

Ostrom 证明，即使是看起来像一个开放的产权制度（例如，乡村森林），

---

① Olson M. The logic of collective action: public goods and the theory of groups [M]. Harvard University Press, 1965.

② Chang H J. State, institutions and structural change [J]. Structural Change & Economic Dynamics, 1994, 5 (2): 293 - 313.

③ Lin J Y. An economic theory of institutional change: Induced and imposed change [J]. Cato Journal, 1989, 9 (1): 1 - 33.

④ Aoki M. Endogenizing institutions and institutional changes [J]. Journal of Institutional Economics, 2007, 3 (1): 1 - 31.

也常常涉及谁能做什么和什么时候做的复杂规则①。如果我们继续上面的逻辑，在这种情况下，（诱导的）制度变革就是指这些“错综复杂的规则”的改变；Lin 所说的“制度”就是指一套嵌入“错综复杂规则”的社会规范。每当人们预期“诱导性”变化时，都应该基于体制性理由。因此，制度变化不可能是自发的，所谓的“诱导”变化实际上都是“强加”的结果。所有的制度变革都是由“统治权力”直接或间接强加的，这种权力是以经济活动中的集中协调形式出现的（Chang，1994）。这一集中统治是内部机制运作的结果，即一个有威望的人成为“首长”，充当管控经济运作的资本家角色②；或者来自一个外部机制，即突然出现外来力量将生产协调变为“统治者”的强迫③。这就是从社会关系的动态运行中应该产生的经济制度必须由执政党来建立与维护。以社会规范的形式表现出来的制度（包括法律规范）必然由体现统治权的政府来建立。如果认为确有制度变革的必要，这些制度变革必将由政府或直接或间接的方式推行。当然，国家或当局也会认可制度变革的“必要性”，因为这是国家的责任，国家有责任提供“展望未来的视角”。从这个意义上讲，制度变革并不是从一个均衡向一个预先存在的选择集合中的更高层次均衡的转变④，它要求在这样一个视角的基础上设定选择集。

关于自然环境尤其是人力资源管理的制度性变化，Polanyi 从政治经济学的角度并以人类学的研究为支撑的研究，意识到他的见解明显与生态经济学如影随形⑤。

首先，在他众所周知的“嵌入性”概念中，他区分了“经济”一词的两个含义，其中“形式”的定义植根于“手段的逻辑特征——目的关系，如经济或经济关系”，以“自我调节的市场”为基础；“实质性”定义的基础是“人类和所有其他生物一样，没有支撑它们的物质环境，就不可能存在任何时间”（p. 4）。当谈到对这种“物质环境”或“公地”的态度时，常规的经济观点——这也是古典经济学家所采用的观点——表明：人类将被看成只有狭隘

① Ostrom E. Challenges and growth: the development of the interdisciplinary field of institutional analysis [J]. Journal of Institutional Economics, 2007, 3 (3): 239-264.

② Sahlins M D. Stone Age economics [M]. Aldine Atherton Inc., 1972.

③ Marx K. Capital: Volume III: A Critique of Political Economy [M]. International Publishers, 1977 [1867].

④ Stiglitz J. Alternative tactics and strategies in economic development [M] // Dutt A K. Jameson K. (eds.), New Directions in Development Economics. Edward Elgar, 1992.

⑤ Polanyi K. The Great Transformation: The Political and Economic Origins of Our Time (2nd edition) [M]. Beacon Press, 2002 [1944].

的个人利益的经济人的集合，对个人利益急功近利。这实质上意味着，人类在事关公众并非个人的事务上的经济行为所依据的合理性，首先是基于一种公共的善的概念，或者是在“生计”概念嵌入的规范与制度约束在公共事务中的行为（p. 6）。这一实质性观点包含着，“寻求利益”的人类个人和集体在管理它的机构、传统和规范的集合所规定的限度内采取行动和做出反应。这种意义上的“自由市场”是完全自主的，或者是完全“脱胎换骨”的，这一实质性的人类经济行为视角构成了本书假设和前提的基础。

其次，Polanyi 也对“真实与虚拟商品”做了区分：真实商品表示，商品生产出来并在市场上销售；虚拟商品则表示，诸如劳动、土地与货币这些显然不可能被生产，但可以被转变成商品在市场上出售的物品。正如 Fred Block 在 2002 年版的《伟大的转变》中所总结的那样：“劳动只是人类的活动，土地是细分的自然，现代社会的货币和信贷供应必然受政府政策的影响”。这三种虚拟商品在市场上的流通不可能完全“自由”，就像真实的商品一样。这一表述进一步表明：脱离社会背景的“自由市场”将永远不会像（新）古典经济学家们心甘情愿地描绘的那样，在实践中得到充分实现。考虑到与本章前面讨论过的强式可持续性范式相关的内容，这一章前面讨论的强式可持续性范式与之相符。这些虚构的商品呼应了这样的观点，即我们目前不断追求商品化人和自然，必然会威胁到我们的生计，因为我们的生计密切依赖于“不公正”的商品化的自然世界。按照 Polanyi 的这种看法，将人力和自然资源存量作为定价资源进行商品化，无论价格高低，都是根本上的缺陷，特别是在将有效保存不同类型的资源作为实现可持续性的目标时更是如此。

再次，与自由派声称自由是通过国家的倒退（如果不是完全的自由放任）获得的自由相反，Polanyi 明确指出，“自由放任本身是由国家执行的”（同上，p. 9），就像它会将任何形式的经济制度制度化一样，只要这一特定制度符合当权者集团利益[①]。这种看法与 Chang（1994）的看法相呼应：任何制度变革，包括国家的倒退和让位于“自由市场”，都需要对未来的设想和协调，以实现“同时行动”（p. 298）。关于当今国家强加的全球化的“自由市场”，特别是随之而来的环境和社会问题，越来越多的证据表明了它们之间的因果关系：全球经济削弱了个别国家将环境成本内在化的能力，而是选取一种标准——把

① 这里的“集团”一词是指一个广义的概念，它可以指任何个人的集体性，例如统治一个社会的政党、统治阶级、资本主义企业等等，他们的权力是通过国家当局直接或间接地行使的。

“本族降低”，因为害怕外资撤资[①]。换句话说，在全球范围内，似乎稳定的市场均衡是通过日益增长的市场需求和日益削弱的环境价值的制度表达来实现的。无论如何，为了打破这种平衡而强加一种制度变革，国家同样有责任提供这一愿景，并协调所有有关利益集团。

最后，Polanyi 预测，“在那些利益、价值观和生计因虚拟商品化过程而受到损害的人中”，抵制对“市场完全信仰”的制度化的“反向运动”将会逐浪高。就“环境阻力”而言，这一植根于民主冲动的概念，不仅是对威胁到实际公共价值及其实践的资本主义经济未来的预测，而且还具有唤醒社会的重要意义。基于这一看法，实施可持续性会计模式的尝试，实际上属于反对“自由市场经济”的“建立过程”的环境阻力[②]。需要具体说明的是，这种抵抗与马克思所描述的无产阶级革命对统治阶级的反对完全不同，有兴趣参加抵抗的政党更具有包容性，甚至包括执政党内部的一些派别[③]。

如果我们结合上一节中讨论的会计政治经济学，来回顾制度经济学学派的主张，我们就会注意到，人们普遍接受的关于会计制度经济学的“庸俗”与“古典”变体的区别，这主要反映在新制度经济学与制度政治经济学之间。新制度经济学倾向于将体制和政治思想纳入在（新）自由意识形态下持续改进市场机制的努力中，以期通过市场上改进的交换过程解决这些问题；制度政治经济学则倾向于回归古典经济学理论，背离了对整个经济和权力关系的哲学反思，并试图通过政治手段进行制度变迁。

在会计制度经济学框架中，会计是一种制度，会计模式的实施，或者说，本书研究的可持续性会计模式，被看作是一种制度变迁。Catchpowle 等人（2004）已深刻地指出：与社会上其他机构相比，会计是“与资本主义和国家密切相关”的独特机构，它是“资本主义和国家的一部分”；另一方面，会计“通过发挥作用”（p. 1056）使国家统治力与会计制度不断相互影响，前者决定了后者的形式和内容，后者有助于强化前者[④]。如果我们把会计演变看作一系列既定制度的变化，首先是一个政治过程。

---

① Daly H E. Steady – State Economics：Second Edition with New Essays ［J］. Handbook of Environmental & Resource Economics，1992（2）.

② Polanyi K. The economy as instituted process ［M］// Polanyi K. Arensberg C. Pearson H.（eds.），Trade and Market in the Early Empires：Economies in History and Theory. The Free Press，1957.

③ Marx K. Capital：Volume II：A Critique of Political Economy ［M］. International Publishers，1977［1867］.

④ Catchpowle L，Cooper C，Wright A. Capitalism，states and ac – counting ［J］. Critical Perspectives on Accounting，2004，15（8）：1037 – 1058.

5. 方法论框架

5.1 方法与数据采集

根据会计制度政治经济学（IPEA）的理论框架，并通过“批判性地面对世界不可持续的方式”，为可持续性会计的发展做出贡献，本书采用了 Foucault 提出的方法和 Bourdieu 与语言与权力相关的命题[①]，即“批评话语分析”。正如 Bourdieu（1991）所指出的那样，“语言的社会性是其内在特征之一”（p. 34），因此，对语言材料的分析不应该也不可能绕过它们的社会方面，特别是它们的社会后果。此外，“批评话语分析”框架中的话语被视为一个过程而不是一个产物，或者仅仅是对所涉及的社会事件的一种表现；根据 Foucault（1972［1969］）的说法，话语是“系统地构成他们所讲的对象”的实践（p. 49）。通过话语的社会实践，这些建构的“对象”可以把自己作为现实而加以强化[②]。

“批评话语分析”的一个关键概念是“话语实践”。话语的“实例”被看作是一个文本的实例，一个话语实践的实例，一个社会实践的实例。按照这个概念，对话语的话语实践的分析，正如 Fairclough（1992）所强调的，包含三个维度：1.“文本”维度，即参与者文本的语言分析；2.“话语实践”维度，“具体说明文本生产和解释过程的性质”；3.“社会实践”维度，“关注社会分析中关注的问题，如讨论活动的体制和组织环境，以及如何塑造话语的性质”（p. 4）。简言之，批评话语分析的使用允许更广泛的社会语境被文本逐步揭示[③]。在“批评话语分析”（CDA）的范围内的三层概念的概念如图 2 所示。

关于话语实践，Fairclough（1992）提出了两个子概念，即互动性概念，即“根据文本类型或话语惯例的结构构成文本”（p. 10）以及互文性，即“文本之间的关系”（p. 47）。根据这些概念，将结合“作者”（组织）产生的更广泛的背景来审查一篇文章的意义，特别是该组织在社会中的作用如何决定其

---

① Foucault M. L' Ordre du discours［M］. Inaugural lecture at the Collège de France，1970. Bourdieu P. Language and Symbolic Power［M］. Polity Press，in association with Basil Blackwell，1991.

② Berger P L. Luckmann T. The Social Construction of Reality：A Treatise in the Sociology of Knowledge［M］. Penguin，1991［1966］.

③ Fairclough N. Discourse and Social Change［M］. Polity Press，1992.

话语以及该话语反过来如何构成该组织的社会身份。

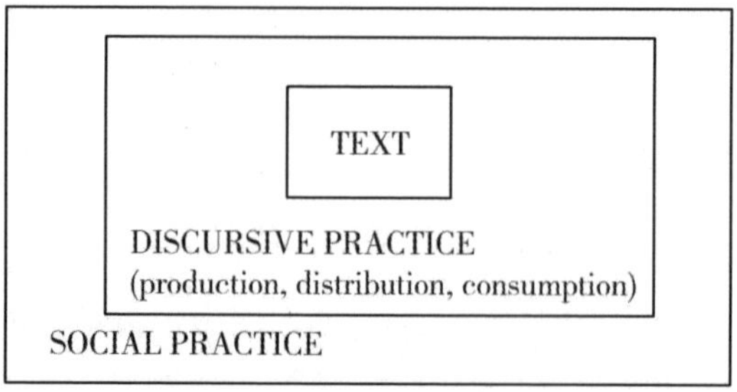

图2　话语的三层概念（引自：Fairclough，1992，p. 73）

在“批评话语分析”的“批评”方面，最重要的是它与“惯例性文本结构”有关，而不是随意性的“普通”文本和话语。它特别在意媒体语言以及其他制度化的披露渠道。这些偏好反映了“批评话语分析”对话语的“隐性议程”，即意识形态层面的关注。它开始揭示“自然化，或被认为是理所当然的‘现实’是特定行为的结果，也是为特定利益服务的”①。因此，对某一特定话语的批判性分析可以对话语的三个层次进行：它从话语本身的语言要素（文本或口语）出发，考察了特定话语在社会中的产生、分布和消费过程。最后，它检查文本或口头表达之后，在所有其他社会实践中，与特定话语的关联度或“实例化”。所有这些过程都是由社会构建的，切不可忽视产生话语的经济、政治和体制环境。

“批评话语分析”的批判性也体现在它特别强调历史，或用 Foucault 的话来说就是，以书面文本的形式强调“档案”②，这一历史方法在宏观和微观/中观层面上都得到了广泛的应用，在理论探索和实证研究方面都取得了丰硕的成果。历史方法对于管理研究尤其有用，它允许研究者在一种方法论和认识论的道路上跟踪历史，寻求通过一种务实的策略来调和理论和行动。

从更广泛的意义上讲，组织包括政府或非政府、盈利或非盈利，都是意识形态意义上的话语运作的重要场所。然而，由于在大多数情况下，一段话语是以整个组织的名义向公众发布的（而不是特定的某个人），由于缺乏可追溯性，对它的形成和潜在动机的理解可能是困难的。基于这些关切，通过采访有关组织的发言人收集信息可视为有用，因为它允许获得这些机构没有在书面发

① Cameron D. Working with Spoken Discourse［M］. SAGE Publications，2001.

② Blommaert J. Discourse：Key Topics in Sociolinguistics［M］. Cambridge University Press，2005.

言中充分披露的信息。从采访这些发言人获得的数据可以证实或反驳他们各自机构打算以书面形式向公众公开的信息。这就是为什么除了书面文件之外，口语话语也被用作本研究中的补充数据的原因：在2013进行的一次实地调查中，作者采访了一些关键参与者的几名发言人，包括一些政府机构，与农业有关的非政府组织和农业综合企业共进行了13次半结构化访谈，平均时间为1.5小时，其中10次面对面访谈，3次通过电话进行。这些材料主要用于第四章，其中对与可持续性会计密切相关的两项活动——特别是“国家生态会计和审计计划”（NEAAS）和“企业社会责任报告计划”的制定——进行了调查。

关于科学严谨性问题，这里要提到的是选择组织及其相应发言人的标准。事实上，这个标准是非常有问题的，而且是以实践为中心的：在本书中将农业可持续性会计的实施确定为研究的主题后，第一，作者根据条件（理论方面）确定了要研究三重折旧法应用的三个样本以及广义上可持续性会计已有的历史文献。第二，基于这些样本，概述了要研究的组织范围，大致描述如下：（1）直接参与调查样本；（2）获取可持续性会计研究所需文本信息具有相对较高的透明度和可用性；（3）可用于“对话”（见下文）。第三，作者努力接触尽可能多的这类组织。参与这项研究的受访者及其所属组织都是被选定并同意参与本研究。

进一步探究科学严谨性问题，本研究不寻求任何形式对调研样本基于三层次关键话语分析法得出的相关材料的表述进行“验证”。而是，试图通过遵循“三角剖分2.0”的概念来检验研究结果。根据这个概念，如果作者充分意识到所进行的研究是“一个由个人历史、档案、性别、社会阶级、种族和民族构成的互动过程”①，通过对三个样本的释义与定性研究所得出的论断，可将其视为“社会变革的催化剂”。从后实证主义的视角来看，对这三种样本的研究承认了上述偏见及其可能产生的影响，因此，显然，这只能以基于证据的方式来确认。这也是为什么作者选择对上述访谈的第一手资料中的重要符号学和交际事件进行“批判话语分析”的另一个原因。在“三角剖分2.0”中，这些要素代表了在参与“批判话语分析”的第三方在民主对话中激发出来的“心声”，从而验证了本研究的表述是否是真实的。

本书的话语分析从语义的角度，不局限于对文字或口头表达表面理解，重点对第二层分析，目的在于找出关于普遍会计准则以及正在讨论中的可持续性会计主导权话语制作的“关键角色”。这进一步显示：话语在这一过程中是如

① Denzin N K. Triangulation 2.0.［J］. Journal of Mixed Methods Research，2012，6（2）：80－88.

何与话语制作者的利益相适应的。根据已有的可持续性会计文献，并结合所选择的可持续性会计模型和具体真实背景，确定了两大主体，即中国政府和中国农业综合企业。其他主要“关键角色”包括国际会计准则委员会（IASB）和其他与会计改革直接相关的组织，如：非政府组织和会计专业人士、会计学者和主要新闻机构等独立组织。第三层分析将这些“关键角色”所建构的“现实”与社会实践的其他方面进行了对比，以进一步显示各自表达理顺各自话语中所呈现的社会事件的偏好。

本书通过对三重折旧法在我国农业部门的适用性研究，运用批判话语分析法的三层分析方法，揭示了利益相关者如何提出类似三重折旧法应用的公共话题，借以期待所偏好的效果，并评判社会后果。以上分析的目的在于使人们能够更清楚地了解在被调查事件中所受到的来自意识形态方面的潜移默化①。更重要的是，这种公共话语的批判分析法应用于特定地理环境与产业背景的可持续性会计三重折旧法演变过程的理论化。由于这三项活动或三项体制变化在某种程度上，类似于三重折旧法的实施，因此，通过对形成这些事件的官方讨论进行批判性分析，对这些事件进行调查，有助于获得一份清单，列出与预期的体制变化有关的有利和不利条件，从而能够更好地了解进行体制变革的机制。

5.2 认识论基础

本书通过对“现实的社会建构”话语的调查和分析，研究三重折旧法“理想”模型的适用性，或如第一章所述，对三重折旧法实施机制进行前瞻性的思考②。本书以批判的视角为特征，对现状及其内在合理性提出了挑战。此外，由于它不仅寻求理解和解释在特定现实中实施可持续性会计涉及的诸多现象，也探寻将“理想”模式加之于整个社会并（重新）引导社会走向可持续性的可能性，所以，它也采用了一个规范视角，审视“该做什么”的实践。

本书选择通过批判话语分析法来研究三重折旧法在中国社会背景下的适应性，也就是定性研究法。关注认识论问题主要围绕着如何利用定性的方法来获取知识和对社会现象进行理论概括，这一问题在社会科学文献中早已进行了广泛的讨论。举例来说，根据 Dumez（2012）的研究，在定性研究中发现了三个认识论风险：第一种是使用“存在理由”，或“只存在于研究人员头脑中的因

---

① Zhang J. Delivering Environmentally Sustainable Economic Growth：The Case of China［J］. Washington，2012.

② Berger P L. Luckmann T. The Social Construction of Reality：A Treatise in the Sociology of Knowledge［M］. Penguin，1991［1966］.

果关系”来解释现象；第二种是“循环性”，研究人员在实证材料中只看到证实一种理论的要素，忽视了这些要素也可能用来证实其他理论；第三种是误解“等价物现象”，这是指可以从不同的初始状态通过不同的路线到达相同的最终状态[①]。为了充分考虑这些风险，并避免相关的陷阱，在开始以下各章的讨论之前，必须先澄清两点：

第一，为了用定性研究法解释社会现象，必须研究社会关系，也许如 lévi - Strauss 所述，只有在“微观尺度”中才能适当地研究个体“行动者”之间的相互作用[②]。然而，一个具体的社会现象可以通过普遍性的社会原则来解释（例如，互惠）；这种普遍性可以从“中观”层面进行研究，在这些层面上，在集体（如部落）之间发生互动[③]。尽管两种不同的研究视角被广泛地回顾为对立的，但它们的实质是一致的：虽然 Mauss 致力于证明某种模式的存在，以便了解这种现象及其背后的动力机制，但 Strauss 更往前迈了一步，努力研究这一模式如何运作。因而，两人的区别在于尺度不同[④]。

本书主要对“关键角色”（或相关组织）所发表的公开话语进行分析，没条件直接接触到这些话语的源头和社会关系的真正“参与者”确切的个人（即中央和地区政府领导人、所涉公司的高管等），因此，对话语及其意图、行动以及微观层面人际关系的了解是有限的，因为只有被访谈者的意愿、行动和互动才能被用作补充信息。因为这些公共话语无论来自书面文本，还是当面交谈，被访者都是这些社会事件的亲历者。批判话语分析法作为研究三重折旧法适用性的工具的有效性成为现实，尽管是一种“半成品”，或者，是对微观层面动态社会关系及其相互作用的研究的初始成果。从中观层面来看，这些个人参与者所构筑的相互作用关系中产生的模式或者一般规律，都是基于对系列后果的分析上。在这个意义上，所涉参入者将不是“抽象的”——这是 Boudon 所重点关切的，但是，通过组织形式的集体行动的作用与反作用，以及他们的推理模式，或支撑集体行为的合理性本质上都建立在自身利益的基础上。（见下文）。

第二，这里承认，只有在达到一定程度的抽象或理论化时，定性研究才有意义。与此同时，前面提及的理论化风险表明：简单地将社会现象同化到具体理

① Bertalanffy, L. von. Théorie générale des systèmes [M]. Dunod, 1973.

② Lévi - Strauss C. Structural Anthropology [M]. Basic Books, 2008 [1963].

③ Mauss M. Essai sur le don?: Forme et raison de l' échange dans les sociétés archaïques [M]. Taylor & Francis e - Library, 2002 [1950].

④ Desjeux D. Les Sciences Sociales [M]. Presses Universitaires de France - PUF, 2004.

论中是危险的，因为对某一现象的解释可以基于最初提出的理论以外的其他理论。

这里要举的一个很好的例子是利益相关者和合法性理论，这是解释企业社会责任管理与报告动机的广为接受的理论。然而，通过向所有“利益相关者”传递相关信息并获取“合法性”两者之间因果关系，通常归之为履行“社会契约”。实际上，还有另一个可信的理论可以用来解释公司（企业家）履行“社会责任”行为。正如 Mauss（2002［1950］）所观察的，现在知道，部落的“酋长”——他们像“资本家”一样管理和领导他们的“下属”（p. 95），通常都会在一定程度上为了公共利益，放弃个人财富（馈赠给下属或作为祭祀活动用品）。而这些看似无私的行为的目的是：馈赠的慷慨实际上是从下属获取统治，换取他们“成为客户和仆人”（Mauss，2002［1950］，pp. 94 - 96）。这正是 Bourdieu 所描述的通过交换创造的“道德”和“情感”的义务；而正是通过这些义务达到了统治的目的[①]。这种统治首先是出于实际（特别是经济上的）原因。就像当今企业自愿实行企业社会责任管理和向社会提供“额外”非财务信息的情况一样，企业“首席执行官”的这种“慷慨”很可能源于同样的客户主义和统治，这意味着一种基于另一种经济理性的极端功利动机[②]，而（利益相关者和合法性学派）则认为，企业社会责任是对资本主义功利主义的反思。因此，与企业社会责任有关的现象的理论都会受到误解的风险。

就本书而言，管理这种风险的策略首先依赖于批判话语分析法的运用，分析不是对现象和理论的同化，而是对所涉及的语言要素的广泛研究，例如，通过其长度和重复的定量意义，只有在这些要素中找到“清晰度”时，才能抽象。因此，将抽象/理论化从文本中提取出来，而不是将文本同化到特定的理论中[③]。此外，本研究寻求搞清对三重折旧法这样的可持续性会计框架的机制并赋予之，而不是寻觅对这些现象进行揭示的因果性。对“会计制度经济学”（IPEA）理论框架的引用（在下一章中介绍），实际上完全服务于这个目的，因为它是一种制度变迁的理论。这些机制的意识形态基础将在寻找这些机制之后加以讨论，并作为进一步研究的命题而不是结论性的解释提出。

综上所述，Bertalanffy（1973）的系统理论、Strauss（2008［1963］）关于

① Bourdieu P. Les modes de domination［J］. Actes de la recherche en sciences sociales，1976，2（2），122 - 132.

② 它是另一种选择，因为它不同于（无情的）过剩剥削的古典经济理性（见 Marx K. Capital：Volume III：A Critique of Political Economy［M］. International Publishers，1977［1867］.）。

③ Fairclough N. Discourse and Social Change［M］. Polity Press，1992.

微观层次互动的观点、Mauss（2002［1950］）的礼物交换理论和 Bourdieu（1976）对支配模式的研究都揭示了本研究的认识论基础。正如 Simmel 所指出的，社会是由各种更大的超级结构（如：民族国家、城市、企业和民间社会）组成的，社会"仅仅是一个对大量相互作用的个人"的称谓[①]。根据这一观点和上述讨论，作者认定本论文的研究前提是：

> 这项研究的所有机构/组织的"参与者"都被看作是自我利益的集体，他们只对物质利益采取行动和做出反应，甚至在他们看似以道德（高度价值取向）为导向的决策中也是如此。

更具体地说，在这个前提下，如果有任何象征性的利益似乎处于危险之中，本论文将不满足于这一发现，并将寻找能够进一步解释其意义的物质利益。这里值得注意的是，这种"物质利益"绝不是基于古典经济学家所相信的狭隘的自我利益或利润最大化的算计，而是基于广义上的生存概念，或换言之，它的基础是追求社会自我赋予的一套规范和制度下的长期生计。

6. 总结

本章分五个步骤概述了本书所采用的理论框架：

第一，从时间序列和地理分布两方面对已有的可持续性会计研究文献进行了回顾。结果表明，可持续性会计研究的兴起和复兴似乎与中西方环境危机的时代相吻合。中国的可持续性会计研究历程与西方相比，存在着明显的滞后性和差距。

第二，对所涉及的一系列关键概念进行了界定。本书具体说明在不可替代范式下对强式可持续性的理解，并试图将货币会计框架应用到经济活动，对三种资源存量进行同等的核算，以期将来也能够保持资源潜在价值。

第三，对会计政治经济学的小资产阶级和古典的若干变体进行了回顾，结果表明：在国家权威没有像西方那样空洞与萎靡的国家，古典会计政治经济学在实施可持续性会计计划方面发挥了特别重要的作用。

第四，本书在现有会计政治经济学与会计制度文献的基础上，进一步阐述了以"会计制度政治经济学"为主要理论框架的方法。当把可持续性会计制度化时，该框架强调统治权在社会中的决定性作用。

① Simmel G. The Sociology of Georg Simmel［M］. The Free Press，1950.

最后，本书在第五节介绍了本研究的方法论依据和认识论基础。在批判话语分析法的视域当中，话语被看作一个社会事件的有机组成部分，而不只是一个该事件的一个“表征”或“产品”。而从认识论的角度来看，话语及其所构建的社会事件是微观层面社会动态关系及其相互作用的产品。对形成这些事件的话语分析，在某种程度上，与基于三重折旧法的可持续性会计框架下关于制度性变革的调研很相似，有助于对制度变革机制的理解。

第三章　中国会计准则的演变

1. 背景

1.1　从会计准则向"国际财务报告准则"的演变看三重折旧法的适用性

从工业革命到今天，资本主义及其工业生产方式历经兴衰，技术创新推动生产力的快速发展，创造了巨大的财富效用，远远超出了人们的想象。然而，周期性的经济金融危机也引发了深刻反思，特别从 20 世纪上半叶以来，以金融化和经济全球化为重要特征的金融资本主义的到来给我们的印象是：金融资本主义加速了财富的积累。然而，诸如金融泡沫、第三世界债务、环境恶化等问题似乎向人们展示了另一幅令人忧虑的图景。这促使越来越多有洞察力的人重新思考：我们一直在努力追求的"财富"是否有问题，以及如何避免财富误入歧途，不至于成为人类异化的外在因素。

有几类人广受质疑，即银行家、监管机构、职业外交官、精明的政客和陷于迷途的经济学家，他们被指控没有正确地履行他们的社会职责。然而，令人惊讶的是，难脱干系的会计行业基本上没受到质疑。正如 Lehman (1992) 所主张的那样，"在所有这些违规行为中，作为仲裁员、公共政策制定者、立法者、经济神话制造者的会计的所作所为都值得仔细审视。应该问一问，'会计师在干啥?'" (p. 1)①。事实上，我们的会计制度既然被公认为是"最合理的经济活动导向手段"②，又是"经济及社会管理机制的核心与

---

① Lehman C R. Accounting's Changing Roles in Social Conflict [M]. Markus Wiener Publishing, Inc., 1992.

② Weber M. Economy and Society: An Outline of Interpretive Sociology [M]. University of California Press, 1978 [1922].

最有影响力的部分"[①]，我们的会计制度必然存在一些不应被忽视的缺陷。

学术界对会计在社会中的作用的讨论越来越多，人们普遍认为：会计来自社会过程，同时也是社会过程的一个助推因素[②]。在这些讨论中，有些专家侧重于国际会计准则的趋同及其含义的动态变化，不仅因为这是现代会计理论和实践发展的一件大事，也由于这样的事实：这种趋同在不同社会背景下的应用不尽一致，亟需制定统一标准的呼声与抵制趋同的声音同样强烈。为每个引入国际财务报告准则的国家开发一套本土化并不至于过分扭曲的版本似乎是当务之急。在这一进程中，关于政治、体制和文化方面的学术工作既可以提供修订的实证依据，也可以为这一问题提供评判的视角，有助于形成共识。

从个别国家的本位观点来看，"国际财务报告准则"的趋同构成了一种制度变革，因为这要求从现行的会计框架像"国际财务报告准则"的框架趋同；也因为这个趋同的过程具有政治性。考虑到本论文的目的是考察三重折旧法在中国农业部门的适用性，研究"国际财务报告准则"趋同的制度变迁是非常重要的，因为实行强式可持续性会计需要"引入新的会计法"，说得更具体一些，就是一套公认的"推行三重折旧法"[③] 的新会计原则（GAAP），因为研究中国的"国际财务报告准则"趋同是一套"全球标准机构（GSI）"，或被广泛承认的适应当地情况"改善治理的优化制度"（Chang，2011，p. 474）。本研究采取的策略与本研究方法的规范性相匹配，引用三重折旧法原则下的 CARE 模式为"新的公认会计准则"。此外，对与可持续性会计关系密切的内容，即在"国际财务报告准则"的农业会计部分承认"公益性生态资产"的新颖性，在与世界标准趋同的中国会计准则似乎是一个很有前途的命题。因为在中国会计准则中首次承认环境保护服务的资产价值。

本研究的目的不是为中国的会计发展历程提供一个完整的回顾，也不在于预测中国会计发展的未来。而是，通过分析相关文献，对在经济增长卓著、深度参与经济全球化背景下的中国会计准则演变路径进行调研。国内外有别，关注点放在区别上，这是因为：1）会计被广泛视为经济与社会管理的强有力机

① Hopwood A G. Miller P. (eds.). Accounting as Social and Institutional Practice [M]. Cambridge University Press, 1994.

② Chapman C S. Cooper D J. Miller P B. (eds.). Accounting, Organizations, and Institutions: Essays in Honour of Anthony Hopwood [M]. Oxford University Press, 2009.

③ Richard J. Comptabilité et Développement Durable [M]. Economia, 2012.

制，会计对一个国家的经济变化有很大影响，反过来又受到经济变化的强大影响[①]；2）如 Hopwood（1989）所说并得到很多专家认可的“会计从来就不是单纯的国内现象”[②]。在本研究看来，中国会计标准与国际趋同的推动者是盎格鲁·萨克逊国家，由他们发起，然后，其他各国根据各国国情予以调适。

通过对“关键参与者”，特别是中国政府和会计学者在中国会计准则趋同情况下所提供的相关话语的系列分析，我们试图了解一个国家的制度因素如何影响这些国际标准（GSI）的采用，以及在这种社会变革中，这些机构形成态度的基本意识形态是什么。就调查期间而言，本研究聚焦在过去 20 年（个别涉及 20 世纪 70 年代），涵盖了中国为进一步融入全球经济而制定的“改革开放”政策，以及环境保护开始被政府视为国家一个基本问题的时期（Liang，2005）。

1.2　中国会计准则向“国际财务报告准则”演变的文献综述

中国的国家会计准则已经正式被公认为与“国际财务报告准则”“基本一致”[③]，经历了漫长的历程，目前仍处于自我适应阶段。然而，与人们对中国及其经济的“社会主义”性质的困惑与担忧相反[④]，中国向国际标准趋同的进程与其他现在或以前的社会主义国家相比，似乎相对顺利。这得力于中国政府推进这一过程的积极态度[⑤]。

本节简要回顾了 20 世纪 70 年代以来西方和中国学术期刊上发表的关于《国际财务报告准则》趋同的现有文献，回顾的目的在于把本书立论建立在对大量文献消化吸收的基础上，并力争对知识有所贡献。

20 世纪 70 年代初，中国经历了长期政治动乱经济停滞，“文革”之后才逐步恢复正常。从毛泽东时代继承下来公有制和中央计划仍然主导着中国经济。当年，会计一直采用苏联模式，被认为是确保实现中央计划的工具，而不

---

① Catchpowle L，Cooper C，Wright A. Capitalism，states and ac－counting ［J］. Critical Perspectives on Accounting，2004，15（8）：1037－1058.

② Hopwood A G.（ed.）. International Pressures for Accounting Change ［M］. Prentice Hall Internation（UK）Ltd.，1989.

③ 正如“国际财务报告准则”基金会网站（http：//www. ifrs. org/，最后一次查阅于 2014 年 5 月 3 日）以及财政部发布的“中国工商企业会计准则与国际财务报告准则持续接轨路线图”（2010 年）所表明的那样，这项任务于 2005 完成。

④ Bailey D. Accounting in transition in the transitional economy ［J］. European Accounting Review，1995，4（4），595－623.

⑤ Ding Y，Su X. Implementation of IFRS in a regulated market ［J］. Journal of Accounting & Public Policy，2008，27（6）：474－479.

是为各种经济活动实践者提供信息的工具。70 年代初的学术文献证实（参阅：Gu，1982；Hilmy，1999；Qu *et. al.*，1999；Ezzamel *et al.*，2007）：政治意识形态和宏观经济结构作为语境因素，使中国会计理论和实践的演变偏离了西方国家①。

1978 年标志着中国经济改革和发展的一个新时代的开始。70 年代末 80 年代初会计研究开始进入改革期，会计理论与实务都出现重新定向，增加市场经济因素。关于西方会计理论和实践有一个令人瞩目的发现：会计作为一门独立的学科成为一门科学，成为一个不分国界能适应“主流意识形态”的中立技术②。恰如中国共产党第二代领导核心邓小平所概括的“科学技术是第一生产力”。这句话自 1978 年以来一直指导着中国的经济改革，对科技的重新定位蕴含着逐步采用发达国家管理工具的趋势。于是，一批关注这些新趋势的学术文献问世，探索资本主义会计框架对中国特色社会主义经济的适应性③。与此同时，一些研究人员仍然声称自己是改革前会计理论的忠实支持者，根据他们的说法，新会计理论尤其是所谓的“稳健性原则”实际上扭曲了事实，反映的是资本主义的隐秘议题④。

改革开放以来，计划经济被一种受限的市场经济取代，或者就像中国共产党表述的“有计划的商品经济”。直至 1992 年，才朝着面向市场的方向迈出了实质性的一大步。当年，邓小平先生发表了几次讲话，表达了创建“社会主义市场经济”的意图。新的政治气候进一步推动探索采用西方会计框架，西方会计框架被视为促进经济建设的综合手段。学术期刊顺应这一趋势，发表了很多探讨会计工具应用的论文。

在这些探索中，有关合资企业（JVs）会计条例执行情况的研究尤其丰富，政府有关部门注意到外资流入所面临的日益严重的问题，试图通过提供明确的规章和法律便利外来投资。学术研究回应了这一社会现实需求。1985 年 3 月，《中华人民共和国财政部关于合资企业利用外资会计条例》发布，条例对会计准则、会计科目和内容的一般要求，采用了国际公认的市场经济方法和程

---

① 顾准. 社会主义会计的几个理论问题［J］. 会计通讯，1979（2）：25 – 33.

② Eagleton T. Ideology：an introduction［M］. Verso，1991.

③ 李宝震. 论社会主义会计的原则［J］. 会计研究，1980（1）：11 – 19. 葛家澍. 怎样认识会计的主要属性［J］. 中国经济问题，1980（5）：42 – 45. 杨纪琬，阎达五. 开展我国会计理论研究的几点意见——兼论会计学的科学属性［J］. 会计研究，1980（1）：2 – 10.

④ 王文彬，林东模. 对稳健原则在我国是否适用问题的探讨［J］. 财会通讯，1986（11）：11 – 12.

序，大大弱化了国内外行业差异。这可以看作是中国会计准则国际趋同的开端①。

中国会计文献的另一个特点是对企业管理会计的研究，特别是对国有企业的研究。Ding（2000），Firth（1996），Skousen and Yang（1988），Wu *et al.*（2007）以及许多人都意识到面对改革大潮，国企的特点与会计状况都需要变革②。国有企业不再唯计划是从，没了计划不知道干什么，取而代之，开始到市场上找饭吃，拥有越来越大的自主权，促使国有企业降低成本，实现利润最大化。因此，诸如预算编制、成本－利润分析、质量管理等管理会计技术成为国企的重要工具，并迅速发展起来。再者，Islam 和 Kantor（2005）认为：尽管中国国企已经开始根据西方理念采用管理会计，但由于本土会计对这些理念不甚了解，以及“关系学”③ 对中国社会与文化的影响至深，所取得进展都极为有限。双方还证实了在采用新的会计框架时语境影响的重要性。

国有企业的改革并没有改变企业的实际所有权，而是按照“现代公司制度”对其进行了重组。国有企业随后可以从资本市场筹集资金。金融市场的改革与这一事件密切相关。1990 上海股票市场和 1991 深圳股票市场的建立，使国有企业实现了资金来源多元化，促进了进一步向股份制企业转型④。

同时，股票市场也暴露出这些上市公司财务报告中存在的问题，由于没有统一会计实务和会计信息披露的全国性会计准则，上市公司采用的会计准则差异很大，这些公司辩解道：它们符合各自工业部门的明确或隐含的会计规则，甚至根据其不同的业务性质，遵守个别公司自己制定的规则。会计报告标准与实务的五花八门引起了学术界的关注。Eccher and Healy（2000）、Hilmy（1999）Hu（1995）都认为：在中国股票市场发展的早期阶段，上市公司的信

---

① 陈瑜. 我国会计准则国际协调研究——历程及对策［D］. 厦门大学，2004.

② Ding Y. Harmonisation trends in Chinese accounting and remaining problems［J］. Managerial Finance，2000，26（5），31－40. Firth M. The diffusion of managerial accounting procedures in the People' s Republic of China and the influence of foreign partnered joint ventures［J］. Accounting Organizations & Society，1996，21（7－8）：629－654. Skousen C R，Yang J L. Western management accounting and the economic reforms of China［J］. Accounting Organizations & Society，1988，13（2）：201－206. Wu J，Boateng A，Drury C. An analysis of the adoption，perceived benefits，and expected future emphasis of western management accounting practices in Chinese SOEs and JVs［J］. International Journal of Accounting，2007，42（2）：171－185.

③ 中文的“关系”或称为“关系学”，表明熟人关系在中国社会中可能具有极大的影响力。（Islam M，Kantor J. The development of quality management accounting practices in China［J］. Managerial Auditing Journal，2005，20（7）：707－724.）

④ Bergère M－C. Capitalismes et Capitalistes en Chine［M］. Perrin，2007.

息披露缺憾很多，尤其对国内投资者①。Winkle *et al.*（1994）发现：由于不符合国际公认的会计准则，海外投资者也很难准确了解他们在中国投资的财务状况②。此外，正如 Zhang（2012）所观察的，“当中国公司试图在海外上市时，他们的财务报表必须转变得符合国际标准，这是一项极其烦琐的工作”（p. 34）③。

中国企业在资本市场上面临着多重困难促使政府部门进一步发展以市场为导向的会计信息披露制度。1992 年，财政部发布了一系列会计准则，包括企业基本会计准则和实用准则（ASBE）④，旨在规范中国会计实务，使之与西方的财务报告规范相协调。因此，一套新的会计准则取代了原有的强制性会计规则，并像现代西方会计理论（例如，国际会计准则理事会（IASB），2010）所宣称的那样，满足了包括政府和投资者、债权人和企业管理等非政府用户在内的各种群体的信息需求⑤。

1992 年中国企业会计准则的意义在学术文献中得到了广泛的体现。正如 Chow *et al.*（1995）等人所指出的那样，这一步骤和随后的措施“标志着中国会计史上朝着更国际化的盎格鲁 - 撒克逊财务报告方向迈进的一个重大转折点”（p. 29）⑥。中国企业会计准则与旧标准的区别体现在引入股权概念、区分产品成本与周期成本、融入西方资本维持概念、允许一些体现保守主义原则的“西化”标准等原则问题上。中国企业会计准则的积极作用受到了官员和学者的赞扬⑦。

---

① Eccher E A, Healy P M. The Role of International Accounting Standards in Transitional Economies: A Study of the People's Republic of China [J]. Ssrn Electronic Journal, 2000. Hilmy J. Communists Among Us in a Market Economy: Accountancy in the People's Republic of China [J]. International Journal of Accounting, 1999, 34 (4): 491 - 515. 胡定核. 上市公司信息披露的规范化问题研究 [J]. 财贸经济, 1995, 1083 (11): 47 - 50.

② Winkle G M, Huss H F, Chen X. Accounting standards in the People's Republic of China: Responding to economic reforms [J]. Accounting Horizons, 1994, 8 (3): 48 - 57.

③ Zhang Y. Fair value accounting as an instrument of Neoliberalism in China [D]. School of Accounting & Finance, University of Wollongong, 2012.

④ 这一框架相当于其他国家的“概念框架”，于 2006 被转变为“国家评估”的一部分，新的“协定”包括基本的“行动计划”和 38 个具体的“框架”（信息可在财政部官方网站 http://www.mof.gov.cn/上查阅，最后一次查询是在 2013 年 12 月 22 日）。

⑤ Chen F, Lin Z J. Asian financial crisis and accounting reforms in China [J]. Managerial Finance, 2000, 26 (5): 63 - 79.

⑥ Chow L M. Chau G K. Gray S J. Accounting reforms in China: cultural constraints on implementation and development [J]. Accounting and Business Research, 1995, 26 (1), 29 - 49.

⑦ 陈瑜. 我国会计准则国际协调研究——历程及对策 [D]. 厦门大学, 2004.

但是，大量的文献指出了1992年该准则的缺陷及其设计和实施中存在的问题，持这样看法的人当中，Chen *et al.*（1997）认为盎格鲁－撒克逊会计原则和准则是在以私有制为基础的市场经济中长期发展起来的，因此很难在一夜之间移植到中国①。通用电气关注到衍生金融工具、“自我创造的商誉”及相关不确定性。他们还注意到大多数国有企业在采用中国企业会计准则之后，支出可能会大幅增加，利润可能会减少。合格的会计专业人员的短缺也可能阻碍了改革的进行。此外，传统会计模式在以前高度集中的计划经济运行中的长期影响可能对新准则的实际实施造成严重阻力。这些疑惑与实施准则的政治和社会背景密切相关。鉴于这些因素，研究者还探索盈余管理等技术性问题，以便适应中央下一轮的会计改革②。

虽然1992年的会计改革被视为朝着国际趋同迈出的重要一步，但直到2006中国会计准则颁布后，中国的会计准则才被确认为相当于国际会计准则③。中国政府促进会计准则与国际趋同的理由反映了国际财务报告准则支持者（尤其是推动在西方建立国际统一会计准则的国际会计准则委员会）的立场。中国政府和国际会计准则理事会都认为，实施“国际财务报告准则”将提高跨越国界的通用财务报表的透明度和可比性，一致的财务信息将降低公司跨境财务报告的成本，从而促进资金在全球资本市场的流动。正如财政部部长在中国财政部新闻发布会上高调宣布的那样，中国的财务报告标准正进入全球化的新时代④。

否则，学术界就不会有一些不同的呼声，更为关注新标准出问题的一面，特别是进口标准与当地条件之间的配套。正如Tweedie（2006）所述，有四个“同样重要”的方面——标准的采用、公司治理、审计和履行监管——构成了一个国家会计准则质量的基础⑤（p. 10）。出于同一思路，Peng和Bewley（2010）也对公允价值会计（FVA）在中国的适应性发出质疑。他们发现中国采纳公允价值会计如同“过山车”大起大落，最终的“咄咄逼人”的贯彻由

① Chen Y. Jubb P. Tran A. Problems of accounting reform in the People’s Republic of China［J］. The International Journal of Accounting，1997，32（2），139－153.

② 任春艳. 上市公司盈余管理与会计准则制定［M］. 中国财政经济出版社，2004.

③ 曲晓辉，高芳. 我国会计准则国际协调效果量化研究述评［J］. 中国工商管理研究前沿，2008（4）：14－18.

④ Ding Y，Su X. Implementation of IFRS in a regulated market［J］. Journal of Accounting & Public Policy，2008，27（6）：474－479.

⑤ Tweedie D. Transparent，translucent，or transient：where have IFRS left us?［M］// Sullivan R N.（ed.），Global Perspectives on Investment Management. CFA Institute，2006.

这些中国标准的制定者的行政命令来推动，而不是“完备的刚性制度”。另外，中国准则与“国际财务报告准则”之间的一些较大差异依然存在（pp. 983，1007）[①]。同样，Olesen 和 Cheng（2011）也确认：通过与国际准则趋同并没有导致做法的统一，因为47 家同时持有 a 股和 h 股的公司[②]的财务报表中依然存在着对金融资产和负债、金融资产重估和折旧、企业合并和土地使用权的不同处理[③]。除了适用新准则的技术问题之外，其他方面，例如：文化等也得到了广泛的调研。

关于“国际财务报告准则”的整体趋同及其在中国会计发展中的地位，有一小部分学术著作（尤其是以中文学术著作）对促成和加速这一进程的政治影响有兴趣。其中，Ding and Su（2008）简要回顾了在中国实施“国际财务报告准则”的情况，发现中国会计准则的国际化是由以下因素推动的：中国发展市场经济体系，促进了国际贸易和投资，但在旧的会计监管框架下一些问题亟待解决（p. 477）。Zhang *et. al.*（2009）从历史和语境的视角看问题归结为：从毛泽东反资产阶级政治氛围向邓小平社会主义市场经济理论、江泽民的“三个代表”思想、胡锦涛科学发展观的转变，为根本趋同提供了必要政治环境[④]。国内学术界关于趋同的另一大分支学科则采用了制度变迁的理论框架，通过承认会计准则作为一种制度，从而使会计准则与国际接轨成为制度变迁[⑤]。Li（2007）探讨了这一变化的动机和经济后果，尤其是为变化所支付的成本[⑥]。这些研究人员认为，中国最近的与“国际财务报告准则”趋同一般可归类为强制性制度变革，推动力主要由打算进一步融于全球市场的中央施加。这种思路倾向于将制定会计准则视为一个“政治化的过程”，其目前状况是社

---

① Peng S，Bewley K. Adaptability to fair value accounting in an emerging economy：A case study of China's IFRS convergence［J］. Accounting Auditing & Accountability Journal，2010，23（8）：982－1011.

② A 股是指国有股在中国大陆发布（上海证券交易所和深圳证券交易所）和 H 股是指外资股，在香港证券交易所发行。公司有股票需要准备两套账下的 CAS 和在国际财务报告准则和香港财务报告准则（准则）的时候。

③ Olesen K，Cheng F. Convergence of Accounting Standards Does Not Always Lead to Convergence of Accounting Practices Convergence of Accounting Standards Does Not Always Lead to Convergence of Accounting Practices：The Case of China［J］. 2011.

④ Zhang Y，Andrew J，Collier H W. Chapter 8 － The Convergence of International Financial Reporting Standards［M］// China：A View on the Influence of Political Ideology on Chinese Accounting Profession WTO Accession and Socio－Economic Development in China. Elsevier Ltd，2009：135－147.

⑤ 曲晓辉，陈少华，杨金忠. 会计准则研究——借鉴与反思［M］. 厦门大学出版社，1999.

⑥ 李晓玲. 改革开放以来我国会计制度变迁的社会成本研究［D］. 山东大学，2007.

会利益集团之间权力平衡的结果①。

综上所述，在这篇文献综述中，我们发现学术界对中国与国际会计准则趋同的论断存在分歧。在一个新出现有争议的社会事件中，观察到不同的观点是很正常的。然而，值得注意的是，当看这些不同的话语来源时，对这一事件表达不同态度的学术文章几乎可以按照发表这些文章的期刊进行完美的分类，换言之，期刊和它们发表的论文所采取的立场是一致的，例如，《会计研究》中的文章似乎与那些高度评价国际会计趋同有价值的官方话语（主要是由财政部撰写的）互相呼应，看法大体相同。不同的见解大多发表在国际期刊或国内影响力较小的杂志上。这一现象表明："主流"话语和替代话语在立场和背后的动机上有区别。因此，本研究在以下章节通过批判话语分析法研究这种现象，看看这种态度分歧是否反映了 Scott（1999）的兴趣群体主张。

2. 关于趋同的话语结构

在本研究的这一部分，批判话语分析法从直接涉及特定事件的话语和口头话语出发，所说的特定事件在本章就是指会计演变。然后，它继续到第二层，旨在确定产生这些话语的关键参与者，并考察这些话语如何与生产者的利益相适应。因此，在中国会计准则与国际趋同中所确定的关键因素主要有(1）中国中央政府；（2）与会计改革有关的国际组织（如国际会计准则理事会)；(3）国内外会计学者；（4）由会计专业人员组成的独立会计和审计机构；(5）公司；（6）主要媒体。为了考察"国际财务报告准则"在中国的启动和实施情况，本研究的这一部分主要集中在前三个主要参与者的话语上，希望能揭示他们在这一过程中所扮演的实际角色及其支撑的意识形态层面。数据来源主要包括国际和国家机构的官方网站，如国际会计准则理事会和中国财政部的官方网站②、科学知识与中国知识资源基础设施数据库③以及国际和国内领先的新闻机构。

利用批判话语分析法的三层分析，揭示了公众话语是如何由利益相关者提出的，以影响一个有利的结果，从而批评他们的社会后果。这种分析是"批

---

① Scott W R. Financial Accounting Theory [M]. Prentice Hall, 1999.

② http://www.mof.gov.cn/，特别是其下属会计管理部门的网站：http://kjs.mof.gov.cn/

③ http://www.cnki.net/. 正如"介绍"一页所描述的，cnki 是"中国最全面的知识门户"，具有"垄断地位"。(Zhao & Qiu, 2005). This database is mostly used to acquire academic papers of domestic researchers in this study.

评”的意义上的，使人们能够更多地批评他们在被调查事件中受到的意识形态上的话语。

2.1 政府话语：走向趋同

中国在20世纪70年代末开始努力与国际会计准则接轨，当时国家正处于“拨乱反正”也就是政治经济恢复常态，会计制度也将相应地进行改革，以便向各种经济活动从业者通报情况，而不再把会计当作为中央计划服务的记账工具。

如前所述，目前我国会计准则与国际趋同包括会计准则（自2007年1月1日起生效），由基本准则、38项具体准则和适用指南以及“中华人民共和国会计法”等相关法律法规组成①。正如国际会计准则理事会主席一再赞扬的那样，中国在趋同方面所做的努力是显著的，其积极影响在吸引外国直接投资（FDI）和促进国际贸易方面都是不容置疑的：

“这些会计改革对中国的好处是显而易见的。新的中国准则纳入了世界各地投资者熟悉的会计原则，这将提升投资者对中国资本市场和财务报告的信心，并将进一步刺激国内外在中国的投资。对于日益发挥全球作用的中国公司而言，接受新准则还应降低遵守其经营的不同法域的会计制度的成本”②。

与国际会计准则理事会主席所描绘的鼓励和前景相呼应，财政部和其他政府机构，如中国注册会计师协会、中国国家审计局、中国证券监督管理委员会和中国银行业监督管理委员会一致确定了积极的基调，以便就“持续趋同”问题采取进一步措施，例如：

“财政部和相关监管机构的热情以及他们的共同努力，确保了与国际财务报告准则接轨的中国新会计准则的成功制定和实施”③。

此外，中国会计改革的必要性，以及中国经济从这种趋同中获得的“好处”得到了证实，这通常是由现任中国会计改革总干事Yang Min以及其他中国高级官员所证实的：

“随着中国大陆的‘改革开放’，内地经济日益市场化，会计信息作为一种通用的商业语言，必须适应市场经济的发展。2001年中国大陆加入世贸组

---

① 参见网址 thttp://www.casplus.com/, last consulted on 2/11/2015.

② Tweedie D. China affirms commitment to converge with IFRSs - full text of Sir David Tweedie's statement at the ceremony of the CAS announcement. Beijing, 2006.

③ 2010苏格兰特许会计师公会发表的《中国会计改革：走向原则的全球机制》述评。访问材料可在 http://icas.org.uk/，最后一次访问在2014年2月12日。

织，2003 年中央正式提出“建立一个完整的社会主义市场经济体制”，这些事件推动了中国经济向市场经济的方向发展，这是一个对高质量会计信息需求日益迫切时代，中国会计准则近 20 年的演变表明：会计准则的制定和完善必须与市场经济的发展相适应”①。

“在新的会计准则实施后的头五年内，我们发现这些准则在规范公司会计实务、改善会计资讯品质、促进资本市场监管及保障公众利益方面，发挥了非常重要的作用。这为我国金融创新和经济可持续发展奠定了良好的基础。”②(Yang Min，2012)

事实上，被视为中国金融“创新”的“良好基础”，“国际财务报告准则”(IFRS) 被视为“标准化”和“质量控制”的工具，这些工具在很大程度上具有中立性，可以不分国界地适用于任何形式的“市场经济”。

2.2 学术话语：毫不迟疑地向前迈进

至于学术界，可以预见的是，这些观点更加严格，更加注重存在的问题，因为大多数观点都提到经济和/或会计理论来支持他们的意见，并结合具体问题加以研究，例如：在“国际财务报告准则”框架内使用财务分析和盈余管理。

由于关于国际会计趋同的学术文献相当丰富，本书将这些文献分为两大类：一是国际学术期刊上的出版物，二是国内学术期刊上的论文，这种二分法基本上与上一节所说的官方文献相一致，并可根据两组文献的差异在接下来的研究中论证。本书研究的国际和国内会计学术期刊在很大程度上，是由于期刊的发行周期与刊发的文章篇幅都较短，使我们能够了解尽可能多学者对问题的看法，便于更好更全面地把握会计趋同的学术动态。根据 Glover *et al.* (2006)，Harwing (2014) 的主张：两种期刊，即《国际会计杂志》和《会计研究》根据重要性，可选为上述每一组的代表③。Peng (2009) 也认为：《国际会计杂志》是最顶尖的会计学期刊之一，发表了很多涉及中国会计的文

---

① 全文（中文版本）可在中国学术期刊“财务与会计”上获得，这是中国会计领域的顶级期刊之一。增进合作共同发展积极推动会计准则国际趋同 ——在海峡论坛会计分论坛上的演讲. 财政部会计司司长杨敏（2011 年 6 月 12 日，厦门）.

② 全文（中文本）可于 http：//kjs. mof. gov. cn/查阅，上次查询日期为 2014 年 2 月 12 日。

③ Glover S M，Prawitt D F，Wood D A. Publication Records of Faculty Promoted at the Top 75 Accounting Research Programs [J]. Social Science Electronic Publishing，2006，21 (3).

章[①]。Zhang（2012）将《经济研究》评为“中国会计界最具影响力的期刊”（p. 154），他的依据是参照国务院中国学位委员会的排名[②]。

以“趋同”作为关键词，以“国际会计杂志”为搜索范围，使用Science-Direct学术搜索引擎共检得109条，其中48条涉及中国。虽然其中有很多人支持中国会计准则与国际趋同，但也存在不同的声音。Chen *et al.*（2014a，2014b）and Dong（2014）关于外国直接投资的讨论就是不同声音的典型代表[③]；中外研究人员就可能导致中国会计准则与“国际财务报告准则”之间差异的文化和历史因素进行了讨论，以及这些差异的合法性。其中，Hilmy（1999）承认国际会计准则中文版的特殊性，具体如下：

“最近的会计改革……吸纳了数量有限的西方会计准则，大多适应中国传统价值。会计是整体经济政策不可或缺的组成部分。”[④]

关于公允价值会计（FVA）的使用，这一最具争议又恰恰是国际财务准则精髓的问题，正如Mısırloğlu，Tucker，& Yükseltürk（2013）所说的那样，其他研究人员默然不语。

“就最具挑战性的标准而言，在缺乏基准的情况下，在公允价值会计遇到的最大障碍是：把资产减值在很大程度上看成一个外来概念，管理信息系统的分类设计通常不符合”国际财务报告准则“要求的金融工具的分类。”[⑤]

对《会计研究》也进行了类似检索，在知网（cnki）搜索引擎中键入中文“趋同”关键字，共检得66条，所有检索条目都确认中国会计准则与“国际财务报告准则”趋同。典型的例子如下：

一般来说，会计学者认为，

---

① Peng S. Acceptance of China Research in Western Accounting Journals（1978－2007）［J］. China Journal of Accounting Research，2009，2（1）：21－70.

② Zhang Y. Fair value accounting as an instrument of Neoliberalism in China［D］. School of Accounting & Finance，University of Wollongong，2012.

③ Chen C J P，Ding Y，Xu B. Convergence of accounting standards and foreign direct investment［J］. International Journal of Accounting，2014，49（1）：53－86. Dong M. Discussion of ‘Convergence of accounting standards and foreign direct investment’［J］. International Journal of Accounting，2014，49（1）：87－96.

④ Hilmy J. Communists Among Us in a Market Economy：Accountancy in the People’s Republic of China［J］. International Journal of Accounting，1999，34（4）：491－515.

⑤ Mısırlıo ğlu İU. Tucker J. Yükseltürk O. Does Mandatory Adoption of IFRS Guarantee Compliance?［J］The International Journal of Accounting，2013，48（3），327－363.

“会计是国际通用语言，趋同是大势所趋。①”

至于中国的情况，他们认为，

“中国企业会计准则体系是总结我国会计改革经验、借鉴国际财务报告准则的结果，既符合中国经济发展的实际需要，又得到国际社会的广泛认同。……除了极个别问题上存一定差异以外，准则体系已实现了与国产财务报告准则的实质性趋同……”②。

面对这些“微小的差异”，他们倾向于去寻找，

“会计准则国际化的本质是一场利益之争。……我们必须在全面推进会计准则国际化的同时，积极采取措施维护本国的利益。”③。

关于公允价值会计的使用，在这份研究中发现了唯一的反对意见：

“本书运用AB股公司2001年会计准则改革前后的经验数据证实，……在我国上市公司内外约束机制尚未健全或有效的环境下，赋予公司过大的会计选择权，可能更加会造成会计信息质量下降（公允价值在一些准则执行中被滥用就是例子）。”④

然而，作者并没有给出任何“滥用”公司的具体例子，并强调最后需要做的是：

“务实的办法是积极创造条件逐步实施。”。

此外，Liu & Zhang（2006）对这些问题的担忧也被进一步消除：

“新准则发布后，成为人们关注的焦点，并引发了某些人士的担忧。针对这些担忧，本书分析后认为公允价值的适度运用不会成为利润操纵的工具，债务重组不会被滥用，利用减值准备调节利润空间越来越小。”⑤

此外，可以预见的是，公允价值会计（FVA）

“总的来看，公允价值由于其高度的相关性，已受到各界的高度关注。公允价值会计极有可能成为21世纪资产和负债的计量基础。”⑥。

---

① 葛家澍. 创新与趋同相结合的一项准则——评我国新颁布的《企业会计准则——基本准则》[J]. 会计研究，2006（3）：5-8+97.

② 刘玉廷. 中国企业会计准则体系：架构、趋同与等效[J]. 商业会计，2007（10）：6-10.

③ 冯巧根. 会计准则国际化中的权益失衡及其对策[J]. 会计研究，2003（2）：8-12.

④ 王建新. 我国会计准则国际化协调进程及其效果研究——基于沪深AB股的经验证据[J]. 会计研究，2005（6）：52-57.

⑤ 刘泉军，张政伟. 新会计准则引发的思考[J]. 会计研究，2006（3）：7-10.

⑥ 路晓燕. 公允价值会计的国际应用[J]. 会计研究，2006（4）：81-85.

2.3 关于农业会计的论述（特别是“国际会计准则”第41号）

本节特别关注农业会计相关问题，尤其是“国际会计准则”第41号（IAS 41）“农业”与中国会计准则第5号（CAS 5）“生物资产”之间的比较。

在学术界，从1979年到国际财务报告准则趋同的时代之前，讨论公司会计制度和会计准则的论文已经开始大量增加，但其中大多数都是以泛泛的方式讨论这些问题，而不是侧重于特定的部门，特别是农业会计。在中国的企业所有权和管理体制改革中，农业似乎仍然是最后一个（如果不是最少改革的话）。尽管如此，至少从20世纪80年代开始，就有专门研究农业会计的学术期刊，即国家级期刊“中国农业会计”和“中国乡镇企业会计”①。然而，这两种期刊所涉及的主题基本上与He（2004）的观察相一致，因为大多数发表的论文都侧重于对书中具体科目的会计处理，而不涉及会计准则②。只有几篇论文论述会计准则问题，大多满足于介绍会计改革以此推进会计体系的建立，建立新体系的政策依据就是1992年会计准则及其附件农业综合企业财务会计制度，而不是深入讨论它们在农业部门的实施情况。因为大多数农业生产“单位”不被当成企业，除了几个国有农场被改为国企属于例外。农业会计研究与会计准则实施研究之间存在着明显的差距。

1992年对农业会计制度的改革，激励了一些学者进一步探索农业会计准则的实施，如Wang（2003），Zhang（2001）Zhu（1996）都讨论过“中国农地复垦（国有农场）会计发展的独特路径”③，意在建立更加规范的会计制度与探索在国有农场实施会计准则的可能性。另外，一些研究人员还指出：由于大多数农业活动以家庭为单位进行，因此，家庭承包农场中没有对具体农业活动（包括作物种植、畜牧业、林业、渔业）实施会计准则，这对农业部门的发展形成阻碍。这种缺失意味着缺乏有效的管理工具，这种缺失可能进而减缓农业部门的发展，农业部门在向市场经济转型的大潮中的弱势地位越发严重④。

2000年，国际会计准则理事会发布了事关农业的国际会计准则第41号，

① 虽然这两种期刊分别于1990和1993年开始出版，但在“中国农业会计”第一期社论中指出，“农业会计学报”是两种农业合作社经济管理和农业会计研究先期期刊合并的结果，但历史难以追溯。

② 贺旭玲.我国农业企业会计制度问题研究［D］.山东农业大学，2004.

③ 王少勇.农垦企业实行会计集中核算的探讨［J］.中国农业会计，2003（6）：20－22.张志刚.农业在产品会计处理的探讨［J］.中国农业会计，2001（9）：32－33.朱崇明.独具特色的中国农垦会计发展道路［J］.中国农业会计，1996（12）：44－46.

④ 高帆.中国农业弱质性的依据、内涵和改变途径［J］.云南社会科学，2006（3）：19－23.

实质上是关于生物资产的会计准则，把生物资产定义为“生物与畜禽”。这套“农业活动会计准则”或“将生物资产转化为农产品（实体生物资产的收获物）”“一般要求以公允价值减去出售成本来衡量生物资产”[①]。尽管国际会计准则第41号允许以历史成本和公允价值来衡量生物资产，但公允价值显然被认为是首选的计量方法。事实上，正如Elad（2007）所观察到的那样，国际会计准则第41号建议的这些生物资产评价方法的演变越来越依赖公允价值会计（FVA）原则，这相当于对这些资产未来提供的服务进行现值评估[②]。

2006年2月，在国际会计准则第41号公布6年后，中国会计准则第5号（CAS 5）“生物资产”终于发布，正如前面提到的那样，中国会计准则很快就被认为与国际财务准则出现“实质性趋同”。第一次允许把“生物与畜禽”在中国企业的账簿上登记为资产。

中国会计准则第5号最显著的特点是：与国际会计准则第41号明确倾向尽可能使用公允估值会计相比，似乎对此保持沉默，声称这些资产应在初始确认时按其历史成本进行计量，并继续在随后的报告期内使用HCA（包括折旧和减值备抵等），除非“非常可靠的”理由证明生物资产公允价值可持续获得[③]。在进一步研究国际会计准则第41号和中国会计准则第5号的区别时，同样值得注意的是，除了“国际会计准则”中界定的可消耗生物资产和不记名生物资产外，第三类生物资产，即“公益生物资产”，根据官方文件，指的是“用于环境保护为主要目的的生物资产，包括防风固沙林带、水土保持等”。关于它们的计量，中国会计准则第5号正式文本仅用了两句话：

“自行营造的公益性生物资产的成本，应当按照郁闭前发生的造林费、抚育费、森林保护费、营林设施费、良种试验费、调查设计费和应分摊的间接费用等必要支出确定。”

“公益性生物资产不计提减值准备”。[④]

在大多数生物资产的识别和计量中，中国会计准则第5号选择了历史成本会计，因此，该准则显然更倾向于相对“保守”的评估方法。然而，根据大

---

① 根据Deloitte：http：//www.iasplus.com/en－gb/standards/ias/ias41，最接近一次访问2015年11月25日。

② Elad C. Fair value accounting and fair trade：an analysis of the role of International Accounting Standard No.41 in social conflict［J］. Socio－Economic Review，2007（4）：755－777.

③ 中华人民共和国财政部.企业会计准则第5号——生物资产.2006.

④ 另一方面，在有关公益生物资产的文章中，根本没有提出折旧问题。它是基于这种缺失和中国会计研究人员的分析，明确了不承认公共福利生物资产折旧的事实。

多数（如果不是全部）中国国内研究人员的看法，这一选择远非出于对公允价值未来主义观点带来的不确定性的自觉抵触，而是由于缺乏合格会计专业人员和相关的会计研究以及中国市场经济的“落后”所致。例如，Hao（2007）在他的博士论文中得出结论：

“尽管我国目前对生物资产的计量选择了以历史成本为主的计量模式，但是笔者认为这只是由于受我国现阶段实际发展水平制约而不得不做出的一种选择。应该说，单纯就生物资产的自身自然增值的显著特点而言，公允价值是非常理想的计量属性。可以预见，在不久的将来，我国生物资产以历史成本计量为主的模式必然会过渡到公允价值计量模式。”①

沿着大致的思路，Song 和 Guo（2015）在《中国农业会计》上发表的文章也证实了中国农业会计与公允价值会计（FVA）不断趋同，指出：

“我国会计准则虽然没有完全采纳国际会计准则的各项规定，但是本着与国际会计准则趋同的原则，我国财政部也在不断地完善与修改准则，所以随着我国资本市场的成熟和相关信息技术的提高，公允价值计量属性会逐渐被采纳，这时我们就可以对生物资产自然转化增值的部分准确计量与披露。”②

此外，对于与可持续性会计最相关的部分，即在中国会计准则第 5 号中确认“公益性生物资产”的新颖性，这似乎是一个有希望的命题。因为它首次在会计准则中承认了一项资产用于为环境保护提供服务价值。但就计量而言，除了这些资产之外，几乎没有任何维护这些资产的可操作性指导，也就是没有说明：相关农业综合企业如何在账面上以“成本”登记这些资产。事实上，根据会计研究人员的说法，缺乏维修方法是由于以下事实：

“公益性生物资产一定会随着公益性生物资产的生长而增值，其价值一定呈上升趋势，所以，公益性生物资产只存在累计增长，而不存在累计折旧和累计摊销。”③；

或者因为

“由于公益性生物资产并不能带来经济利益，折旧分摊并无存在的必要。”④。

总的来说，计量公益性生物资产被认为是一种务实的选择，因为

“我国的生物资产准则将以防护和环境保护为主要目的的生物资产单独归

① 郝向荣. 生物资产会计问题研究［D］. 山东农业大学，2007.

② 宋永和，郭慧贤. CAS5 与 IAS41 的比较分析与借鉴［J］. 中国农业会计，2015（2）：47－49.

③ 徐汉峰. 公益性生物资产的计量与确认［J］. 郑州铁路职业技术学院学报，2008，20（1）：38.

④ 王学军. 林业企业公益性生物资产的核算［J］. 绿色财会，2007（10）：20－21.

类为公益性生物资产，充分考虑了我国公益性生物资产数量较多、存在国有农场等实际情况，符合我国的国情。”①。

3. 构建国际财务报告准则趋同的现实背景

如上文所示，第二节介绍了关于“财务报告准则”趋同的话语的讨论，这对应于批判话语分析法（CDA）的第二层，该层试图说明两组话语之间的相互影响，这些话语是根据各自的“文本类型的配置”构成的②。我们发现，虽然政府的话语惯例被普遍接受为大众传播的议程及其传播，而学术界的惯例则被认为是对现状的反思与批评，但这两套话语在中国似乎已经融合，成为一个声音，尤其是当讨论的事件具有一致的积极影响之时。

本节将进一步对比中国政府与国内会计学者在这一事件之后，各自的社会实践所产生的意义，揭示他们在对事件描述与合理化的过程中可能出现的偏颇。批判话语分析法第三层是研究话语互文性，或“文本之间的联系”（同上，p. 47），为了从广泛的语境考察上述两组话语的意义，本书从作者试图了解中国政府和国内会计学者各自的社会角色以及他们的话语究竟在表达什么，以及这些话语如何反过来构筑这两个关键角色的社会识别。

3.1　“国际财务报告准则”作为一项技术和社会经济的基础性制度架构

从前几节的论述来看，国际和中国官员的基调是一致的，非常支持趋同。除了国际会计准则理事会和财政部的讨论所阐明的必要性和有利的方面，自邓小平先生在20世纪70年代宣布“改革开放”政策以来，中国政府还集中讨论了另一个问题，即“中国市场经济的发展”。在全面推行市场经济与国际接轨的大背景下，国内外会计准则趋同是政府决策者必须的选择，唯有如此，才能把中国经济改革推向市场经济，从而更好地得到国际机构和其他经济体的承认，在全球市场上获得其他经济伙伴国的认同。这一点也是在发布与国际会计准则第41号趋同的情况下提出的，生物资产不采用公允价值是市场经济不发达的结果。通过主流媒体发表的所有有关这一事件的言论，都可以看作是中国政府和国内学者新自由主义思想的合规表达。

---

① 张颖萍. 我国生物资产准则与IAS41之比较［J］. 财会月刊，2007（8）：84－85.

② Fairclough N. Discourse and Social Change［M］. Polity Press，1992.

在这一点上，我们赞同并发展 Zhang（2012）的观点，他指出：中国政府的趋同理论反映了推动当代西方社会建立国际会计准则的选择，中国政府将新的会计准则作为一项重要的“技术”，意在促进这一特定社会经济基础性制度架构的建立，从而使中国经济进一步融入全球化①。这种相当中立的会计观念与当时的主流意识形态，即被广泛认为是 2002 年至 2013 年执政的前国家主席胡锦涛所创造的“科学发展观”完全吻合。这是党中央十七大上批准“中国特色社会主义”思想的最新表述。这一思想深入体现在 2011 年题为《全面实施‘十二五’规划，在科学发展观指导下深入推进的会计改革和发展》② “会计准则”年度摘要中。这个标题似乎完美地证实了 Polanyi（2002［1944］）长期致力于的一个解释：自由放任的意识形态与社会经济基础性架构实现大规模协调一致的“计划”可以由国家来实施。

3.2 政府与学术界的密切关系

至于学术界的讨论，我们发现（中外研究人员的）观点在《国际会计杂志》似乎比较多样，国内学刊《会计研究》比较单一。在对前者的检索中，有一点引起关注：在涉及中国的 48 篇文章的作者中，考察作者所属的机构，大多是西方研究机构或大学。国外从事与中国有关的会计研究的研究人员似乎倾向于从批评的视角来观察和反思问题，并且更愿意表达不同意见。从这一发现中可以推论：与国内研究人员相比，由于地理距离与语言的原因，外国研究人员与中国官方立场保持着相当距离，这可以减弱甚至避免“主流意识形态”的影响，比较客观地从事学术研究。

通过对国内学刊《会计研究》（AR）的分析，我们发现话语的内容更有深度，更有专业性，与官方精神保持高度一致。值得注意的是，在“机构”一词中增加了一个关键词“财政部”，以便在“趋同”的 66 个结果中检索，共检得 16 篇文章，相当于总数的四分之一。换句话说，支持财政部的文章中有四分之一是以财政部的名义公布的。中国政府官员也在学术期刊上发表，他们的文章也是被引用最多的，这一事实可能看起来很奇怪，但正如 Ding & Graham（2007）指出的那样，“中国学者往往也在政府任职”（p. 564）和“学

① Zhang Y. Fair value accounting as an instrument of Neoliberalism in China［D］. School of Accounting & Finance，University of Wollongong，2012.

② 可查阅 http：//kjs. mof. gov. cn/zaixianfuWu/wszt/，最后一次查询于 2015 年 12 月 2 日。

者支持政府立场是中国的传统”（p. 571）①。

对于这种双重身份和高度一致的见解，Bell 和 Li（2012）给出一个很好的解释——中国领导人选拔过程中采用的是“精英制”：

“……那么，如何在中央一级选出领导人呢？理想的情况是：选拔过程应该是精英式的……今天，大学是招收新成员的主要场所。学生需要在国家考试的最高百分位数中得分，才能进入培养未来领导的精英大学。然后他们激烈地竞争才能被党（中共）录取。只有表现优异的学生才能完全具备‘品格’。一旦成为政治体系的一部分，就需要进一步的评估才能提升职务。他们必须在较低级别的职务上表现良好，并通过考核。然后，就会有更多针对特定职位的考试来测试专业技能。”②

由于“竞争激烈”，“潜在的干部”不仅要表现出他们的研究能力，而且要不断地检验他们对党价值观的承诺，对他们在“专业技能”方面的进步的定期评估，往往要求他们在学术期刊上发表文章，并追求“在职研究生学位”。这对人们（特别是对政府）来说是一个方便的解决方案。获得研究生学位，同时保持目前的工作岗位。这些学位可以通过大学或直接附属政府机构的研究院所的在职课程获得③，甚至在“担负着培养党的高级和中级领导干部、培养马克思主义理论干部的任务的最高学府”党校④。党校作为中共中央直辖的重要机关，是“学习和宣传马克思主义、毛泽东思想和中国特色社会主义理论体系的重要阵地，是铸造党的精神的熔炉，也是中国共产党哲学和其他社会科学研究机构”⑤。所有这些举措意味着思想重新整合，对这部分政府干部的学风带来很大的影响。这些干部是否有时间和精力既履行政府重要职务，还能进行研究，这是值得疑虑的。此外，这可能会导致学位“通胀”的问题，尽管这一制度在很大程度上保证了主流政治意识形态直接传递给学者，以及打造一个看似精英技术官僚的政府领导团队。

---

① Ding S，Graham C. Accounting and the reduction of state - owned stock in China ［J］. Critical Perspectives on Accounting，2007，18（5）：559 - 580.

② Bell D. Li E. In defence of how China picks its leaders ［N］. Financial Times，2012，November 11.

③ Lee H Y. From Revolutionary Cadres to Party Technocrats in Socialist China ［M］. University of California Press，1991.

④ 根据中共中央委员会党校的官方网站，可在 http：//www. ccps. gov. cn/上查阅最后一次查询，时间为2014年2月16日。

⑤ 同上。Meillassoux C. Femmes，Greniers & Capitaux ［M］. FranÇois Maspero，1975.

3.3 中国农业部门会计核算的特殊性

正如 Meillassoux（1975）指出的：农业最初是一种“维持生存的经济”①，当探究农业管理的特殊性时，我们可以发现，农业活动的核算与其他部门的会计核算有一些不同：1）农业是基于土地以各种形式占用耕地、草原、牧场、森林等为主要生产手段，即使今天的大工业经济也没改变这个不同；2）农业经济再生产与生物过程的周期密切相关，这意味着在产生相对成本的生产周期与产品收获期之间，即作物收获和牲畜屠宰之间不可避免地出现滞后；3）在大多数情况下，农业生产条件，包括气候、天气和当地生物特性，对生产结果产生了重大影响，这些条件的影响构成了农业生产的季节性，往往导致劳动力和金钱方面的非正常成本支出②，这些特点促使会计学者和专业人员在制定会计准则时特别注意这一问题。

与西方 14 世纪以来私有制下的农场持续不断的农业生产的发展与管理相比，中国的“农场”或农业企业概念直至 1979 年才出现，改革开放的政策允许多种形式所有制。直到 2013 年，“家庭农场”的概念才首次被中央政府正式认可③。然而，尽管著名的“家庭联产承包责任制”早在 1979 年就提出了，但农村集体经济（即乡镇政府）一直是开展农业活动的主要实体④。同样，在农业会计准则方面，不同于西方社会从农业向工业转型所产生和发展的会计规则，中国遵循苏联模式的“社会主义经验”导致了这一问题转型的不连续性。直到 20 世纪 90 年代，才提出建立一套统一的企业会计准则的建议。在市场经济改革之前，会计专业人员对统一准则，虽然有行业差异的指导，但却不熟悉。因为自 1949 以来，中国的会计准则一直是按照部门和所有制结构来确定的，这就导致了这样一个事实：不同部门的实体遵循的会计规则极为不同。与 1992 年的会计改革配套，财政部于同年颁布了农业综合企业财务会计制度，同时取消了 1986 年颁布的国有农场财务会计制度，为农业部门的会计改革指明了新方向。尽管在颁布之时，由于“缺乏国际参考资料”而没有林业企业会计标准，但这仍然标志着“农业会计从计划经济模式向市场经济模式转变

---

① 法文原文：“（une）économie vivrière”. 尽管现在的农业工业化不再如此。

② Altukhova Y. Comptabilité agricole et développement durable?: étude comparative de la Russie et de la France [D]. Université Paris Dauphine, 2013.

③ 见中共中央国务院《关于加快发展现代农业进一步增强农村发展活力的若干意见》. 2013.

④ Lardy N R. Agriculture in China's Modern Economic Development [M]. Cambridge University Press, 2008 [1985].

的成果"[①]。然而，由于当时除了国有农场和家庭农户外，几乎没有农业综合企业是我们现在熟悉的（相当于）商业公司，因此，该计划的实施仍然非常有限。

近二十年来，随着中国经济改革的不断深化，国内农业部门最终更多地参与到市场经济中来。自 20 世纪 90 年代以来，不仅越来越多的国有农场为了在资本市场上实现融资选择的多样化，开始改制为国有控股的上市公司。而且，越来越多的混业企业如雨后春笋不断出现，以及一些食品和饮料制造业的私营公司也寻求与村镇甚至直接与农民建立稳定的合同关系。正是市场经济的发展要求有一套标准化的会计以及财会报表，以便从农场或企业到资本市场更有效地交流财务信息。而且，正是在这种情况下，"国际财务报告准则"趋同开始影响中国农业部门的会计研究、政策以及实务。

中国农业会计从部门各自为政形同没有会计准则，到形成国内会计准则，再到"进口"国际财务会计报告准则寻求趋同的"大跃进"，使之面临一个困窘的局面：20 世纪 70 年代以来，"双重管理制度"一直适用于所有中国农业综合企业（包括由地方政府领导的国有农场、村镇合作社），在这些企业中，他们的"雇主"（家庭农民）承包了一块土地，并从国有农场或地方政府那里借到了大型农机；因此，在账本中登记的农业活动"资产"只涉及土地和机械，所有"生物与畜禽"都由个别家庭自己管理。虽然在某些情况下——例如 B 集团的情况（见第四章）——企业管理和财务控制制度相对完善，但在中国大多数其他国有农场，这种制度几乎不存在。这导致每个家庭都把"生物资产"当作自己的家庭财产（这是事实，因为他们支付了土地和机械租金后自己拿出了自己的收入）。此外，个体户众多，使得对其拥有的生物资产进行普查十分困难，这些因素都给国际会计准则的实施带来了很大困难[②]。

然而，这种情况似乎并没有抑制中国农业企业与"国际财务报告准则"的趋同，主要是因为，正如第 2.3 和 3.1 节所示，这种趋同是国家强制执行的主导意识形态——新自由主义。此外，采纳生物资产会计准则，值得注意的是，对公益生物资产的会计处理，对于农业综合企业（特别是国有农场）和会计行政主管部门来说，中国会计准则第 5 号成为"双赢"。因为，它不仅允

① 王斌. 生物资产相关会计标准演进分析 [J]. 中国农业会计，2009 (10)：38－40.

② Lardy N R. Agriculture in China's Modern Economic Development [M]. Cambridge University Press，2008 [1985].

许在农业综合企业在账簿中确认这类资产，而且几乎是“免费”的，还不需要任何后续的报告或维护，还有利于行政管理部门完成建章立制的任务。将大量生物资产列为公益性资产，可以避免解决产权问题和公允价值的申报等问题，或至少把问题往后推迟一段时间。中国会计准则第5号中的“公益生物资产”就是一个很好的案例，它表明：中国社会背景下，主导意识形态下执行某一任务遇到困难时，如何采取务实之举化解问题。

4. 重新考虑国际财务报告准则的趋同

4.1 中国语境下的趋同

正如“中国企业会计准则与国际财务报告准则继续趋同路线图”（MOF，2010）所明确指出的那样，“国际会计准则趋同是一个国家实现经济发展和适应经济全球化的必然选择”。批判话语分析法对涉及“趋同”的上述三层分析表明：中国政府对这一问题的积极态度，以及中国学术界一直非常支持走向全面“趋同”，因为政府与学术界的关系紧密，甚至两者有些融为一体。

趋同可以在制度变迁的理论框架内进行，本质上可以分为两种类型：Lin（1989）所界定的诱导性与强制性制度变迁①。在接受这一观点的中国会计学者看来：中国与国际财务报告准则的“趋同”可被归类为强制性制度变迁，其驱动力主要来自中央政府，中央政府接受了新自由主义思想并打算在实际中加以推行，尽管这个想法也可以从马克思主义主导的“中国特色社会主义”国家意识形态殊途同归。这一过程加快了中国经济金融融入全球市场的步伐。事实上，会计准则的制定是一个“政治化的过程”，目前的状态是社会“利益集团”之间权力平衡的结果②。关于中国的情况，这一“游戏”似乎是在简化版上进行的，主要参与者只涉及国际和国家监管机构。而国内会计专业界，即学术界和会计从业人员，似乎并不是独立的智囊团（至少从外表上看是这样），对这一问题也没有的明显影响力。然而，也有一些关于趋同的影响的评估报告。例如，Lee *et al.*（2013）为中国注册会计师协会（ACCA）编制的报告以及“四大”公司发布的报告都证实了中国公司根据“国际财务报告准则”

① Lin J Y. An economic theory of institutional change: Induced and imposed change [J]. Cato Journal, 1989, 9 (1): 1-33.

② Scott W R. Financial Accounting Theory [M]. Prentice Hall, 1999.

提交的财务报告中提出的会计盈余的价值相关性，但没有具体证据证明“国际财务报告准则”对整个中国经济的好处[①]。

4.2 超越中国语境的趋同

尽管被称为“政府主导型经济”或“国家资本主义”，中国却表现出它能够协同各方有效地组织社会不同群体的能力和意志，以完成大规模的社会变革。只要中央作出了决定，就能动员各方，动员能力在世界上堪称一流。在本章讨论的案例中，与国际财务报告准则在全国范围内的趋同中再次证明了中国政府这一能力。然而，目前国际学术界还比较缺乏中国政府与中国学术界的声音。由于“国际财务报告准则”本身随着时间的推移而不断演变，在不同国家实施“国际财务报告准则”时，为了适合各自国情，非常需要具有充分说服力的修正意见，而不是一个简单的遵守就能了事。这方面一个典型的案例就是，马来西亚会计准则委员会（MASB）最初提出的关于确认和计量生物资产的“国际会计准则”第16号与“国际会计准则”第41号的修订意见。

《国际会计准则》与《国际财务报告准则》采用未来主义的“古典”会计方法不仅代表了会计制度整体演变的一个危险趋势，还突出表现了在农业实施中的轻率，例如，Suzuki（2012）的案例研究表明，Tan（2010）提供的棕榈树种植园利润模型（见下文图3）显示，对于被调查的种植园公司而言，传统历史成本法（HCA）方法下的利润曲线很直观，而《国际会计准则》第41号的公允价值模型下的盈利曲线“非常不寻常”。这是因为，棕榈树被分录为无记名生物资产应记入公允价值，其公允价值采用贴现现金流量模型计算，现金流量代表这些资产产生的预期现金流量。在估值初始时，即种植年份，其价值远远高于原始成本，并形成很高的账面利润。《国际会计准则》第41号规定，树木的公允价值必须每年进行核对，如果价值上升，必须记录利润；如果价值下降，则相应地预测的树木寿命期间的损益，与图表中所显示的完全相同，这将导致公司财务报表的巨大波动[②]。

---

① Lee E. Walker M. Zeng C. Does IFRS Convergence Affect Financial Reporting Quality in China?（No. Rresearch report 131）[R]. Certified Accountants Educational Trust, 2013.

② Suzuki T. IFRS（IAS 41）, Plantation and Sustainable Development [R]. http://www.thecasecentre.org/educators/products/view? id=117695: University of Oxford, 2012.

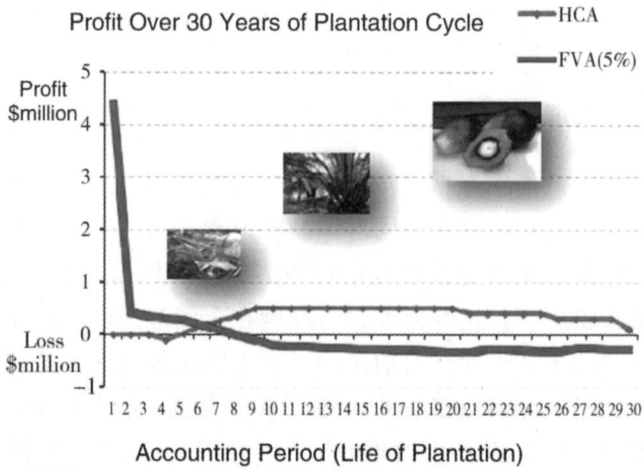

图3　棕榈种植园利润模型

（来源：Suzuki，2012）

同样，Adnan（2010）与 Bhakir（2010）文章也反映了马来西亚当地棕榈油与橡胶种植业的看法①。他们把《国际会计准则》第 41 号视为对发展中国家种植业和其他农业企业的不公平会计准则。国际会计准则理事会听取了马来西亚各种利益集团的意见，召开过几次讨论会，并最终对《国际会计准则》第 16 号（“财产、厂房和设备”）和第 41 号作出了重大修正（自 2016 年 1 月 1 日或该日后生效）。这些修正不仅使原先被记为“无记名植物”的一些植物从《国际会计准则》第 41 号内删除，被记入《国际会计准则》第 16 号的范围内，而且还声称：对于根据《国际会计准则》第 41 和第 16 号所核算的所有生物资产，如果没有可靠的公允价值计量，则按成本减去累计折旧和累计减值损失来记账。这表明各国在国际层面的辩论中，可以启用对有形固定资产进行核算的历史成本法。对于中国会计机构包括政府管理部门来说，这是一个很好的例子。该例不完全同意《国际财务报告准则》的相关规定，寻找其他方式解决歧义，而不是一味完全趋同。

① Adnan H. Planters concerned over new accounting standard [N]. The Star Online, August 9, 2010. Bhakir M I T. Applying IAS 41 in Malaysia [N]. Accountants Today, March 2010. http://www.mia.org.my/at/at/2010/03/06.pdf

4.3　与三重折旧法的趋同及其适用性

前几节显示，与马来西亚会计准则委员会（MASB）对《国际会计准则》第41号的抵制及其修订的迫切性不同，中国政府和国内会计研究人员一致表示愿意采纳被广泛接受的“国际惯例”——这是中国在会计改革和其他商务问题上一再表达的观念，可将其视之为：这是中国渴望获得国际认可的表现。因为中国为实现改革开放的政策，力争与西方发达国家的市场价值观相容，从而进一步融入全球市场。人们普遍认为：这一举措是推动下一部经济改革的强大引擎①。然而，在采纳这些观念时必然会出现不尽一致之处，经常被称之为“中国特色”②。其潜在含义可解释如下：本章开头所说的“国际惯例”，国际标准化组织肯定是要采纳的。如果未能成功采用，那是因为“中国特色”市场经济阻碍了这个过程；因此，当下的采纳需要根据情况进行调整，为充分采纳国际标准，就得完善市场经济。只要这些国际惯例并非完全无关，其自身是好是坏，对讨论来说并不在意。

回顾过去，向《国际财务报告准则》（IFRS）趋同迈出了前所未有的里程碑式的一步，这是改革开放取得的重大成就之一，也为在中国实施三重折旧法提供了一个愿景。正如 Phuong 和 Richard（2011）所指出的，中国政府直接参与会计监管是源于中央计划时代的一种政治传统（p. 27）③。事实上，中国从苏联继承下来的封闭监管文化中发展起来，似乎是一个有趣的例子，说明全球化是如何获得曾经被视为最不可能感兴趣的国家的支持④。同样，在可持续性核算方面，一旦可持续性核算被视为世界各国公认的国际惯例，采纳这些国际惯例有利于中国获得其他国家的广泛认同，有利于进入全球市场，中国政府将会作出实施可持续性核算的决定，尽管“中国特色”很有可能是在出现（暂时）分歧时，被当作坚持自己主张的主要理由。

然而，有待进一步探讨的主要是这两个方面：第一，这些中国特色在哪些方面以及多大程度上加速或减缓国际惯例的采用；第二，实施可持续性核算模

---

① 张容海. 浅谈建立我国环境会计的必要性与可行性［J］. 农业经济，2009（1）：96－96.

② 刘玉廷.《企业会计制度》的中国特色及与国际惯例的协调［J］. 会计研究，2001（3）：3－8.

③ Phuong N C. Richard J. Economic transition and Accounting system reform in Vietnam［J］. European Accounting Review，2011，20（4）.

④ Ding Y，Su X. Implementation of IFRS in a regulated market［J］. Journal of Accounting & Public Policy，2008，27（6）：474－479.

式是否允许灵活选择会计模式？如果条件合适，中国可能允许采用三重折旧法。这将在本书以下章节中做深入探讨。

5. 本章总结

总体而言，在中国社会语境下的与《国际财务准则》的趋同似乎印证了Fairclough（1992）[①] 关于社会变迁过程中意识形态的理论，在公众的话语感知中存在“主导权”引领的过程“主导权”的变化在先[②]。在主流话语中，中国会计准则与打着新自由主义印记的国际财务报告准则比较顺利地趋同，这是合理的，如同中国市场经济改革与国际大趋势走向一致。

本章首先回顾了会计准则在中国的演变过程，回顾了这一过程中发生的标志性事件，并对来自不同渠道的观点做了分类。通过这一回顾，我们发现了主流话语与替代话语在会计准则国际趋同在立场和背后动机上的一些区别。

继续分析与我们研究目标有关的政府与学术界的话语，以及产生和传播这些话语的社会背景。对于中国官方与国内学者高度一致的态度有一些解释：在许多情况下，两者是同一群体，或者至少属于同一个“阵营”。因而，他们的话语互相影响，这些话语出现趋同的现象也在情理之中。他们一致倾向于认为：开放市场必然要接受国际惯例，否则，人家不认同，没有共同规则，无从开放。中国通过接受国际惯例融入全球市场，毫无疑问，对中国经济和人民生活是有利的。

《国际会计准则》第 41 号是国际财务报告准则中最具争议的一套标准。总体来说，主流话语没有表达多少对与国际财务准则趋同的不同看法，只是点缀了一些对于中国市场经济——特别是农业落后的评论。这种不及细节的泛泛而论，往往不具可操作性，无形中阻碍了大规模采用公允价值（FVA）来评估生物资产的价值。但是，把公益性生物资产作为一个会计科目确是新颖做法，这个做法很务实，用来处理大量悬置未决的生物资产，这个做法符合国际财务准则第 41 号的有关规定，受到普遍认可。

最后，对采纳《国际财务报告准则》的研究为三重折旧法的适用性指明方向，从中也可看出：中国政府对于国际惯例不但没抵触，反而普遍持欢迎态

① Fairclough N. Discourse and Social Change［M］. Polity Press，1992.

② Blommaert J. Discourse：Key Topics in Sociolinguistics［M］. Cambridge University Press，2005.

度，曾一度把“与国际接轨”（包括国际惯例与国际标准组织）当作国内经济体制改革的一个推手。根据这些研究结果，本论文的以下章节进一步寻求何以如此的答案，即中国在哪些方面、在什么程度上还存在采纳可持续性会计模式的负面影响。

第四章　可持续性会计在中国的适用性

1. 背景：研究三重折旧法在中国语境中的适用性

由于三重折旧法一类的方法尚未引入中国，本章采取从国家和企业这两大关键主体现有措施着手的研究策略，通过对国家和行业层面的管理会计和控制制度①的调研，寻找与实施可持续性会计模式相关的机制。从管理会计的角度来看，可持续性会计框架嵌入现有的会计系统，利用系统信息向内部人员，特别是业主（企业家）和管理者提供表征企业运行状态全景式会计信息，以便做出各个层面的判断与应对。尽管在大多数情况下，“管理会计控制系统”一词只涉及公司治理，但在更广泛的意义上，这里使用的是政策、战略规划、标准操作规则和程序以及实体的非正式控制也包括在内，而不论其层级，即国家、地区、公司或部门都可包括在内。选择制度政治经济学这一理论框架②，来进一步论证看法的合理性，他主张从“企业家”的角度看待国家作用。③

在本章中，运用批判话语分析法（CDA）讨论两个事件，即“国家生态会计和审计计划”（NEAAS）④，其中包括中共中央委员会发起的一项农业生态补偿计划（ECP），以及在农业企业中采用社会责任报告的做法。正像在“方

---

① Macintosh N B. Management Accounting and Control Systems：An Organizational and Behavioral Approach［M］. John Wiley cop，1994. Macintosh N B. Quattrone P. Management Accounting and Control Systems：An Organizational and Sociological Approach（2ed edition）. John Wiley and Sons，2010.

② Chang H J. State，institutions and structural change［J］. Structural Change & Economic Dynamics，1994，5（2）：293 –313.

③ Chang H J. State，institutions and structural change［J］. Structural Change & Economic Dynamics，1994，5（2）：293 –313.

④ 本书所用英文名称（national environmental accounting and auditing scheme）及其缩写（“NEAAS”）是作者对“自然资源资产负债表”（the“natural resources balance sheet”）与“自然资源审计”（“natural resource auditing”）的释义。这是中国共产党中央决议（2013，见后续）中中央政府使用的官方正式用语。

法和数据获取”章节所述，除了被选定的书面发言外，还使用了一些采访“关键参与者”的发言人时收集的口头资料，所谓的“关键参与者”包括一些政府机构、与农业有关的非政府组织和农业综合企业。受访者不仅来自最初发起调查的机构（即参与“国家环境会计与审计计划”与“环境补偿”的政府组织，以及为企业社会责任报告而选定的两个农业综合企业），而且，还包括与这两个事件有关联的其他组织。总共进行了13次“半结构化”访谈，平均时间为1.5小时，其中10人为面对面，3人通过电话采访。

1.1 国家层面与可持续性会计有关的管理会计与控制系统

建立一个与可持续性会计有关的管理会计与控制系统的实施机构或在现有的会计系统内明确某一机构担负实施责任，助推向可持续性社会转型的体制与结构性变革，显然，由于这一问题的涉及面之广与高度复杂性，并非所有参与这一变革的实体都具有洞察力和协调多个利益集团和资源以落实这一想法的能力①。在这方面，一个国家的中央政府似乎处于相对有利的地位。因为政府与以利润最大化为天然取向的公司和各类国际组织与非政府组织不同，政府被赋予很多具体的法定义务和权力来处理相关问题，特别是当涉及国家的水资源、土地资源等涉及社会整体利益的时候，国家都处于当仁不让的位置②。

长期以来，中国被公认为资源密集型经济体，对国家资源的高效大规模开发使国家受益，迎来了中国济持续快速增长。尽管普遍认为，这种资源开发主要是指人力资源，说得更具体一些，就是对“数量巨大低成本劳动力存量”的开发，使其“在健康、教育以及自律能力诸方面都得以提升”③。在中国崛起的讨论中，对自然资源的高密度消费甚至损害往往被低估。事实上，在中国崛起的话语讨论中，不可否认：伴随着崛起，建立在资源密集型之上的经济发展之路，尽管作为经济发展的起点有相当硬的历史条件约束，甚至难以避免，但是，其负面作用终归有一天会显现难堪之重——生态恶化直接威胁到人民健

---

① Chang H J. State, institutions and structural change [J]. Structural Change & Economic Dynamics, 1994, 5 (2): 293-313.

② Friedman M. The Social Responsibility of Business is to Increase its Profits [N]. The New York Times Magazine, September 13, 1970. United Nations Environment Programme (UNEP). Declaration of the United Nations Conference on the Human Environment. Presented at the United Nations Conference on the Human Environment [R]. Stockholm, 1972. Burlamaqui L. Castro A C. Chang H-J. Institutions and the Role of the State [M]. Edward Elgar Publishing, 2000.

③ Arrighi G. Adam Smith in Beijing: Lineages of the 21st Century [M]. Verso, 2007.

康与生活①。生态环境已经成为中央领导集体必须高度重视的重中之重。此外，在全球环境问题越来越受到关注的国际背景下，中国一直面临要求减排的国际呼声，包括：温室气体减排、汞减排等。资源密集型的经济体量越大，对环境的排放也就越大；为了保持体量的持续增大，中国的必须选择“调结构，促转型”，降低对自然资源的依赖度，加大经济体量中的知识含量。减排目标已在巴黎协定、哥本哈根协议、京都议定书、美中气候变化联合声明和水俣公约等一系列国际会议确定。承担国际义务，促使中国减排的国际背景也成为本书研究的部分内容。

与此同时，减排可能短期内对经济增长的负面影响带来一系列关联问题，诸如：就业不足、社会保障短缺、政治腐败等，中国还是下了很大决心，毅然决然，选择了可持续性发展。中央一直在努力建立更有效的机制，以促进机构改革，健全各种机制，做了充分“爬坡过坎”的准备。尤其是在2012“第五代领导集体”接任之后对国内外大格局的把握与执行力的显著提升，引人注目②。在这些努力中，已经提升为“基本国策”的生态环境保护问题显得尤为重视，推行“自然资源资产负债表”从量化基础的层面全面持续动态把握状况的呼声逐渐高涨，本书认为：这一呼声意义重大，尤其值得深入研究。

虽然，2013年中央首次正式表达了建立这一方案的意图，但从20世纪70年代开始，国家决策层与学术界就持续关注，尽管程度时高时低，却一直持续，直至今天的极为重视。关于过去这几十年环保规划的进展，我们注意到这个历程包括问题出现、累积、中断、再引起重视及其周而复始的几度循环。本章第二节通过对中央政府、主流媒体与学术界系列文本话语运用批判话语分析法，分析与这一规划出台相关的制度背景及其历史演变，并进一步解读其中蕴含的意识形态的演变。

说得更具体一些，本章第二节中使用的批判话语分析法从直接涉及的特定事件——此处即建立“自然资源负债表”的文本话语——开始。然后，继续到第二层，即识别产生这些话语的关键参与者和这些话语的传播渠道，以及在传播过程中话语如何与关键参与者的利益相匹配。第三层语境分析也是批判话语分析

① Wei Y D, Ye X. Urbanization, urban land expansion and environmental change in China [J]. Stochastic Environmental Research & Risk Assessment, 2014, 28 (4): 757 - 765. Wen Z. Yang Y. Lawn P A. From GDP to GPI: quantifying thirty - five years of development in China [M] // Lawn P A. Clarke M. (eds.) Sustainable Welfare in the Asia - Pacific: Studies Using the Genuine Progress Indicator. Edward Elgar Publishing, 2008.

② Harris R. China' s policy directions under the 5th - generation leadership [N]. China Daily (HK Edition), December 22, 2012. http://www.chinadaily.com.cn/hkedition/2012 - 12/22/content_16041013.htm.

法区别于传统语言学的一大特征，即批判话语分析法将这些关键参与者所构建的意义与他们在这一特定事件之后的社会实践中所发生的意义进行了对比①。

由于“国际财务报告准则”的趋同事件与“自然资源资产负债表”的建立有着相似之处，两者都是中央政府主导的监管与立法改革的举措。因此，“自然资源负债表”事件确定关键参与者的过程与前一章的过程近似，尽管略有不同，主要包括：1. 中国政府；2. 国内学者，特别是经济学和生态学方面的学者；3. 与推行可持续性会计框架有关的国际组织，例如：联合国与世界银行；4. 中国地方政府；5. 主流媒体。为了弄清“自然资源资产负债表”出台与实施，本节研究锁定前两位关键参与者的话语，他们被广泛认为是参与话语最多的两位，中国政府是制度变革的“推行着”，国内学者是设计“自然资源资产负债表”的“智囊团”或“专业团队”。期望通过研究能揭示他们所起的实际作用（角色）及其提供的意识形态。另外，中国主流媒体发出的声音也同样受到仔细的推敲，因为与“国际财务报告准则”趋同的相关话语只呈现给专业人员的情况有所不同，“自然资源资产负债表”相关话语既面向专业人员也面向社会大众。同时引得学术研究与行政管理的闻风而动，以及更引人瞩目的是通过媒体引发的社会舆论事件。

就引证的重要性来看，排在第一位的关键参与者是中央政府，因而，首先得分析中央政府官方网站（http：//www. gov. cn/）② 上发布的所有相关政策文本与领导人讲话记录；其次，是其他相关的文本话语，包括：社论、通讯、署名文章等，这些发表在《人民日报》《光明日报》。这两份报纸是中央媒体，往往起着引导舆论的作用③。再次，是本人通过查阅发表在中国“核心期刊”④与本课题相关的学术论文。通过 CNKI（http：//www. cnki. net/）检索和获取报刊文章和学术论文，这是中国最具影响力的期刊专业收藏。检索文本的期间

---

① Alvesson M. K? rreman D. Varieties of discourse：on the study of organizations through discourse analysis [J], 2000, 53, 1125 – 1149. Blommaert J. Discourse：Key Topics in Sociolinguistics [M]. Cambridge University Press, 2005. Dijk T A van. Discourse Studies：A Multidisciplinary Introduction (2nd edition) [M]. SAGE Publications, 2011.

② 根据网站的页面介绍，它是一个专门提供中央政府官方信息和服务并由政府运营的网站，(english. gov. cn, 2014 年)。

③ Goldman M. Sowing the Seeds of Democracy in China：Political Reform in the Deng Xiaoping Era [M]. Harvard University Press, 1994. Shirk S L. Changing Media, Changing China [M]. Oxford University Press, 2010.

④ 根据知网（cnki）网站的定义，中文核心期刊数据库包含了“中国核心期刊指南”（2008 年版）中的所有期刊，这是判断中国学术期刊重要性的最常用标准（参见：赵杰，赵洁.《中文核心期刊要目总览》(2008 版）图书情报学核心期刊研究分析 [J]. 图书馆学刊，2010，32 (4)：106 – 108.）。

为2013－2014年，对应以2013年中共中央十八届三中全会为标志的建立“自然资源资产负债表”这一轮行动。这些引证得到了电话采访和面对面采访的录音记录的辅证。这些引证材料是2012年在中国实地考察得来的，当时国家已经在准备进行“自然资源资产负债表”的试点工作。

尽管大多数网站和报纸都有英文版本，除非另有说明，但分析文本的语言是中文，因为它是原文编辑语言，更原本，有利于作者获取信息的保真。

1.2 产业层面上与可持续性核算相关的管理会计与控制系统

当我们审视中国农业综合企业中与可持续性会计相关的管理会计与控制系统时，重点自然会从作为监管者的政府转移到被监管者企业一面，企业或许在一些不多见的情况下能做的超过法律要求，以体现他们承担社会责任的自觉性。因此，我们通过调查企业社会责任框架下的可持续性报告来接触与生态环保相关的许多问题。国内外企业都采纳了普遍通行的“可持续性核算”，可以取得合乎规范的数据资料。

在学术界，关于企业可持续性报告的“橱窗展示”或“印象管理”的特征分析和实证证据积累很多①。尽管有大量文献，但很少有文献同时从国家和行业的角度入手，侧重于具体企业报告所使用的话语及其含义分析的更少。

具体来说，本研究对中国综合农业企业上市公司实行可持续性核算的状况做了实质性的考察，“农业综合企业”一语包括家族农业、国有农业企业和农业企业上市公司在内的各类农业企业。由于农业企业的业务性质和组织形式的多样性，放在一起做综合研究几乎不可能，那也超出了本书的范围。在农业综合企业中，上市公司无论在规模还是在运作的规范行，在农业生产系统中发挥着核心作用，把为数很多的家庭农场与运作优良的企业管理系统连接起来，使得在企业层面能够建立可持续性核算，从而把资源保护的强制权扩充到企业层面②。这类企

---

① Cho C H，Laine M，Roberts R W，et al. Organized hypocrisy，organizational faÇades，and sustainability reporting［J］. Accounting Organizations & Society，2015，40（40）：78－94. Cho C H，Roberts R W，Patten D M. The language of US corporate environmental disclosure［J］. Accounting Organizations & Society，2010，35（4）：431－443. Lin L W. Corporate Social Responsibility in China：Window Dressing or Structural Change?［J］. Social Science Electronic Publishing，2010，28.

② Saporta I. Le livre noir de l' agriculture：Comment on assassine nos paysans，notre santé et l' environnement［M］. Fayard，2011. 沈建民. 更深的绿：反溯供应链上的社会责任［N］. 21世纪经济报道，2009－07－22. Silva C A da. Baker D. Shepherd A W. et al. Agro－industries for Development［R］. The Food and Agriculture Organization of the United Nations and The United Nations Industrial Development Organization by arrangement with CAB International，2009.

业实行了比较完善的标准化，会计及其报表也很规范，从中获取可信数据成为可能，为本研究提供了较好的外部条件。

在对几十家中国证监会认可的中国农业综合企业上市公司的官方网站及年度报告进行案头研究后①，与可持续性有关的现行做法有三个问题引起笔者注意：产品质量控制、绩效评估（包括环境绩效）和利益相关者的关系管理。

正如前面章节提到的，使农业部门不同于其他行业的一个特征是：对许许多多农业起来也说，管控好产品质量本身就是生产过程体现对环境友好的切实保障。在访谈中，也屡屡提及这一观点。

绩效评价是指对三大类资源（财务、自然和人力）进行保护的绩效，具体而言，包括财务盈利能力、自然环境保护、人力资源管理等等。这个观点来自对企业社会责任的主动关切，也给农业综合企业的管理会计控制系统带来了新颖性。

利益相关者关系的管理主要是指维护与业主、供货商（例如：农民、批发供货商以及上游公司等）、分销商、消费者以及监管者（政府的或第三方机构的）的良好关系。

通过对这三个方面精细的系列批判话语分析，第三节要研究两家具有代表性的农业综合企业上市公司的可持续性报告，即 A 集团和 B 集团，并探讨其报告具有的中国特点。至于公司的选择，首先是为了明确国家和行业部门特定的调查边界；第二，这也是因为两家中国农业企业有一些重要的共同之处，例如：两家公司都规模大，在各自的产品领域都具有重要的市场影响力。这在很大程度上可以作为了解中国综合农业企业的整体情况的样板；第三，它们在历史、文化、形象、产品对自然和社会的影响存在差异，他们的处境不同极大影响了他们关于可持续性的年度报告，从而让我们对问题的复杂性有个比较好的了解；第四，结合社会实际来看，能否便捷获得数据也起着重要作用。两家公司都是各自行业农业综合企业的领头羊，还都是中国证券交易所的上市公司。这两家公司的高层管理人员接受了作者的采访，并提供了内容丰富的第一手资料。

在本研究的批判话语分析法的三层分析中，话语层是指相关公司报告、媒体和政策文件中的言语成分，所有这些都是狭义的概念化文本，指的是口头和

① 中国证券监督管理委员会. 上市公司行业分类指引（2012 年修订）.

书面语言①；上下文层则对应企业参入的广泛的社会实践，以及发生这些实践的制度背景。对话语实践细节的关注渗透在研究方法中，讨论中的语境或潜在的文化因素特质需要通过文本分析得以阐释，而不可预设，然后，再与原文本联系起来才能正确理解原意（文化主义分析方法就是这样）②。在批判话语分析法的基础上，我们还采用了比较案例法，比较了两家公司不同的公司性质和他们的企业社会责任报告具体做法。

在本章第 3 节中，从 A 正式发布可持续性报告与 B 在财务报告中非正式涉及可持续性内容开始，我们对这两家公司与可持续性有关所有报告进行了分析。所有的公司书面文件，媒体报道和政府政策文件都在线可查，再辅以 2012 年电话采访与现场采访形成的录音材料。

2. 从国家层面的可持续性核算制度：以国家生态会计与审计计划（NEAAS）为例

国家生态会计与审计计划是一个值得深入研究的课题，原因在于：1. 通过主流媒体了解到该计划要同时处理国家面临的两大关键问题——环境恶化与环保专业干部匮乏，尽管这个雄心勃勃的计划的后效尚待进一步检验；2. 从学术的视角看待该计划的贯彻实施，前景是光明的，但也得出台配套的具体措施更具有可操作性，助推企业达到可持续性要求③。因此，对中国这个世界第二大经济体在国家层面上实施这一计划的情况及其重要后果进行调查将是非常有意义的。

针对农业部门而言，本节对国家生态会计与审计计划框架内的农业生态补偿机制的实施及其后续发展做了细致的考察。因为从概念定义上看，农业生态补偿机制暗含着向三重折旧法靠拢的趋势，例如，要义表现在：通过评估

---

① Leitch S, Palmer I. Analysing Texts in Context: Current Practices and New Protocols for Critical Discourse Analysis in Organization Studies [J]. Journal of Management Studies, 2010, 47 (6): 1194 -1212. Merkl -Davies D M, Brennan N M, Vourvachis P. Text Analysis Methodologies in Corporate Narrative Reporting Research [J]. Davies, 2012.

② Livesey S M, Kearins K. Transparent and Caring Corporations?: A Study of Sustainability Reports by the Body Shop and Royal Dutch/Shell [J]. Organization & Environment, 2002, 15 (3): 233 -258.

③ 葛家澍，李若山. 九十年代西方会计理论的一个新思潮——绿色会计理论 [J]. 会计研究，1992 (5): 1 -6. Gray R. Taking a long view on what we now know about social and environmental accountability and reporting [J]. Issues in Social and Environmental Accounting, 2007, 1 (2), 169 - 198. Richard J. Comptabilité et Développement Durable [M]. Economia, 2012.

"维持生态系统继续发挥正常作用的潜力所需的投资"，对货币补偿进行了估值[①]，而不再像有关学者在探讨中含蓄表达的对现有生态功能作用评估一个可以替代的价格。

在本节的其余部分中，提供了关于关键参与者（即：中央政府、党媒发布以及中国学术界）话语的综合分析。分析中，列示了确立国家生态会计与审计计划，包括农业生态补偿机制之前，不同部门是如何做出话语表达的。

2.1　设立国家生态会计与审计计划的方方面面

2.1.1　政府观点

近来，关于国家生态会计与审计计划在社会上兴起一个复兴浪潮，其标志就是2013年11月发表的中共中央文件《关于全面深化改革的决定》（亦称"四个全面深改"）[②] 以及三天之后习近平总书记所作的说明（Xi，2013）。正如《决定》篇首所言，在十八届三中全会刚结束就发表这份文件足以表明党继承三十五年前改革开放政策的决心（三十五年前即1978年党召开了著名的十一届三中全会做出"改革开放"的重大决策）。

该决定由60条组成，写得很具体，涉及中国面临的16个重要问题。引人注目的是在这么重要的文件里首次有一个"加快生态文明制度建设"的完整章节，专门讨论自然环境保护问题。在章节开头就强调：

"建设生态文明，必须建立系统完整的生态文明制度体系……用制度保护生态环境。"。

根据这一概念，作出了四项决定（第51至54条）：第51条侧重于根据自然资源存量普查进行集中规划，建议有关当局

"健全自然资源资产产权制度和用途管制制度。对水流、森林、山岭、草原、荒地、滩涂等自然生态空间进行统一确权登记。……建立空间规划体系，划定生产、生活、生态空间开发管制界限。……"。

第五十二条进一步提出为更好地管理自然资源而应采取的具体措施，建议：

---

① Levrel H. Hay J. Bas A. Gastineau P. Pioch S. Co? t d' opportunité versus co? t du maintien des potentialités écologiques?: deux indicateurs économiques pour mesurer les co? ts de l' érosion de la biodiversité [J]. Natures, Sciences, Sociétés, 2012, 20 (1), 16 - 29.

② 中共中央关于全面深化改革若干重大问题的决定. 中国政府网，http: //www. gov. cn/jrzg/2013 -11/15/content_ 2528179. htm. 总的来说，在三中全会上发表这份文件（尽管每次可能带有不同的标题），历来都是中国领导人提出对国家经济和社会发展的长期愿景的事件。

“划定生态保护红线。……建立资源环境承载能力监测预警机制，对限制开发区域和生态脆弱的国家扶贫开发工作重点县取消地区生产总值考核。……探索编制自然资源资产负债表，对领导干部实行自然资源资产离任审计。建立生态环境损害责任终身追究制。……”。

第 53 条走向西方新自由主义经济学家所倡导的各种“主流”解决方案，并建议：

“……实行资源有偿使用制度和生态补偿制度。加快自然资源及其产品价格改革，全面反映市场供求、资源稀缺程度、生态环境损害成本和修复效益。……逐步将资源税扩展到占用各种自然生态空间。……提高工业用地价格。……发展环保市场，推行节能量、碳排放权、排污权、水权交易制度。……”

最后，在监管和监督措施方面，第 54 条提议：

“……建立和完善严格监管所有污染物排放的环境保护管理制度，独立进行环境监管和行政执法。……及时公布企业环境信息，健全举报制度，加强社会监督。……对造成生态环境损害的责任者严格实行赔偿制度，依法追究刑事责任。”。

关于“四个全面深改”所列有关国家层面环保问题的细化措施，我们注意到大致可分为两类：第一类主要涉及自然资源的管理；第二类则强调责任的分配。在前一类中，中共中央领导层似乎对所有相关主张都表现出极大的开放态度，更愿意通过中央规划与干预取得实效（“登记和管理其使用”“空间规划”“征税”）或市场工具（“有偿和补偿”“定价机制”“排污权交易”）。这在很大程度上反映了中国共产党自 1978 年以来在处理社会问题时的务实态度，而不再通过类似以前搞“运动”与泛泛喊口号的方式。在后一类措施中，我们注意到确认了四类环保责任人——各级政府主要领导、公司、专职环境管理与执法机构以及社会监督，其中各级政府主要领导对辖区内环境保护负总责，说得更确切一些，就是对环境恶化承担直接与奖惩有关的责任，关系到领导职务的升迁与降职，甚至更严厉的惩处。为了把责任分配给这些官员，并使上述管理措施付诸实施，需要一个“机制”，即“国家自然资源资产负债表”（也就是：国家生态会计与审计计划）。在新环保大政方针里面，包含国家自然资源资产负债表在内的“深改六十条”第 52 条的核心地位非常显著①。

从语义的角度来看，第 52 条的表述可以理解为：设定建立国家生态会计与审计制度作为记录各级主要领导在生态环境保护方面业绩的工具，这些记录

① 王芸，李坤. 我国政府环境审计变迁探讨［J］. 财会通讯，2016（22）.

将涵盖干部在某一领导岗位上任职时的环境表现，作为一项任职表现的重要指标纳入对主要干部的综合考评，甚至离职后因任内对环保的失职而后发现的环保责任实行“终身问责制”（因为有些环保案件的发案周期较长，确定因果关系需要的时间也较长），这对干部的升迁或离退休有重大影响，足以引起足够的重视。

随着“深改六十条”的出台，宣传部门很快向社会介绍了文件的形成过程，中共总书记习近平关于生态问题作了概括性说明：

“中国生态环境保护存在一些突出问题，在一定程度上是由于制度问题，其中之一是自然资源归全民所有，而合法所有者不具备直接行使权利的条件，致使所有者的权益得不到落实。”①

习近平强调：为了解决这个问题，中共中央决定——

“按照所有者和管理者分开和一件事由一个部门管理的原则，落实全民所有自然资源资产所有权，建立统一行使全民所有自然资源资产所有权人职责的体制。”②

乍一看，把管理权交给干部，或换言之，交给公务员③。在这个意义上，似乎自然资源的所有者与管理者已经被合法“分离”，这与宪法规定并无冲突。习近平总书记坦诚：在这件事上政出多门，执法不力。他从全局的高度提出了更具新颖性的“一件事一个部门管理”的原则，澄清问责制将建立在“资源—项目—部门—干部”的基础上。因此，文件里专门有一段解释了在四类角色中，只有干部责任到人，接受审计的原因。在中国是社会主义国家的前提下，实行国家生态会计与审计计划（抑或“自然资源资产负债表”）。如果我们把中华人民共和国看作是一家公有公司，其领土内的所有自然资源都是资产，那么每个中国公民都拥有公司份额，而政府实际上是该公司不同部门的“经理人”，各级主要领导的行为应该符合人民（股东）利益，并对资产的正确使用负责。与使用相关的后果（即“绩效”）将根据国家生态会计与审计框架下的一系列“会计结果”进行评估。这种情形似乎完全符合经济学与管理

① 习近平.关于《中共中央关于全面深化改革若干重大问题的决定》的说明.2013.

② 同上。

③ 《中国共产党章程》第三十三条明确写道：“党的干部是党的事业的骨干，是人民的公仆。”

学经典的委托代理的理论逻辑，特别是在审计方面理应如此[①]。

关于国家生态会计与审计框架下的农业生态补偿计划的进展，虽然官方资料很少，但在草原地区采访负责农业生态补偿计划申请的小组负责人农业部的一位先生得知：农业生态补偿计划已于2010年经国务院常务会议讨论并批准，于2011年正式实施[②]。此前，国务院关于环境保护与开展国际合作的部门早在2005年就“来自中国与国际的环保与发展领域的知名专家组成了高级别非营利国际咨询机构”开始对该方案进行研究[③]。这一项目重新引入政治讨论范围并引人注目，主要原因是“深改六十条”第53条明确指定农业生态补偿机制为中国生态问题的“解决方案”之一，并将尽快推广。

根据CCICED和国家发改委（国务院宏观经济管理机构，对中国经济有广泛的行政和规划控制权）组成的专家组的说法，农业生态补偿机制指的是——

“一种机制或安排，目的是在评估生态系统功能与保护成本、损害及其发生机制的基础上，通过利用财政、税收、市场和其他手段，调整环保者、受益者和损害环境者之间的经济利益，旨在保护自然功能的完整性，促进人与自然之间的和谐”[④]。

虽然，对这个表述是如何进入“深改六十条”的缺乏清楚的了解，但从定义来看，农业生态补偿机制被当成对生态评估的“基础”，并把“维护”与“完整”作为该机制的最终目标。这与本研究所持的强式可持续性观点是一致的。

2.1.2 媒体的观点

在知网（CNKI）上使用报纸高级搜索引擎，在“人民日报”与“光明日报”范围内，期间从2013年1月到2014年12月，以与“国家生态会计与审计计划”有关的一组关键词，比如，“生态”必须包含“案例”与“会计”或同时包含“审计”共检得156条[⑤]。其中占多数的65篇文章聚焦在改变使

---

① Adams M B. Agency Theory and the Internal Audit [J]. Managerial Auditing Journal, 2013, 9 (8): 8 - 12. Mitnick B M. Fiduciary Rationality and Public Policy: The Theory of Agency and Some Consequences [J]. Social Science Electronic Publishing, 2007. Watts R L, Zimmerman J L. Agency Problems, Auditing, and the Theory of the Firm: Some Evidence [J]. Journal of Law & Economics, 1983, 26 (3): 613 - 633.

② 下文引述了这些口头发言，并在括号中简要说明了受访者所代表的组织（见附件中的全部信息），脚注中没有中文原文，但可在作者的实地工作说明中查阅。

③ Liu G. Wan J. Zhang H. Cai L. Eco - compensation Mechanism and Policies in China [R]. Review of European Community and International Environmental Law (RECIEL), 2008, 17 (2).

④ 同上。

⑤ 我们从原始搜索结果中筛选出156个，以便将涉及自然环境保护意义上的生态问题的文章与那些仅涉及政治或经济生态学的文章以及其他无关的文章分类。下一节的学术论文搜索遵循同样的原则。

用 GDP 作为评价经济绩效唯一标准的现状。一个典型的例子是《人民日报》“经济周刊”版发表的一组文章，题为“全面了解 GDP”。作者写道：

“一些地方官员看重 GDP，是因为它能‘一年一变样’，又代表政绩，政绩光鲜自然能步步高升。而转方式、调结构是慢功夫，这一届费力气，收效的是下一届，谁会去干这种‘傻事’呢？……搞 GDP 崇拜不仅害莫大焉，而且不可持续。……与其刻意追求 GDP 高速增长，不如提高每个百分点经济增长率的就业容量、科技含量和投入产出效益，并降低资源消耗和环境损害成本。”①。

“……更重要的是，由于 GDP 分值权重过高，因此在不少地方，GDP 指标成为政绩考核的‘王牌’，与领导干部的升迁直接挂钩。……告别以 GDP 论英雄，首先要打破唯 GDP 考核。……在考核评价中，应增加民生改善、文化建设、生态文明建设等方面的权重，同时弱化对 GDP 增速、增量的加分项，避免 GDP 指标在考核体系中占有压倒性地位。”②

为了避免纠正过度，这组文章的第二篇仍然强调：

“改革开放 30 多年来，我国的面貌发生了历史性变化，但还没有从根本上摆脱不发达状态，仍然带有社会主义初级阶段的明显特征……（因此）经济增速……应当使经济运行保持在合理区间：其‘下限’就是稳增长、保就业，‘上限’就是防范通货膨胀。……这是调结构、促稳定、增信心的需要。”③

从以上摘录中，我们可以看到：在这类 65 篇文章的话语内容中具有高度代表性的摘录，似乎正如两家报纸所说的那样“中央不仅决定重新考虑‘国家财富’的核算与‘结束生态系统脆弱的贫困地区的 GDP 绩效考核’”④，还试图普遍降低各地区在绩效评价中 GDP 的权重。中央认为，转变“GDP 至上”是解决环境污染问题和干部考核制度不健全的关键。此外，“结构调整”一词在这些话语中反复出现，这表明，改革国内生产总值（GDP）至上也被视为实现经济持续增长的关键。

再从语义的角度来看，这些文章讨论的主要对象是“一些崇拜 GDP 的地区官员”，他们“操纵”数字，以标榜他们的“政治成就”，从而获取升迁的

---

① 田俊荣. 吴秋余. 不要简单以 GDP 论英雄［N］. 人民日报. 2014－02－10（017）.

② 许志峰. 我们需要什么样的 GDP［N］. 人民日报，2014－02－24（017）.

③ 杜海涛. 成慧. 合理的经济增长率一定要有［N］. 人民日报，2014－02－17（017）.

④ 中共中央关于全面深化改革若干重大问题的决定. 中国政府网，http：//www. gov. cn/jrzg/2013－11/15/content_ 2528179. htm.

机会。那些一直贴着高 GDP 标签的官员经常被认为是“英雄”。但事实上，至少从那时起，他们的“英雄”光芒消失了。这是一个变化的时代，一批思路陈旧、不思变革的干部不再是我们党和党所代表的人民利益的公仆①，然而，我们所需要的不是放弃对 GDP 的合理追求，而是不再继续以 GDP 论英雄，放弃 GDP 越高越好的错误观点。

在确立国家生态会计与审计机制时，经常提到对干部的考核问题。其实，可以用另一篇这类文章的摘录来解释：

“长期以来，安全生产、环境保护出了问题，被问责的多为政府部门领导……鲜见地方党委领导因为同一问题而担责。……有的环境问题是企业违法排污产生的，有的环境问题则是决策不当导致的。比如不顾当地资源禀赋和环境容量，未经科学论证和严格环评，引进高耗能、高污染和资源消耗型企业，在许多地方是由书记拍板决定的。这些项目隐藏着巨大的污染风险，其危害显现之后，如果决策者不被追责，很难服众。”②。

显然，中国威权制度内二元组织结构的特殊性在主流话语中被认为是一个问题：这两套干部结构在追究干部问责制度方面存在着制度上的空白，这似乎是我国干部评价体系中的又一个问题。

除上述主要讨论国内生产总值（GDP）指标和干部评价的文章外，占比第二大的文章 57 篇文章③直接论述了与国家生态会计与审计计划有关的若干问题，其中很大一部分涉及这一计划的学术层面与技术层面，例如，在第十八届党的全代会之后，《光明日报》有一篇文章回顾了中国的“绿色发展”，写道：

“环境经济学中有库兹涅茨曲线——随着经济增长的发生，各种环境退化指标往往会恶化，直到平均收入在发展过程中达到一定程度。在此基础上，一些人认为，当中国经济发展达到一定水平时，环境问题可能‘自然’得到解决，但事实并非如此。……只有通过这样有效的法律、行政、经济和社会措施才能达到这一转折点。”④。

《光明日报》也刊登了“中国首次尝试进行生态系统生产总值（GEP）核算”的消息，并报道了中国科学院生态环境科学研究中心的一位研究员的评

---

① 正如中国共产党著名的“三个代表”社会政治理论所指出的，中国共产党“始终是发展中国先进生产力的要求，是中国先进文化的前进方向，是中国最广大人民的根本利益”。见《中国共产党章程》. http://www.gov.cn/jrzg/2012-11/18/content_2269219.htm

② 武卫政. 党政同责抓环保［N］. 人民日报，2014-03-01（009）.

③ 所统计的文章篇数并不严格相互排斥，与下面所有其他文章统计相同。

④ 冯蕾. 不以牺牲环境换增长［N］. 光明日报，2014-11-25（001）.

论如下：

“生态系统生产总值概念的提出，填补了目前国内外对自然生态资产核算指标的空白。……如果沿用 GDP 核算体系的话，由亿利资源企业 20 多年累计在库布齐沙漠 5000 多平方公里的面积上的绿化投入是 23.34 亿元，这应该算是一笔不划算的投资。如果从生态供给价值、生态调节价值、生态文化价值、生态支持价值等方面进行科学系统量化评估，库布齐沙漠的生态系统服务价值，则可能由 20 年前的负数增长，变为目前的 300 多亿元。这还不包含大规模的土地改良和碳汇等价值……”①。

与上述环境经济学和生态会计的两个实例内容相仿，《人民日报》《光明日报》刊登了多篇文章，如“环境责任会计：理论基础与优化路径”“创新发展森林生态系统服务评估”“如何完善我国排污权交易制度”“循环经济——追求效用最大化”“我国碳会计体系的构建策略”“生态补偿——苏州如何破局”等。在这两份报纸上接着还发表了其他文章，涉及国家生态会计与审计计划的立法问题。这些文章的发表对学术界有强烈的导向作用。这些文章采用各种方式，包括专家理论看法与现实的案例研究，向整个社会传播了中央寻求建立的“制度机制”，以提高公众对中央决定的认同与信心。

特别是在《人民日报》和《光明日报》的媒体话语中，显示出关注重点从决策前到决策后的转移，因为 2013 以前的话语主要集中在某些地区需要补偿的原因，这就产生了不同地区之间的不平等问题；而 2013 年以后的媒体话语则主要关注“如何”的问题，即政府部门如何看待这些问题、如何确定补偿数额、有关地区补偿款的分配及其使用。例如，在决策前期，有一篇题为《生态补偿不能拖了》的文章早在 2000 年就出现在“人民日报”上。该文简要介绍了广西金秀县大瑶山森林地区响应号召做出牺牲换取县政府的货币补偿的情况。做了实地考察后写道：

“……但金秀除了每年得到国家一些保护经费和林农补贴外，没有得到其他补偿。上游地区花力气保护生态，下游地区受益，这一现象普遍存在。然而那些上游地区往往是中国比较贫困的地区，在实施生态工程的时候，资金问题、移民问题、安定问题甚至农民的口粮问题，都要靠当地自己克服解决，困难之大，可想而知。……于是，“生态补偿”这词儿，就经常挂在金秀、川西和滇西等地方领导的嘴边。”②。

---

① 金振蓉.该好好算算“生态账”了［N］.光明日报，2013-02-26（004）.

② 张帆.生态补偿不能拖了［N］.人民日报，2000-08-22（010）.

在这些决策前的媒体话语中，官方认可了学术界定义的几个重要词汇：保护者、受益者、损坏者①。似乎在媒体话语中具体化为位于自然资源开发与消费的上下游行政区域，或者更简单地说，被具体化为贫困地区与富裕地区。

十多年来，政府努力推行的试点项目成为两家报纸密切关注国家生态补偿计划进展的重点。从 2013 年环保重大决策之前的年代开始，这两份报纸中“生态补偿”一词的出现频率持续拔高。例如2013 年4 月，人民日报发表了一篇文章，题为《生态补偿机制建设成效初显》②，作为对国务院工作报告成效的见证。《人民日报》在8 月对该计划的实施细节做了进一步的分析，强调要进行科学评估以确定分配数额，把这笔补偿应款专门用于生态系统的恢复和保护：

“明确生态补偿应坚持的原则：……在建立科学的生态价值评价体系前提下，分别制定生态补偿标准补偿标准应按社会、经济、生态分类，细化为一个指标体系。……生态补偿制度安排中应有量化的刚性要求，使一部分补偿直接用于修复生态。同时，还应有使用的有效监督制度。”③。

2013 年 12 月，《光明日报》发表了中国科学院动物研究所研究员撰写的一篇文章，讨论可能的“生态补偿的市场化方式”：

“我国生态补偿机制还存在着补偿范围不明确、补偿标准不科学、补偿模式比较单一、资金来源缺乏、政策法规体系建设滞后等问题。因此，有必要在生态补偿方面，作更多的“社会探索”。④

几天后，对他的观点引发了一次题为“生态补偿亟待立法”的讨论，强调 Xie（2013）提出的以市场为导向的方法“远远不够”（Hai，2013）；在回应 Xie 提出的“探索非政府主导模式”的建议时，Hai 称 Xie 的建议存在问题：

“其实，这些问题的表现形式为：补偿方式单一，标准偏低，补偿资金使用不规范，缺乏有效监督考核体系。这就是生态补偿立法的渊源和本意。”⑤

关于两份党报对“国家生态会计与审计计划”以及“农业生态补偿计划”的提法，我们认为这些话语可以被看作是忠实于原意的话语再生产，对中央决策中表达的意思有一定的补充。主流媒体这些文章把“国家生态会计与审计

① Liu G. Wan J. Zhang H. Cai L. Eco - compensation Mechanism and Policies in China [R]. Review of European Community and International Environmental Law (RECIEL), 2008, 17 (2).

② 彭波. 生态补偿机制建设成效初显 [N]. 人民日报，2013 - 04 - 24 (006).

③ 张杰平. 伍新木. 建立和完善生态补偿制度 [N]. 人民日报，2013 - 08 - 20 (007).

④ 解焱. “生态补偿”之路如何走? [N]. 光明日报，2013 - 12 - 09 (013).

⑤ 海岛. 生态补偿亟待立法 [N]. 光明日报，2013 - 12 - 23 (013).

计划”和“农业生态补偿计划”里面的一些抽象道理具体化，对建立广泛的社会共识有所贡献。这些主流媒体话语一些特点值得注意：第一，与中央对集体所有自然资源由部委负责管理的论调相比，主流媒体论及制度层面时重新定位了讨论的方向，顺理成章地得出要由地方干部负责的结论，解决了中央与地方的领导责任存在的冲突。尤其是关于农业生态补偿机制在2013年前的讨论表明这一冲突的存在，讨论中暴露了一些地区干部对资金来源不稳定以及中央政府在生态问题上的某些决定缺乏落地措施等问题（例如：“补偿或补贴不是年度的……”“不能像金秀、川西、滇西的干部那样……”）。第二，政府在如何采取落地措施上表现出的开放态度已转变为一场温和的、听取各方意见的讨论，最终倾向于政府主导模式，而不是市场导向模式（例如：“我们需要更多‘非政府主导的探索’”，而不是“……中央政府包办一切”）。第三，这些报纸文章言路一致，只谴责某些做法（“一些地区官员……”“在许多省份……”“一些环境问题……而另一些……”），不对危害环境者指名道姓；但在谈论正面典型（例如：“苏州”“库布齐沙漠”“亿利集团”）时，总是描述详尽。这种做法有些偏离公正，在很大程度上，也脱离了主流媒体的使命，作为当时社会背景下的舆论行为尽管不甚可取，但也可以理解。总起来看，这些讨论还是推动了各方对环境保护面临种种困难的再认识，有深化认识的功效。

2.1.3 学术界的观点

以相同的关键词，在知网的学术期刊搜索引擎锁定“中文核心期刊”范围检索同一时期的文章，共检得6000多条。仅从文章数量来看，比较充分反映了中国大陆近期在这一领域学术研究的活跃气氛。考虑到出版物与所讨论的社会事件之间难免时间差①，学术期刊出版的与政策文件和报纸文章的及时性相比时间差更明显，作者选择在搜索关键词中添加“全面深化改革若干重大问题的决定”一项，以提高这三种观点话语材料的可比性，共检得202篇学术论文。

引人注目的是：与政府和主流媒体的话语相比，学术论文的话语特征突出了“告知与说服公众”。这些学术论文在各自的研究领域是相当专业的，涉及的主题也相当广泛。尽管如此，仍然可以根据他们的主题进行分类，并有以下特点比较突出。

首先，与侧重于国家生态会计与审计计划实际应用的政府文件报纸文章不

---

① Björk B C, Solomon D. The publishing delay in scholarly peer - reviewed journals [J]. Journal of Informetrics, 2013, 7 (4): 914 -923.

同，学术论文最为突出的特点是侧重于理论，其中有 29 篇从事的是纯理论研究，这些论文从公共管理理论与马克思主义的高度，对国家生态会计与审计计划作了理论探讨，正像 Li（2014）在题为《国家治理的现代化与会计改革》论文中所说：

“‘天下欲治计乃治’……精辟论述了会计与国家治理的关系。在全面深化改革的重大举措中，生态文明建设被提到前所未有的高度：……（以上所引用的《决定》中）每一项具体任务都对会计工作提出了很高要求，都足以成为会计理论研究的一个重要课题。……”①

同样，《国家生态环境治理现代化的概念、必要性及对策研究》《国家审计与国家治理体系现代化：回顾与展望》《马克思社会结构理论视角下的国家治理体系构建》等论文都认为：建立国家生态会计与审计机制将极大助推当前国家完善公共治理体系所进行的制度性变革。

其次，由于本次检索的所有论文都包含了“中共中央全面深化改革的决定”一词，70% 的论文都清楚地找到了决定中所讨论的主题的来源，这并不令人惊讶。例如，《草原生态保护红线划定的基本思路与政策建议》《关于自然资源资产离任审计的理论思考》《生态补偿视角下的煤炭企业环境成本核算》《中国生态文明制度体系的构建与创新——从“制度陷阱”到“制度红利》等论文，都采用了“中共中央决定”中至少一两个概念，表达了作者的理解，并将其发展成一种更学术、更严谨的方法。这些论文可以进一步分为两类：一类优先考虑寻找“最合适的”会计框架，例如：

“……《决定》要求建立自然资源资产负债表。在仔细阅览了相关的资料与文献，特别是环境保护领域的相关国外资料后，笔者认为，与我国这种称谓最相近的业务类型应当是联合国和世界银行等组织近期修订的《环境经济核算中心框架体系》。……SEEA 2012 由七个自然资源资产账户组成，……以“资产来源 = 资产使用（占用）”的恒等式展开。……笔者认为，自然资源资产负债表不能脱离国民经济核算表而存在，由政府统计机构负责编制，资源资产表格的核心就是资产来源 = 资产运用（占用）。”②

“目前，各国都是在‘环境经济评估’（SEEA）（2012）中心框架下结合本国实际情况探索编制本国特色的自然资源资产负债表。……编制报表的最大

---

① 李英. 国家治理现代化与会计变革［J］. 会计研究，2014（06）：25－30＋96.

② 耿建新. 我国自然资源资产负债表的编制与运用探讨——基于自然资源资产离任审计的角度［J］. 中国内部审计，2014（09）：15－22.

难点是如何量化自然资源资产。……对自然资源的资产和负债并按照一定的标准进行基本分类：如资产方按其性质分类，……负债方则主要包括污染成本，治理成本等。负债方反映的项目不仅是已经造成的损失，还应当包括未来可能仍将产生的损失，以及为了治理污染或恢复原样而需要付出的代价。"①

另一类论文大多侧重于在"机制"概念下如何分配环保的领导责任，例如：

"环境责任属于社会责任的一部分，而社会责任与公共受托责任密不可分。……笔者认为，政府环境责任审计本质上是控制和创新领导干部政府环境行为的管理工具，将政府环境行为人格化，审计领导干部个人承担的环境责任，突出了对人的监督和责任追究。"②。

以上摘录在这类论文中具有很强的代表性，我们注意到，中国国内的研究人员已经着手找出中共中央领导层的意图，并努力具体化这一意图，使之具有可操作性。环境经济会计学（SEEA）无可争议地成为分析这类问题的理论框架，这是国际社会广为接受的主流理论与实践做法。然而，在中国实施环境会计制度具有"中国特色"，即设想实施"改革后的"环境会计和审计制度，主管人员担责，而不是相关机构。此外，所有作者都承认自然资源计量是最大的困难。尽管所有的研究者都选择遵循广为接受的环境经济会计学（SEEA）作为理论框架，但关于计量的主张却迥然有异。主流的观点似乎是 Geng（2014）提出的，相对这一领域的"生态负债"学派的研究人员却不占多数。

另一点值得注意的是，学术著述所涉及的两个主要课题完全符合政府较早前提出的"国家生态会计与审计计划"，即自然资源管理与环保责任的分配。除了指出推行这个计划所面对的种种困难之外，没有在环境经济会计学（SEEA）之外寻求其他会计框架的不同意见。即使对环境经济会计学不完全满意，意见也局限在：使用的指标缺乏足够的权威性，例如采用真实发展指数（GPI）③。反对国家生态会计与审计计划的声音根本不存在，换言之，所有在核心期刊上发表的论文都是一致的，他们不仅完全支持中央的决定，而且也赞成中央决定中所采用的理论观点。政策文件和学术著述高度一致，可以从中国

---

① 王泽霞，江乾坤. 自然资源资产负债表编制的国际经验与区域策略研究［J］. 商业会计，2014（17）：6-10.

② 马志娟，韦小泉. 生态文明背景下政府环境责任审计与问责路径研究［J］. 审计研究，2014（06）：16-22.

③ 由于GDP有时不能真实反映一个国家的经济发展状况，为此，西方经济学家曾提出了一个新的衡量指标 GPI（Genuine Progress Indicator）"真实发展指数"。

国内学者与政府机构之间的密切关系，甚至是“融合”[①] 得以解释。中国的学者往往也在政府中任职，因此学者支持政府既“合理”又合“传统”[②]。

至于与农业生态补偿计划（ECP）有关的学术刊物、学者，特别是生态学方面的科学家，一再强调建立科学数据指标体系。除此之外，讨论一方面与“国际学界惯例”有关，即“生态（或环境）功能服务的付费”（PES）和外部性理论相一致，并指出在理论上，农业生态补偿计划（ECP）应该按照“生态（或环境）功能服务的付费”（PES）的原则来实施，例如：

“经济学意义上的生态补偿定义为通过对损害（或保护）资源环境行为进行收费（或补偿），提高该行为的成本（或收益），从而激励损害（或保护）行为的主体减少（或增加）因其行为带来的外部不经济性（或外部经济性），达到保护资源的目的。”[③]

“目前国内关于农业生态补偿的研究相对较少，理论与实践均处于探索阶段。……农业生态补偿的概念，强调对农业生态功能的补偿，与国际上通行的生态（环境）服务功能付费原则相一致，体现的是‘谁受益、谁补偿’或者‘受益者付费原则’”[④]。

另一方面，鉴于多年的试点经验，学术界对农业生态补偿（ECP）的讨论，尤其在近期，往往是对补偿实施几年后的“反省”，并打算进一步将生态补偿计划（ECP）与“传统”或“西方”的在“污染者付费原则”（PPP）下的做法，及其运用市场机制向‘受益人’或用户收费，做进一步区分。这一做法似乎没有从根本上遏制环境退化。“中国特色”的生态补偿计划再次被看成政府干预，例如：

“财政政策是调控整个社会经济的重要手段，主要通过经济利益的诱导改变区域和社会的发展方式。在中国当前的财政体制中，财政转移支付制度和专项基金对建立生态补偿机制具有重要作用。”[⑤]

---

① Wang X. The role of the government and the academics in the IFRS convergence process of Chinese Accounting Standards [M] // Bensadon D. Praquin N. (eds.), IFRS in a Global World: International and Critical Perspectives on Accounting. Springer, 2016.

② Ding S, Graham C. Accounting and the reduction of state - owned stock in China [J]. Critical Perspectives on Accounting, 2007, 18 (5): 559 - 580.

③ 陈挺.生态补偿中市场环境主义与非市场环境主义的争论——基于科斯定理的质疑 [J]. 财政研究, 2013 (11): 10 - 12.

④ 张铁亮，周其文，郑顺安.农业补贴与农业生态补偿浅析——基于农业可持续发展视角 [J]. 生态经济, 2012 (12): 27 - 29.

⑤ 万军，张惠远，王金南，葛察忠，高树婷，饶胜.中国生态补偿政策评估与框架初探 [J]. 环境科学研究, 2005 (02): 1 - 8.

“（相对于市场环境主义）非市场环境主义补偿的主体应该为辖区的代表者，一般情况下是政府机构。这就避免了两个关键性的问题，一个是对生态环境这个公共品消费者偏好表达失灵问题，一个是因为偏好表达不同进行大规模的谈判问题，因此提高了生态补偿效率。……非市场环境主义的补偿的客体依然是政府机构，接受生态补偿以后，能够降低合同执行的监控成本，因为将政府作为一个整体监督对象，与市场环境主义的众多个体分别监督不同，直接提高了监控效率，最终使得政府将生态补偿金用于生态改善活动。”①

2.1.4 三个关键角色各自实践的反思

从批判话语分析法的角度来概括上述政府、媒体和学术话语，三个关键角色各自的话语实践构成了关于“国家生态会计与审计计划”以及“生态补偿计划”的设立与执行的话语与解释的社会认知维度②，在政治经济学意义上，两个计划是政府在向社会行使“权力”的社会事件③，同时也把相关的政治观念向公众进行传播。

依照 Fairclough（1992）关于话语实践的观点，这一话语过程出现三个不同的关键参与者，所发表的话语表现出显著的互文性（interdiscursivity）④。上述三套成分混杂的话语构成的不同的文本却显示出很高的同质性（homogeneity）。特别是在媒体的传播中，政府话语和学术话语都被大量引用和评论。通过三个关键参与者从不同角度进行的高度一致的建设性陈述，两个计划一起被构建为一场革命性的政治变革，体现了中央最高权威的决心，也体现了国际上最权威的机构（联合国与世界银行）社会环境经济会计（SEEA）与（PES）的最新研究成果。可以预期：作为社会环境经济会计本地化版本的国家生态会计与审计计划将同时解决中国面临的两个重大问题，促进中国的“现代化”进程。这种对国际惯例或所谓的全球标准机构（GSI）的明显偏好，在国际间受到学术界诟病（例如；PES 的情况），这些批评几乎与本书前一章关于“国际财务报告准则”趋同的看法一致。此外，同样值得注意的是：政府、主流媒体和国内学者发表的这些话语之间的界限也比较模糊，若不看标注，难以区分这是谁的话语。因为在权力高度集中的国家治理体系中，这三个看似独立的

---

① 陈挺. 生态补偿中市场环境主义与非市场环境主义的争论——基于科斯定理的质疑［J］. 财政研究，2013（11）：10-12.

② Fairclough N. Critical Discourse Analysis［M］. Longman，1995.

③ Hopwood A G. Miller P.（eds.）. Accounting as Social and Institutional Practice［M］. Cambridge University Press，1994.

④ 话语中不同的参与者各有所叙，似乎各说各话，但在意义上有交集，有一定程度的意义关联。

关键参与者（部门）通过各种渠道直接或间接由中央控制。

2.2 国家生态会计与审计计划的社会建构的语境化

在本节中，为了更好地理解上述三个关键参与者关于国家生态会计与审计计划（NEAAS）和生态农业补偿计划（ECP）的话语，做了批判话语分析法的第三层分析。正如 Blommaert（2005）所指出的：“‘理解’是语境化过程的结果，在这个过程中，文本……是由参与交流的人循着意义关联‘使之适合’特定（或一组）上下文的结果”（pp. 42 – 43）①。关于批判话语分析法的讨论方式，重要的是上下文要由文本来阐明，而不是预先设定再与文本联系起来②。根据上述意涵，本书这一节就是首先从事关这两个计划的文本中提取上下文，然后，再语境化，从与这两个计划相关的外部事件或时域探求形成这些文本的真实社会含义。然后，通过对两个计划已成文本的内在含义与广泛的社会现实比较异同，以此显示文本与现实的是否吻合。

2.2.1 作为国家生态会计与审计计划/农业生态补偿计划（NEAAS/ECP）相关传播中体制背景的媒体审查

正如 1.1 节所提到的，《人民日报》和《光明日报》都是国家级主要新闻媒体，在中国发挥着引导舆论的作用。事实上，这两份报纸之所以被认为具有这种引导作用，因为在于媒体言论的“把关”制度是制约相关话语传播的一个重要的制度因素，在国际通行的新闻传播学教科书里称之为“把关人”，方式不同，程度不同，或隐或现，各国媒体都有“把关人”，尤其是在中国更为明显一些。大众传媒尤其是涉及重大政策的部分在传播过程中都会受到“把关”的影响。“把关”也可换言之“审查”，审查对传媒集中报道可能影响公众及其社会预期的负面内容做出控制，限制报道③。当涉及像国家生态会计与审计计划这样的重大问题时，两家报纸持续努力解释中央精神，使中央精神能为社会理解并接受。因为这两份报纸的话语总是被中国大陆其他新闻机构尤其是地方媒体当成“风向标”，重要的观点广为转载与传播。④

---

① Blommaert J. Discourse: Key Topics in Sociolinguistics [M]. Cambridge University Press, 2005.

② Livesey S M, Kearins K. Transparent and Caring Corporations?: A Study of Sustainability Reports by the Body Shop and Royal Dutch/Shell [J]. Organization & Environment, 2002, 15 (3): 233 – 258.

③ Boden J. The Wall Behind China’s Open Door: Towards Efficient Intercultural Management in China [M]. Asp, 2008. Brady A M. Guiding Hand: The Role of the CCP Central Propaganda Department in the Current Era [J]. Westminster Papers in Communication & Culture, 2006, 9 (9): 100 – 110.

④ Zhang Y. Fair value accounting as an instrument of Neoliberalism in China [D]. School of Accounting & Finance, University of Wollongong, 2012.

正如本书选择方法论所强调的那样，批评话语分析法的重要一面在于：揭示这种政治和意识形态对事件的影响力，弄清事件的真实历史演变并分析其意义。

被 Shirk（2010）称之为“改革前时代”，那时中国新闻报道宣传的成分很大，大众媒体是“党的喉舌”，传递党的声音，新闻内容高度同质化。全国只有 69 家报纸，都是由党和政府管理的（p. 7）①。《人民日报》和《光明日报》的读者数量排名中名列前茅，因为所有工作场所都需要订阅，每天早晨上班的人都要在工作场所看报纸，上述状况直至 1978 年。这两份报纸的形象都深深地铭刻着宣传工具的特点，而前者的形象则略有不同。通过传递第一手的政治信息来提升其权威性，后者声称自己是“知识分子的精神家园”（同上），这在很大程度上解释了这种含蓄的分化——前者向政治倾斜，后者倾向于文化。

媒体改革发生在 1978 年改革开放之后，80 年代之初，市场化的改革思路起了较大作用。报纸杂志、电视台、广播电台来自政府的资金大幅压缩，被迫自己再从市场挣一部分钱才能养活自己。媒体机构虽然部分地获得了财政独立，仅此而已。直到今天，全国 358 个电视台和 2119 家报纸都遵循着“党管宣传”政治规矩，这些是十多亿中国公民的主要媒体（Zhang，2012，p. 138）。直到 2003 年，上述两份报纸的分配性订阅才取消，改成号召性订阅②。即使随着具有无国界特点之称的互联网兴起，中国媒体还是严守政治规矩，立场很坚定。正如 Zhang（2012）所观察到的，在许多方面，新技术实际上并没使信息放任自流，只是改变了“把关”的方式（p. 138）③。信息无政府主义的社会影响过于复杂，没法一概而论，出于对社会负责的考虑，“把关”的必要性难以否认。问题在于如何“把关”，因超出本书论述范围，不予讨论。

今天，作为官方认证的正规信息来源，《人民日报》和《光明日报》仍然扮演着在中国重大社会事件的公共传播中制定官方话语基调的角色。在这样的背景下，不仅是中央和地区级的中共干部和政府官员会积极阅读这两份报纸所传播的信息，而且几乎是所有人（尤其是中国的国内学者）都会参照这些信息，并且善于利用这些官方信息来密切关注政策趋势。Stockmann（2010）在中国进行的调查研究案例充分证明了这一点。这在很大程度上与本章第 2. 1. 3

① Shirk S L. Changing Media, Changing China [M]. Oxford University Press, 2010.

② Shirk S L. Changing Media, Changing China [M]. Oxford University Press, 2010.

③ Zhang Y. Fair value accounting as an instrument of Neoliberalism in China [D]. School of Accounting & Finance, University of Wollongong, 2012.

节的内容相呼应——这一节中我们发现，与国家生态窥基于审计项目有关的学术出版物一直与官方话语保持着高度的一致。

2.2.2 中央对改善环境管理的几次尝试

正如前文 2.1.1 节所述，早在 2013 年，国家就对建立全国生态会计与审计机制给予了前所未有的重视，中央提倡环境保护的意图早已有之，事实上，早在 1978 年，甚至更往前，中央就提出了“我们不能走西方‘先污染，再治理’的老路”。口号早就有了，早在专门保护环境的政府部门还没设立，环保法律还没出台。1978 年中央全会是自 1949 年新中国成立以来首次在这么高层次的会议上首次提到环境保护①。转过年来，又颁布了第一部《中华人民共和国环境保护法》，中国在经济发展取得很大成绩的同时开始了对环境恶化的长期抗战。

环保口号喊了二十多年，但成效大不如人意，尤其是数年前的雾霾（PM2.5）几乎笼罩全国，记忆犹新。虽然，从发达国家的经济发展是来看，环境恶化似乎成为经济快速增长不可避免的伴生现象，但恶化的程度区别较大，与政府的政策选择直接相关②。显然，在经济增长和环境保护之间的权衡中，经济增长已经悄然冲到前头去了，因为长期经济落后，追求反映经济规模增长率的 GDP 指标就成了政府最热衷的事。GDP 高指标似乎成了最能体现“以经济建设为中心”党的长期战略目标。与此同时，环境恶化并没有减缓，且有加速的势头。沙尘暴、酸雨、雾霾等相关自然灾害在各地区出现的频率明显趋高，引起了国内外的广泛关注③。

直到 2002 年，党的“第四代领导集体”接班后，对环境的系统管理和控制才再次提上议程。2004 年举行的“中央政府人口、资源和环境专题讨论会”上，胡锦涛进一步解释了他的“科学发展观”④，并指出：

“要研究绿色国民经济核算方法，探索将发展过程中的资源消耗、环境损失和环境效益纳入经济发展水平的评价体系，建立和维护人与自然相对平衡的关系。”⑤

相比于中央“深改六十条”明文规定的“改善产权制度”“建立国家自然

---

① 郄建荣. 法治中国 30 年：环保职能部门完成四级跳 [J]. 资源与人居环境，2008（24）：59-62.

② Wu J, Deng Y, Huang J, et al. Incentives and Outcomes: China's Environmental Policy [J]. Social Science Electronic Publishing, 2013, 9 (1): 1-41.

③ The World Bank. Cost of pollution in China: economic estimates of physical damages [J]. 2010: 1-151.

④ 这一思想被广泛认为是胡锦涛在 2002 年至 2013 年执政期间所创造的，这是 2007 年 10 月党的第十七次全国代表大会上批准的“中国特色社会主义”思想的最新概念（见第三章第 3.1 节）。

⑤ 胡锦涛. 在中央人口资源环境工作座谈会上的讲话 [J]. 国土资源通讯，2004（5）：4-7.

资源资产负债表和进行自然资源审计”，胡锦涛话语中使用的词汇似乎更具象征意义，明确方向但切实可行的具体配套措施大多还在研究中，例如：“绿色国民核算”“进行研究……和探索……”等。在此指引下，当任的总理温家宝同年宣布“绿色国民生产总值指数”（GGDP）将取代现行的GDP指数，纳入各级政府党政官员的政绩考核[①]。

在中央的召集下，一组研究人员使用2003年版本的社会环境经济会计（SEEA），开始着手2004年第一份绿色国民生产总值（GGDP）会计报告的试点工作。经过两年的探索，终于在2006年9月发表了一份15页的报告（公开版），其中估计环境污染造成的经济损失为5118亿元人民币（折合820亿美元），或相当国民经济总量的3.05%[②]。由于缺乏来自许多部门和省份的数据，这似乎是一个极为保守的估计[③]，另外还因为：除了污水处理费用以及农业渔业产量的损失等相对直接的财务损失外，因环境恶化造成的医疗费用增加引起的财政损失难以计算[④]。

2004年公布的绿色GDP报告是中华人民共和国第一次也是唯一一次在全国范围运用与可持续性有关的会计制度制作的会计报告。因为，此后政府取消了对绿色GDP方法的支持，并搁置了本应于2007年3月份发布的2005年绿色GDP报告。政府并没向社会做出任何公开解释，以至于外界猜测纷纷，莫衷一是。据估计，最可能的原因是环境恶化部分的数字对原来的GDP算法抵消太大，致使GDP降低到难以达到政治预期的水平，一些省份的绿色GDP几乎降为0，担心造成不良社会影响[⑤]。据Ma（2007）对参与此事的专家进行事后访谈做出的分析，该计划失败是由于中央和地方政府环境保护部门与统计部门存在难以弥合的“重大分歧”，各执一词，谁也说服不了谁，不能形成统一或近似的结论，不便向社会公布[⑥]。当时的“热点话题”绿色GDP随着被搁置

① 王强. 重视环保的官员因何升迁难？[N]. 纽约时报中文网，2013－04－15.

② Sun X. Call for return to green accounting [N]. China Daily，2007－04－19. 王金南，於方，曹东. 中国绿色国民经济核算研究报告2004 [J]. 中国人口·资源与环境，2006（06）：11－17.

③ Jiang D. Lu Y. Li F. et al. Green Accounting Practice in China [R]. UNEP－Tongji Institute of Environment for Sustainable Development，College of Environmental Science and Engineering Tongji Univwersity，United Nations Environment Programme Regional Office for Asia and the Pacific，2008.

④ 据环境保护部原副局长王玉磬介绍（“人民日报”网站 http：//Politics. People. com. cn/gb/1027/17365248. html，最后一次查阅于2016年3月2日）。

⑤ Kahn J. Yardley J. Choking on growth：As China roars，pollution reaches deadly extremes [N]. The New York Times，2007－08－26.

⑥ Ma J. Ecological civilisation is the way forward [N]. Chinadialogue. 2007－10－31. https：//www. chinadialogue. net/article/show/single/en/1440－Ecological－civilisation－is－the－way－forward

的时间递延，淡出人们的视线。

世界银行与中国国家环境保护局①合作，于同年出版的另一份题为“中国污染成本”的报告（2007 年）可能是绿色 GDP 被搁置的一大直接原因，绿色 GDP 似乎被取代。中国政府主动与世界银行联合开展这项研究，“迫使”世行动手术，删除了报告近三分之一长度，被删除部分包含统计数据显示：中国每年约有 75 万人因污染而早亡②。世行《报告》删除的这部分内容与中国被搁置的绿色 GDP 项目中的有关数字近似，这个数字不用说发表，即使被政府了解，也足以震惊。

震惊归震惊，但并没有减缓环境恶化的速度。事实上，恶化的后果已由隐性向显性转变。以空气污染为例，摆在中国人眼前的雾霾天气灾害日益频繁和严重，这是任何言词都没法掩盖的。根据对中国一个月雾霾的评估，造成的直接经济损失为 230 亿元（折合 37 亿美元），对健康影响的损失为 226 亿元（折合 36 亿美元），这个数字是“非雾霾”月的两倍③。同时，要记住的是，空气污染仅仅是中国各种严重环境恶化中的一个方面，这是明摆在眼前挡都挡不住的。正是在这种背景下，正如本书第 3. 1 节所述，刚刚接班的中央第五代领导班子高度重视环境问题，党政一致决定再次尝试使中国环境问题有个根本性好转，为此制定了一个更完整和更复杂的方案。

或许巧合，两次社会环境经济会计与国家生态会计与审计计划（SEEA/NEAAS）竟然与社会环境会计版本的修订几乎同一时间周期，与领导班子的换届周期一致，成为新换届领导班子重大关注事项，急于解决的当务之急。在联合国和世界银行这个世界上最“权威”的机构提供的“解决方案”的参考下，新一届领导班子再接再厉，尝试解决长期困扰中国人民生活的环境问题。

在 2007 年，就是绿色 GDP 被搁置那一年的同一时间。胡锦涛主持的十七届中央全会上，作为国家生态会计与审计机制核心概念的“生态文明”正式亮相。中共第十六届中央委员会向第十七届全国代表大会提交的报告指出，“建设一个生态文明、可持续发展、低能耗、节省资源、保护环境的经济模

① 中国环境保护部的前身。

② 世界银行关于“中国的污染成本”报告中提供的信息 http：//www. worldbank. org/en/news/press - release/2007/07/11/statement - world - bank - china - country - director - cost - pollution - china - report，最后查询日期 12/12/2015.

③ Mu Q，Zhang S Q. An evaluation of the economic loss due to the heavy haze during January 2013 in China［J］. China Environmental Science，2013，33（11）：2087 - 2094.

式"[①]。这已成为中国核心意识形态的组成部分。自从中国现任国家主席习近平接班以来，一直大力提倡上一届中央领导班子提出的科学发展观。这足以表明中央在调整国家"主导意识形态"方面的持续努力，以及这一代领导集体在国家治理理念对上一届的继承与发展。

2.2.3　党的干部考核机制中长期存在的问题

在讨论生态审计的创新性之前，先得看看中国的国家治理结构。虽然在官方话语里，党政分开是中国改革开放以来政改的一项重要内容，党政分属两个不同的系统。但是，在实际运作中，党政两个系统的领导是互相兼职的，从国家政治体制的最高层面到基层基本上如此。政府里的党外干部只占少数。忠于党与忠于国家在实质上是一致的，因为党是人民利益与国家利益的代表[②]。

在国家治理体制中，行政机关的等级大致可以概括为：国务院，也就是中央人民政府，目前由35名成员组成，其中包括一个由7名成员组成的常务委员会，国务院常务会是政府系统最高级别的会议。国家主席是国家名义上的最高领导人，负责任命国务院总理，总理负责国务院常务。作为中华人民共和国主席、中共中央总书记、中央军委主席，习近平目前是中国中央政府、党和军队的最高领导人。从他所兼任的三项职务可以看出中国顶层治理结构是由三项关联的权力组成的，即党、政、军。此外，还有"人大"专司立法，"政协"专司社会各阶层政治协商，"两高"（最高法、最高检）专司司法，但这些机构都在党的领导下依法各司其职。东西南北中，党是领导一切的。国务院以下是中国各省和四个直辖市（北京、天津、上海和重庆）。按降序排列，往下是市、县和乡镇或村庄。尽管高层领导的组成相对稳定，但大多数基层干部每隔三年或更长一些的时间，因任期制的规定，就得换岗，担任别的职务或被解职。晋升是干部们最迫切的想法，到期不能晋升，继续任职的压力骤升。干部考核里面有不少量化指标，特别是经济方面，这种"以业绩为基础"的晋升制度使得各级官员很重视考核指标。这也是GDP在过去挺长的时间里被重视的原因。这种看法曾一度贯穿整个行政等级体系[③]，不得不说：这是中国出现

---

① 马力. 绿色GDP搁浅：环保与统计部门存重大分歧［N］. 新京报，2007-07-23.

② Walder A G, Li B, Treiman D J. Politics and Life Chances in a State Socialist Regime: Dual Career Paths into the Urban Chinese Elite, 1949 to 1996 [J]. American Sociological Review, 2000, 65 (2): 191-209.

③ Maskin E, Qian Y, Xu C. Incentives, Information, and Organizational Form [J]. Review of Economic Studies, 2000, 67 (2): 359-378. Wu J, Deng Y, Huang J, et al. Incentives and Outcomes: China's Environmental Policy [J]. Social Science Electronic Publishing, 2013, 9 (1): 1-41.

GDP崇拜的社会原因。现在回头看，弊端也相当清楚：只要经济扩规模，不该忽略的却被忽略了，环保就是其中之一。这是中国成长之中难免之痛，既然感到痛了，就尽快医好创伤，更有利于前行。

除了政府系统存在这种层级制度外，党组织在中央和地方政府内部也存在着一个独立的层级制度：以上述中央和省级的政府等级为例，在最近的第十八届大会上，中共中央政治局的成员（25成员）和其他中央委员会（205名正式成员和171名候补成员）分别当选。这些人都在政府或其他系统里面担任主要行政领导职务。往下看，各层级也大抵如此：行政职务与党的职务兼职。正如Zang（2001）所观察到的那样，这种“精英二元论”的特点是，在共产党执政初期，党政两大系统之间有大量的人员任职重叠①。1978年改革开放之后推行的政治体制改革重点在于“党政分工”，不能以党代政，把党的领导从日常事务中解放出来，专门把握政治大方向，即“统揽全局，协调各方”。政府系统则分担日常事务，抓贯彻实施。加强党的领导不是事无巨细都由党来管。具体而言，在中央层面，“一把手”负总责，这一点可以从习近平同时担任党总书记、国家主席、军委主席三项最高领导职务可以看出。在他的领导下，“党管干部”“党管宣传”“党管军队”，党管影响全局的大事②；在省级，省政府负责行政事务，省委负责把握国家政策与提供指导意见，省委一把手对全省向中央总负责。国家层面与地方的一把手任职最大不同：国家层面一把手全面兼任，地方（省级以下）党委书记一般不兼任行政职务，地方政府主管（省长、市长等等）兼任党委副书记，也就是行政一把手，党委二把手。

这种精英二元论之所以存在，是因为中国共产党需要一个由具有技术资质的人员组成的政府体系来管理经济及治理其他社会事务，同时需要一个政治上忠诚的党员组成的政党体系，以确保政治权力沿着党的政治路线并且有治理资质的专业人员提供管理技术的支撑③。然而，正如Wu（2014）早些时候指出的，中国的党政两套干部制度在追究干部责任方面并不合丝合缝，特别是在改革开放初期的环境问题方面，往往前任党政领导为了发展经济，引进项目或引进外资，并非全部由于认识水平所限而把一些可能污染环境的项目轻易放

① Zang X. Educational credentials, elite dualism, and elite stratification in China［J］. Sociological Perspectives, 2001, 44（2）, 189-205.

② Lampton D M. Policy Implementation in Post-Mao China［M］. University of California Press, 1987.

③ Zang X. Educational credentials, elite dualism, and elite stratification in China［J］. Sociological Perspectives, 2001, 44（2）, 189-205.

行[①]。过一定时间这些危害显现时，他们大多已另有任用，已经不在任了，也就无须对决策后果负责，往往需要后任替他们“擦屁股”。这确实是中国治理环境问题的一大顽疾。除了传统的代理困境和集体拥有的自然资源产权不明确外[②]，这种双重干部管理体制的不完善也严重削弱了政府的问责制。

关于国家生态会计与审计机制的讨论，我们发现：在这种政府与政治体制中，地方干部以 GDP 作为他们任职期考核的一项重要指标，以此来表明政绩，决定他们的升迁或“奖励”。对我国 287 个市级政府中的 283 个政府从 2000 年至 2009 年的数据进行了定量研究，这些市级干部，与他们的前任相比，都提高了当地的 GDP，他们得以升迁的可能性将增加 8%。这一诱人激励机制已经成为一种传统，持续发力。据报全国有 31 个省与地区自报的 GDP 加起来高于全国总 GDP[③]。这既可能是统计口径不一致造成的技术性误差，不过，技术性误差不可能这么大，也可能是这些省份为了显示自己的政绩，统计时就高不就低，甚至为了邀功，在一定程度上有编造数字的迹象。与此相反，省级政府在改善环境方面的支出几乎与干部升迁没啥关系，假如不是负相关的话[④]。这在很大程度表明：对干部的考核中确实存在“GDP 崇拜”，也对地方政府环保工作产生了负面影响。

从这个角度来看，可以说，以审计为突出特征的国家生态会计与审计机制试图通过改善现行干部考核机制来推进环境保护。通过对自然资源使用的管控以及其他的环保努力，通过把相关的环保指标纳入干部任期审计，最高领导层希望：各级政府里的党员干部在追求本地区 GDP 增长的同时，确实能够重视环保问题，尤其是他们想着政绩考核有高分得以晋升的时候。从实质来看，设立国家生态会计与审计制度就是为各级主要领导干部量身定做的，因为这项政策是由影响力最大的党的全代会发布的。通过干部激励机制解决环境问题，意味着：党员干部对国家经济与社会管理发挥着决定性作用。“深改六十条”还配套了其他的政策措施，对一些根深蒂固的利益集团，例如：某些囿于既得利益不愿意贯彻深改决定的国有企业领导与地方干部，国家会计与审

① 武卫政.党政同责抓环保［N］.人民日报，2014-03-01（009）.

② Ostrom E. Governing the Commons: The Evolution of Institutions for Collective Action ［M］. Cambridge University Press 1990.

③ Keohane D. Reform vs seasonality in Chinese GDP stats ［N］. Financial Times Alphaville, 2014. http://ftalphaville.ft.com/2014/08/19/1936122/.

④ Wu J, Deng Y, Huang J, et al. Incentives and Outcomes: China's Environmental Policy ［J］. Social Science Electronic Publishing, 2013, 9 (1): 1-41.

计规划极具挑战力①。

2.2.4　农业部门实施农业生态补偿计划（ECP）的特殊性

中国农业的特点，特别是农业活动系统管理方面的困难，在第三章中已经讨论过。那章的话语背景是讨论在农业领域实施国际会计准则第41号。本章不再对执行政策出现的问题作文本分析，而是把注意力主要集中在现场采访获取的资料上。将其与前面章节的书面材料对比，将会发现在书面话语中隐藏的不少值得关注的因素。

正如前面第2.1.3节中提到的，尽管有几位学者对环保资金问题提出了质疑，但国内学者对执行农业生态补偿计划来自政府的行政干预，尤其是中央政府的干预，态度一致赞成。这种情况从几位在政府机构从事专业研究的受访者那里得到进一步确认。被问及为贯彻这一计划如何向政府提供操作步骤与措施时，表示：

“农业生态补偿计划（ECP）的实施主要取决于转移支付的形式，遵守‘经常性转移支付条例’。我们（发改委ECP局）根据县的土地和人口规模，全面评估每一个县的土地和人口，以确定分配的金额。除了对矿产活动的补偿外，ECP的所有资金都直接转移给我们与农业部的ECP局，经我们之手把资金分配给地方政府，然后，地方政府又把该发的资金分配到户。”（P先生）

“生态补偿是一项长期项目，非一时之举。直接由中央政府拨款的好处是，该项目一经设立和批准，资金就有保证，一般不会受到任何干扰。这对环境保护项目尤为重要。”（P先生）

“中央政府每年对环境工程的投资越来越多，因为我们现在充分认识到环境保护的重要性。生态补偿可以说是一项大型的基础设施工程，但却有别于其他大型基建工程：农业生态补偿计划（ECP）等直接关系民生的工程，应完全依赖政府投资；另一方面，公路和铁路建设等项目可以依靠市场的力量，因为对民生的影响不那么直接。”（A先生）

然而，另一位被采访者，环境保护部的环境经济学家H先生，对这种依赖财政政策解决问题的方式有质疑。他担心这种农业生态补偿计划（ECP）最终会变成另一套环境税，似乎在环境保护方面起不到应有的作用：

“我们最近研究了农业生态补偿计划。就资金来源而言，我的印象是：我们现有的环境税，只不过是从长期缺乏的排污费中演变而来的变体。即使征收这些税项，对企业的影响也不会太大。例如，在2010年，全国有近490，000

① Shambaugh D. The Coming Chinese Crackup［N］. Wall Street Journal，2015－03－06.

家公司支付了这一数额的排污费，总计达188亿元，还不到当年财政收入的1/400。”

无论研究中的赞同，还是质疑，都无可否认：农业生态补偿计划（ECP）的实施确实在很大程度上依赖中央的支持。但中央似乎部分地——如果不是完全——偏离了“国际学术界公认”的理论框架，政府与学术界的讨论中最初所说的“以市场为导向的生态服务付费”就是偏离的表现。有没有资金是一个问题，有了资金如何运用是另一个问题。现在有待进一步研究的是“该基金是如何运作的”。关于这个问题的整体情况很难一下弄清楚；然而，我们可以从与农业部官员的访谈获取的细节中做一些合理猜测：

“补偿制度于2011年实施，但在2009年就开始研究了。全国人大已将其作为优先事项之一，开展许多研究，并征求了国内外专家的意见，建立了一套完整的基于科学计量的评价标准，如草原的每亩承载能力……当然，补偿的最终数额主要由2010年中央政府预算余额决定。2010年底，我们有136亿元的财政盈余，政府决定把这些钱都用在生态补偿项目上，最终的支付标准实际上是按各省拥有的草原面积按136亿的比例分配。”

至于实际的分配标准，

“全国补偿金额的计量是统一的，只要土地符合领取补偿的条件，不论土地状况如何，每亩6元，每亩10元以上作为绩效奖励，再加上每户500元的生产补助，我们按统一标准计算，然后分配到省。根据农户的经济条件和草原草原的质量等当地具体情况，省一级再把分配来的总数‘微调’之后，再实际分配到户。”

最后，不得不指出：这里面承载的内容远不止生态保护。

“这种‘补偿’实际上是一种减轻贫困的性质，就像政府向农民发放工资一样。”

简言之，在实施的头几年内，制定“标准”是根据获得的资金总额，而不是根据“标准”计算出为生态补偿的应拨款数额。前面说的“标准”实际就是分配款项的标准。在这件事上，“关键参与者”的书面话语与口头话语不尽一致，必须承认上述机构（负责ECP管理的机构）在社会上所具有的影响力。作为代表中央权威的有声望的政府机构，农业部和发改委有义务在官方讨论中（包括通过主流媒体发布的言论）提出明确的政策与实施方案，尽管目前可能还没有很好的实施，而不仅仅是声称：中央政府将上年底财政盈余全部补贴给农民。与此有关的公共传播方案设计理应反映：中央政府以严谨的科学研究与科学方法为基础，通过推行国家生态会计与审计机制以及农业生态补偿机制，助推制度改革进一步深化，以便获得社会理解与认同，理顺社会预期。有关农业生态补偿计划（ECP）具体实施方案缺乏向公众正确而有效的传播，使得上情下达失真，这种偏差不利于政策的正确实施。

这种因设计不周而导致的执行计划（ECP）“走样”，其一大原因可能是农业领域与其他领域相比相对“弱势”，管理水平与发达国家差距更大一些。“弱势”还反映在生产与流通的组织结构碎片化、从业者年纪偏老、文化水平偏低、劳动绩效比较低。绩效偏低在一定程度上又是前两个因素所为。例如：农业部的A先生举了草原地区农业生态补偿的例子之后，又强调：

“由于全国各地大草原自然禀赋的巨大差异，形成了多种组织形式，包括在贫瘠草原地区的分散放牧、其他地区的集约化牲畜饲养和牲畜生产两者的混合，这给我们为每一地区和每一种生产形式制定适当的补偿计划带来了极大的困难。同时，草原退化问题也给我们带来了很大的困难。这也是为什么我们目前采用一个实用的、简化的评估标准来确定支付金额的原因。”

同样，关于农民的生活条件和环境保护项目，P先生（发改委）声称：

“虽然农民确实依赖他们承包的土地，而且从长远来看，过度开采确实影响了他们的生计，但没有切实可行的办法将其具体为可计算。而且，由于农作物和畜产品的一般价格很低，农民如果不能维持生计，也顾不上考虑将来，他们别无选择，只能在现有的土地上通过产量最大化增加一些收入。……农业的弱势，正是国家如此大规模地分配这笔补偿金的原因，对于这笔资金的使用，我们不能要求农民，也没办法要求农民专款专用在保护自然资源，因为他们都是低收入家庭。我们打算帮助他们改善生活条件，同时在受益者中提倡环境意识。你知道，如果没有大量的货币补贴扶助农业转型，光靠说服和教育不会使农民放弃粗放型的生产方式。”

如Barclays（2012），da Silva et al.（2009），European Commission（2010）and Gao（2006）所证实，农业部门的盈利能力相对较低，改善农民生计是农村可持续发展不可或缺的条件①。从推行农业生态补偿计划（ECP）到现在，我们看到：这实际上是一项普通的扶贫计划，但在重视生态系统修复最终目标的情况下，它很可能逐步演变为一个真正的生态系统保护机制。但是，如果没

① Barclays corp. UK agriculture, sector outlook, third quarter 2012 [R]. 2012. Silva C A da. Baker D. Shepherd A W. et al. Agro-industries for Development [R]. The Food and Agriculture Organization of the United Nations and The United Nations Industrial Development Organization by arrangement with CAB International, 2009. The European Commission. Developments in the income situation of the EU agriculture sector [R]. 2010. 高帆. 中国农业弱质性的依据、内涵和改变途径 [J]. 云南社会科学，2006（3）：19-23.

有明确界定的政策和运作步骤来“升级”这个计划，则很难实现预期目标。因此，下一步措施理应建立完整的评价制度，通过评价制度，系统记录维护自然资源和人力资源的投资。在此基础之上，建立资金预算制度，为生态补偿保留较为确切的专项资金。

2.2.5　本节小结

正如 Auer（1996）所指出的，任何事物都可以成为某一特定事件的背景。引起我们兴趣的是如何“为了某种事物的出现而造就一个需要的背景（上下文）”（p. 20）[①]。从批判话语分析法（CDA）的角度来看，这需要通过系列事件来完成，更重要的是通过文本本身来完成。因为形成文本本身也是竭力逼近作者期望的语境的过程，即文本的表述能够使作者的预期语境变得足够接近[②]。关于这一点，我们可以说，上述社会背景的三个层面是话语活动有意要造就的。这一事件中的三个关键参与者代表中央权威的最具影响力的是政府部门。他们发出的与国家生态会计与审计计划以及农业生态补偿计划有关的话语，引导了对该计划的主流社会认知模式。这些高度一致的论调和价值认同的话语表明：中央政府、主流媒体和国内学者在政策制定和实施方面有着相同的意识形态基础。他们预期的改革障碍首先在中国政治经济结构及其历史渊源。

2.3　中国语境下对国家生态会计与审计机制的再思考

根据以上的分析，很显然，中央相信，找到良好的机制再辅以激励动员各级领导干部，GDP 崇拜必将退烧，“调结构”一旦取得实效，绿色经济必将更绿。然而，作为世界第二大经济体，中国已经享受年均 10% GDP 经济增长已经二十年了（如图 4 所示）。一旦全面实施国家生态会计与审计机制，必须放弃那些曾一度令人欣喜的统计数字，确实令人恋恋不舍。GDP 一旦降速，担忧失业率上升的观点也不无来头。去除高能耗的剩余产能，必须面对一部分工人转岗问题。经济调结构的同时还得应对社会稳定。实施国家生态会计与审计计划由此引发的内生性问题，以及重新为社会发展定位等问题，是典型的社会复杂问题，其复杂程度说不定有些还超出我们现在的理解水平与把握能力。面对高度复杂性，我们要有采取步步为营、逐层进策略的思想准备。

---

① Auer P. From Context to Contextualization [J]. Links & Letters, 1996: 11 – 28.

② Blommaert J. Discourse: Key Topics in Sociolinguistics [M]. Cambridge University Press, 2005.

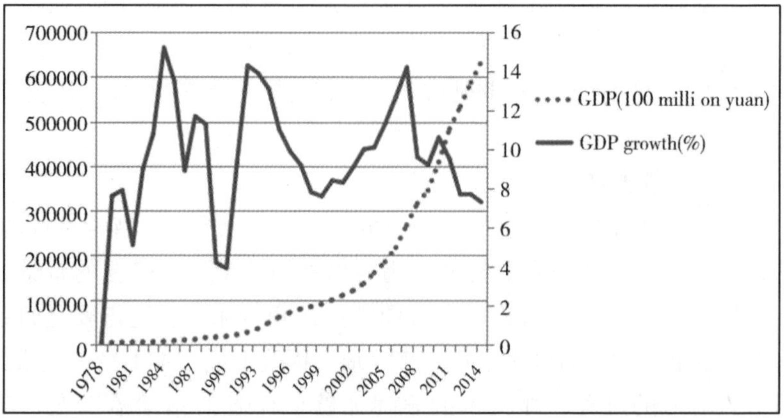

图 4　1978 –2014 年中国国内生产总值和国内生产总值增长指数

（资料来源：国家发改委网站，http：//www. stats. gov. cn/）

2. 3. 1　生态绩效激励干部，下一步怎么办?

在与国家环保局 H 先生的交谈中，他提到了 2011 年冬季发生的一个事件。林州市突然停止集体供暖，以完成 12 月“节能目标”。这个目标完成了，一些别的目标却陡然失控。可吸入颗粒物和二氧化硫急剧增加，导致了连续几个月的空气严重污染。原因很简单：停止集中供热，林州居民为了取暖度日，立即启用家里的炉灶、电加热器以及一些人家原来就有的土锅炉，这些高能耗低热效的杂牌取暖设备一下子使好几项环保指标严重恶化。

“在环境治理方面，现行的‘目标评估机制’简单地把中央的环保压力逐级分解给各级地方政府，造成很大问题：把地方政府的政绩与减排指标绑定，有些指标过于严苛，造成地方政府管理行为过激，‘突然刹车’效应始料未及，突如其来损失难免，涉事方不得不支付过高的成本。这是短视行为的代名词。”

的确，通过指标激励干部解决环境问题的逻辑是有缺陷的，从以前的经验来看，这是远远不够的，但离开指标又是不行的。中国光伏产业的发展就是一个例子。太阳能被认为是中国能源和环境压力双重问题重要的补救方法之一，尤其在 21 世纪初太阳能是无可争议的绿色能源。自 2000 年以来，中国政府出台了一系列的政策法规，积极促进太阳能光伏发电设备的研发、生产和应用。特别是在 2009 年，包括国家能源局和财政部在内的中央威权机构发起了“金色太阳”计划，中央财政不惜投入大量财政补贴鼓励发展太阳能产业①，可见为了尽快改善生态环境，国家舍得花钱，扶植绿色产业。

在国内政策和国际市场需求的刺激下，地方政府的积极性很高，不少地区都宣布引进或扩大光伏项目的计划。可是，又有谁会从宏观面上想一想：各地都上同样的项目，最后累积起来的产能究竟有多大？在“有形之手”的政策鼓励之下，市场那只“无形之手”被忽略了，最终还是没有避免出现明显的事与愿违，出现了与中央期待不相符的情况——全国性的光伏产业产能严重过剩。事实上，中国光伏组件的生产增长了大约1000倍，从2000年的300万瓦增加到2012年的23亿瓦，其中超过90%的产品都得面向海外市场②。竞争激励，出现低价竞销，引发不少国际贸易摩擦。中央权威部门对发展太阳能的鼓励，被地方干部解读为一味扩充产能，具体落实到到光伏组件制造的盲目扩张上，导致多晶硅生产污染环境、高碳能源大量消耗加大环境负担。因此，在2000年之后，“金色的太阳”计划被搁置③。

诚然，上述案例初衷是保护环境，最终却未能达到环保目标。通过干部激励机制促进新能源开发，变相为“有形之手”干扰了市场机制对资源的配置作用。当然，这并不是国家生态会计与审计计划以及农业生态补偿计划本身有什么过错，反而，这两个计划本身对GDP崇拜有明显的抑制作用。问题出在“有形之手”未能与“无形之手”协调配合，落实两个计划对市场机制的利用还不够充分，尊重市场规律还不够。地方干部纵观全局的能力不高，对中央政策出现一定程度的误读。中央推行两个计划，与之配套的干部激励机制有待进一步合理化。经过一段时间的经验积累，干部激励机制肯定会改善到与环保政策目标一致的方向。通过地方干部，中央才能对各地的自然资源存量实行科学管理。

2.3.2　没有社会后果的“结构调整”？

即使地方干部与其所在区域的经济可以根据新的标准进行考核，经济调结构也可以如期实现，但随之而来的复杂情况也不容忽视。事实上，在中国的语境下，使用“经济结构调整”这个词可能很微妙。对中国人来说，特别是对20世纪90年代四五十岁的人来说，这个说法与英语国家的“公司重组”何曾相似。自1978年以来近20年的快速工业化，中央政府宣布第一次经济结构调

① Ru P，Zhi Q，Zhang F，et al. Behind the development of technology：The transition of innovation modes in China’s wind turbine manufacturing industry［J］. Energy Policy，2012，43（C）：58-69.

② Sun H，Qiang Z，Wang Y，et al. China’s solar photovoltaic industry development：The status quo，problems and approaches［J］. Applied Energy，2014，118（C）：221-230.

③ 郭力方.多晶硅：高污染、高耗能 YES or NO？［N］. 中国能源报，2009-11-16（A06）.

整就是在20世纪90年代，“下岗”一词与调结构如影随形，这是中央为了提高工作效率，裁减国有企业员工的通俗说法。与“下岗”最接近的英文说法是“失业”，严格说来，这是一种准失业状态，外国没有。根据当年中央媒体的宣传，“下岗”只是员工暂时离开现有工作岗位，可以经过培训和获得更多劳动技能之后，在其他私营或国有企业重新就业[①]。可是，很少有人经过培训之后能再回到他们原来的工作岗位或在其他单位能找到更好的岗位。

这种“过渡性失业”，已经产生了大量下岗工人：1995年大约550万人，1996年则上升到800万人左右[②]。1997年，情况继续恶化，到年底，这个数字激增至1150万人[③]。对下岗工人的定义与统计处理是：工人由于生产和管理方面的困难而离开企业回家，但仍然与工作保持名义劳动关系。这也意味着下岗工人不需要登记为失业，当然，这些数字不会统计在官方的失业率里，同期的官方失业率只从2.6%微升至3.1%（同上，p. 282）。

高失业率与社会不稳定如影随形。任何政府都不会对高失业率漠然视之，高失业率给政府带来极大的压力，往往不惜血本降指标，保持社会稳定。事实上，正如Tian与Wu（2014）的文章开头所指出的那样，《人民日报》出版“全面了解国内生产总值（GDP）”那组文章的背景是：

“过去几年，随着经济下行压力的加大，GDP增速的起落备受社会关注。”[④]

出于谨慎，中国主流话语对这一重新定位的官方论调强调了增长率的“合理区间”，并将其与就业率直接联系在一起，如Du和Cheng（2014）以及Tian和Wu（2014）的文章所述，因此，公众话语对GDP合理区间的困惑与关注被引导到中央所认为的2008年GDP指标的下滑不同于20世纪90年代的看法上[⑤]。其实，当时所面临的情况是比较相似的（如上图4所示）。

然而，在讨论中各方似乎把GDP当成了衡量经济增长的唯一指标，其实，这里面有很大误解。GDP与经济增长存在一定的正相关关系，但并未严格对应。有时候GDP下滑不一定就是经济增长下滑。如图4所示，GDP增长率确

---

① Chen Y. ‘Chinese English’ and its implication on C – E translation of Chinese specific expressions [J]. Journal of Language Teaching and Research, 2010, 1 (4), 480 – 484. 俞可平. 中国治理变迁30年（1978—2008）[J]. 吉林大学社会科学学报, 2008 (03): 5 – 17 + 159.

② Zhang W. (ed.). China Labour Statistical Yearbook 1996 [M]. China Statistics Press, 1996.

③ Gu E X. From permanent employment to massive lay – offs: the political economy of ‘transitional unemployment’ in urban China (1993 – 8) [J]. Economy & Society, 1999, 28 (2): 281 – 299.

④ 田俊荣. 吴秋余. 不要简单以GDP论英雄 [N]. 人民日报. 2014 – 02 – 10 (017).

⑤ 杜海涛. 成慧. 合理的经济增长率一定要有 [N]. 人民日报, 2014 – 02 – 17 (017).

实下降了，但与此同时，国内生产总值的货币曲线却显然在上升。事实上，作为一组直观的数字，显示一个地区或一个国家的经济表现，GDP 概念本身并不是那么值得批评，只是在公共话语中，GDP 被片面理解或滥用才是应该受到批评的①。

2.3.3 完全采用社会环境经济会计（SEEA），会不会有所遗漏？

社会环境经济会计（SEEA）作为欧洲委员会、国际货币基金组织、经济合作与发展组织和世界银行等多个国际组织合作的产物，是国际社会从国家合作层面应对自然资源退化的重要起点。既然是起点，就很难尽善尽美。在这一阶段，仅从这个框架旨在调整完善国家账户的定义来看，显然对人力资源的维护就是不够的。此外，在更仔细地审视其评价机制时，其立论的基础似乎与新自由主义意识形态“同流合污”，与强势可持续性观念相矛盾。根据社会生态经济会计（2012 年）的看法，货币计量被视为评估“地球”及其“退化和损耗”的工具，并被用来促进经济活动中均衡。在这种资源的货币评估机制中，优先考虑当前市场价格，或以“资源租金”为依据的“使用中价值”；对于使用不当造成的资源损害，却以“消费者愿意付出对价”基础上的专家评估作为定价依据，或以反应“消费者为享乐而出价的偏好”以及“旅行成本法”作为定价依据；一旦行不通就得依赖“最后的办法”，即：定价最终只能以估算“成本”实现。因此，这种评估机制的设计及其实践中的应用显然是建立在经典的李嘉图租金理论之上，即资源的“价值”等于最有成效的使用这种资源所获得的经济利益②。这与第一章 2.1.1 节中提及的世界银行的评估模式几乎相同。同样，通过价格“虚拟”（专家评估）来为环境损害定损也根据同一理论③。

正如 Thiry 和 Roman（2014）所观察到的：社会环境经济会计（SEEA）作为最具影响力的宏观会计体系之一，通过量化资源存量，将环境层面纳入会计核算，在政策制定者和研究人员中影响越来越大，看法趋向一致。潮流之下也无法掩盖一些亟待解答的深层次问题：（1）谁最终监测？向谁负责？（2）谁

① Philipsen D. The Little Big Number：How GDP Came to Rule the World and What to Do about It ［M］. Princeton University Press，2015.

② The United Nations，European Commission，Food and Agriculture Organization of the United Nations，International Monetary Fund，Organisation for Economic Co－operation and Development，World Bank. System of Environmental－Economic Accounting 2012：Central Framework ［R］. 2012.

③ Richard J. Comptabilité et Développement Durable ［M］. Economia，2012.

能解读收集而来的原始信息，以及这样做的目的何在（p. 14）?①

当我们审视中国以国际社会的社会环境经济会计（SEEA）为蓝本建立的国家生态会计与审计机制（NEAAS）时，首先要注意到中国的政治体系与西方不同，中国是一个中国共产党连续执政的国家，这项政治制度有一个优点——不会因为执政者的频繁变动，而引发政策频繁变动。在中国，第一个问题的答案直截了当：由党和政府长期向人民负责。国家一级的具体责任部门就是财政部与发改委，由它们来制定具体规则。

至于第二个问题，似乎较难给出一个确定答案。就目的性而言，在这一步的分析中可以得到的是一些推测。如果像官方关于国家生态会计与审计计划话语所宣称的，该计划的目的是直接"登记自然资源存量""对自然资源利用制定有效的规划""明确责任""划出生态红线"，那么，本质上就是对自然资源（即生态资源）的计量与核算采取足够可靠的实施措施。从技术的角度来看，这种可靠性只能来自科学家。"科学家"这个词汇本身就是一群具有异质性的人，在遵从理性的前提下，对专业问题各有独立见解，通过讨论，形成学术共识。科学家这一称谓既包括自然科学家，也包括社会科学家（特别是经济学家）在内。在本书中被多次提及的主流经济学家所构造的那些核算模式尚未取得广泛学术共识，对其可靠性有所保留，是合乎情理的。如本书第 2. 3. 1 节所示，设立国家生态会计与审计机制的本意在于：通过改革干部激励机制，促使各级主要领导干部从过去的以 GDP 考核政绩中解放出来，转向"绿色" GDP 为主导的新干部激励机制，实现绿色发展，也就是可持续性发展。如果科学家对于信息的真实性、全面性不那么较真，那么生态资产计量与核算的可靠性将失去保证。从开发可持续性发展指标的意义来看，事在人为，再好的意义也得靠人去实现，人又是政治的。国际社会提倡的"生态经济会计"以及以此为基础的"国家生态会计与审计计划"肯定涉及政治体制，政治体制与之配套发力方面是有问题的。

首先，从专门针对社会生态经济会计的网站上看，是这样表述的：社会生态经济会计包含国际认同的标准、定义、分类、会计规则以及在环境与经济的关联方面给出国际上可以比对的统计数字。社会生态环境会计与国家会计核算体系的结构是相似的，为了把环境与经济统计数字结合到一起，使用的概念定

① Thiry G, Roman P. The Inclusive Wealth Index. A Sustainability Indicator, Really?. HAL - SHS Working Paper, FMSH - WP - 2014 - 71 <halshs - 01011250>, 2015.

义与分类都一致①。显然，国际上的社会生态环境会计与中国国家会计核算体系担负着相同的重任，后者还是整个体系的基础。然而，中国还没建立起来国家账户的核心体系，即使在20世纪80年代中国学者做过此类研究，并从1996年开始试点建立国家与区域的资产负债账（资产负债表），所有这些尝试曾在2007年一度搁置，也就是第二份绿色GDP报告被搁置的同一年。国家会计核算体系实际上就剩下GDP了，以此作为一个精简且令人乐观的经济量度指标。在这一点上，试图在没有国家账户的情况下建立国家生态会计与审计体系的尝试如同镜中花、水中月，只是一个幻影而已。然而，最近，由中央提出的建立数个国家会计核算项目已经启动，试图对主要的金融资源存量与国家资产负债表做初步普查②。这或许是一个国家再度全面执行社会环境经济会计核算的信号。

此外，正如Zhang（2012）所指出并得到不少学术论文所认同的那样：全面设立国家环境账户是最大的挑战，设立账户才能以货币单位核算环境产品与服务，尽管估值方法区别较大，还经常出错。因此，尽管对决策者和公众来说，这似乎是直截了当一看就明白的融合了GDP与环境价值的单一指标，尽管其标准还不尽统一，但是，基于社会环境经济会计的生态账户或许难以发布可靠的可持续性信息（p. 12 - 13）③。

根据社会环境经济会计（2012）④，除了在国家会计核算体系中列出一般的国家账户之外，还应该有：

“在中央框架内应该考虑环境资产项下的七个单独组成部分，即矿物和能源资源、土地、土壤资源、木材资源、水生资源、其他生物资源（不包括木材和水生资源）和水资源。这些单独组成部分一直是通过开发特定资产或资源账户来衡量环境资产的传统重点”（p. 134）。

在计量方面，除了货币供应与在国家会计核算体系中以货币单位记录产品流向的报表之外，自然资源供应与使用表也应该建立，旨在追踪这些生态资产

---

① 见网址：http://unstats.un.org/unsd/envaccounting/seea.asp，最近一次查阅在2015年4月4日。

② 李扬，张晓晶，常欣.中国国家资产负债表2013：理论、方法与风险评估［M］.中国社会科学出版社，2013.李扬，张晓晶，常欣.中国国家资产负债表2015：杠杆调整与风险管理［M］.中国社会科学出版社，2015.

③ Zhang Y. Fair value accounting as an instrument of Neoliberalism in China［D］. School of Accounting & Finance，University of Wollongong，2012.

④ The United Nations，European Commission，Food and Agriculture Organization of the United Nations，International Monetary Fund，Organisation for Economic Co - operation and Development，World Bank. System of Environmental - Economic Accounting 2012：Central Framework［R］. 2012.

的实际流向（p. 13）。他们应该以“货币单位与实物形态”在资产负债表里的“供应与使用”项下加以列示（p. 16）。

因此，中国设立国家生态会计与审计计划将采纳前面提及的国际公认的社会环境经济核算的形式，将不再包括“生态负债”的概念，因为这个概念与国家会计核算体系或社会环境经济会计框架不一致，尤其要考虑以下理由：很多会计学者都认为，过于复杂还几乎不可能量度生态恶化程度，也不可能对生态恢复与维护成本建立应付款账户①。事实上，在传统的会计负债账目中，虽然有效地将债务分配记录为资产恢复（这正是中国领导层追求的目标），但由于实践上的限制，很难在国家生态会计与审计体系中设立这一账户。这一事实表明：在微观会计模式以及可持续性会计模式上，整体来说，会计技术的应用存在着差距②。正如 Yan 早在 1988 年所指出并经 Geng（2014 年）认同的那样，到目前为止，大部分社会环境会计框架，比如：现在的社会环境经济会计，都是从宏观经济理论发展起来的，会计内容几乎都包括在内。它们的数据主要来自统计，例如普查及抽样。会计方法只用于数据汇总阶段。在大多数情况下，会计方法的目的是把数据汇总的结果更好表达出来③。

因此，对社会环境经济会计在中国的应用而言，在国家生态会计与审计体系内不应该把重点放在会计与审计方法的运用上，重点应该放在：为了实现对生态资产的更好管理，建立一个坚实又持续完善的数据资料库。在与受访者的交谈中，这一点反复出现在他们的话语中。当被问及农业生态补偿计划（ECP）的最大障碍时，他们的回答构成了国家生态会计与审计概念的一个精彩部分。

“我认为‘准确性’是目前草原地区农业生态补偿计划事关分配的主要问题：这些地区面积太大，太分散，无法对牧场质量进行真正全面的检测和普查。此外，地方政府在获取准确的当地情况的统计数据方面，似乎也工作不力。有许多达标的牧民还没有纳入农业生态补偿计划范围”（A 先生）。

“我目前正在从事一个旨在改善农业生态补偿计划的研究项目。我建议建立一个系统，从‘英国生态系统评估（2011）’④ 和中国地理信息系统中

---

① 耿建新，胡天雨，刘祝君. 我国国家资产负债表与自然资源资产负债表的编制与运用初探——以 SNA 2008 和 SEEA 2012 为线索的分析［J］. 会计研究，2015（1）：15－24.

② 当然，其他一些有希望的可持续性会计模式，如 TDL－CARE，也采用了这种方法。

③ 阎达五. 谈谈“社会会计”的若干理论问题［J］. 会计研究，1988（1）：49－52.

④ Aspinall R，Austen M，Bardgett R D，et al. UK National Ecosystem Assessment：Synthesis of Key Findings［M］// The New International Law. Brill，2011：15－32.

汲取有益经验，通过该系统我们可以掌握不同类型土地资源的最新状况，并根据当地情况及时做出评估。这样，补偿的分配就应该有坚实的科学依据”（P 先生）。

然而，关于这个数据库的运作，还存在一些比较深层的争论，如：应该是上面发起推广至基层，还是基层发起逐级汇集到上层，也就是自上而下，还是自下而上？以此来洞察生态的内在实质以及对自然资源的价值变化做出记录。

另外，采用社会环境经济会计（SEEA）是否就是采纳可持续性会计框架，也有争论。即使近来中国国家会计核算体系变革完全吸收社会环境经济会计的观点，正如 Dietz 和 Neumayer（2007）所认为的，所形成的框架也不能为评判弱式可持续性或强式可持续性提供清晰的指导意见（p. 617）[①]。对将来的研究而言，深入探求一个更为适合的理论框架很有必要。如果实行国家生态会计与审计计划的主要理由就是保护环境，而不是通过采纳“国际惯例”在世界市场上争取更多认同，对理论框架的深入探索确有意义。

3. 企业层面的可持续核算制度：以社会责任报告为例

“企业社会责任”是当今一个非常流行的概念。在本节研究中，企业社会责任报告或称“可持续性报告”是指所有与可持续性相关的非财务报告。这些报告是强制性或非强制性的独立报告，通常采用全球报告倡议（GRI），以及各种综合财务报告和非财务年度报告的形式[②]。

正如 Buhr 和 Reiter（2006）所认为的，单个公司提供这类报表将“对环境主义话语的扩展有所贡献，同时也是对这种扩展的反映”（p. 1）[③]。对中国两大农业企业（即：A 集团与 B 集团）与可持续发展相关的非财务信息披露进行了研究，并做了批判话语分析，对有构建制度意图的官方话语以及媒体话语也做了同样的分析。如前所述，选择这两家公司的理由在于：这两家公司的性质大不相同。依作者看法，比较这两家公司的可持续性报告或许是一个有趣的

① Dietz S, Neumayer E. Weak and strong sustainability in the SEEA: Concepts and measurement [J]. Ecological Economics, 2007, 61 (4): 617-626.

② KPMG. The State of Sustainability Reporting in Australia 2005 [R]. 2005. SynTao Co. A Journey to Discover Values 2007: Study of CSR Reporting in China [R]. 2007.

③ Buhr N. Reiter S. Ideology, the environment and one worldview: A discourse analysis of Noranda's environmental and sustainable development reports [J]. Advances in Environmental Accounting and Management, 2006, 3, 1-48.

研究课题。另外，这两家公司对外发布可持续性报告主动性与接受学术调研访问的积极性，也是选择它们作为样本的一大理由。这两家公司都是各自行业农业综合企业的领头羊，而且都是在中国证券交易所上市的公司，这使得它们的财务报告和非财务报告都可以公开利用。这两家公司的高管接受了作者的采访，便于获取丰富的第一手资料。

通过这一分析，本书的这一部分揭示了两大关键参与者，即企业和政府，是如何以符合自身利益的方式参与塑造社会现实的①，以及在这一过程中，看到他们各自态度是如何形成的。为此，值得关注这件事的近期演变，探明制约这两个关键角色的行为与反应的物质条件与意识形态，以及他们各自利益和权力的平衡。与本书第 2 节相似，除了从这两家公司受访者获得的书面文本、口头交谈材料之外，还有其他相关机构的受访者提供的补充资料，有助于对事件的深入了解。

3.1 企业社会责任的话语建构：两家农业综合企业的比较研究及其可持续性报告

3.1.1 A 集团

3.1.1.1 简介

A 的背景相对比较普通。1982 年由 L 氏四兄弟组建而经营的民营企业，1998 年上市，2010 年中国畜牧行业的领军企业，是中国最大的畜禽饲料上市公司，没有任何官方背景。相对于政府的监管，企业是经济活动的主体。正如 A 集团的一家子公司的总会计师 C 女士所确认的，他们 95% 的业务来自国内市场，5% 的业务来自出口。中国本土对他们企业品牌与产品的认同对他们公司而言，是至关重要的②。

2008 年，A 集团与财务年报同时发布了第一份独立的企业社会责任（CSR）报告，即可持续性报告。正如在公司官网③上自豪地表述的那样："A 集团……是中国第一家发布年度企业社会责任报告的国内企业"，尽管这说法并不完全准确，因为不少其他公司，包括私营和国有企业，早于 A 集团也发布企业社会责任报告。然而，A 集团很重视可持续性报告溢于言表，此后，A

---

① Merkl - Davies D M，Brennan N M，Vourvachis P. Text Analysis Methodologies in Corporate Narrative Reporting Research［J］. Davies，2012.

② 参见该公司的网站上一次查阅的时间是 2014 年 10 月 24 日。

③ 与前面提到的不同，在这里查阅的官方网站是 2010 年收购之前的网站。（最后一次查阅日期是 2014 年 10 月 24 日）。

集团也一直信守诺言，每年都发布可持续性报告。可是，在2010之前，可持续性报告的编制框架并不明确，各公司发布的可持续性报告口径不尽一致，形同“试点”。即使没有统一的报表编制框架，A集团2008年与2009年发布了两份可持续性报告。2010年与2011年作为上市公司的A集团遵循深交所的《上市公司社会责任报告指导》又发布了两份有统一规范的可持续性报告。深交所出台这份《指导》主要参考了中国社科院《中国企业编制社会责任报告的指导意见》。2012年与2013年A集团又在这些《指导意见》的指导下连续发布了两份社会责任报告。监管方的这些《指导意见》都参考了全球报告倡议组织（GRI）的指导意见与中国社科院社会责任1.0版本，后者就是后来正式发布的中国社科院指导意见2010年版本。

3.1.1.2　报告构成

在这些《指导意见》下形成的社会责任报告编制框架的指引下，A集团共提供了六份报告，里面包括了文本结构、统计数字的可视化与文字介绍。A集团的这六份可持续性报告可分为三个阶段：

2008年和2009年的报告分别为16页和24页，以白纸黑字的方式呈现，分为四个部分：第一，简要介绍宏观经济环境所带来的挑战（主要涉及“三聚氰胺丑闻”[①]的后续影响、“汶川大地震”“全球金融危机”）以及公司对此所持态度；第二，报告年度内，“公司在主要企业社会责任问题上取得的进展与成就概述”；第三，题为“履行公司其他社会责任”的一节，主要涉及如何维护与“利益相关者和债权人”“雇主”“供货商、客户、消费者”的关系，以及公司在保护自然环境与社会福利方面的工作；第四，有一节题为“履行社会责任方面的问题与纠正行动计划”，其中有一半至3/4的篇幅用来指出问题，加以分析，明确今后的工作目标。概览之，在全篇报告中，食品安全占据的篇幅最大，大约占了6至8页。

与之相似，2010年和2011年的报告也分别以黑字白纸的形式提交，分别为27页和25页纸的篇幅，文本结构非常清晰。两份报告的内容都以一页纸“报告的说明与声明”开头，说明：报告周期、有关组织、时间范围、数据来源以及报告所依据的准则与发布渠道。接下来有一个“序言”说明：公司的企业社会责任价值和公司社会责任报告的历史。两份报告的主要部分（分别从第4页至第27页、第4页至第25页）首先对公司主要业务、企业社会责任价值概念及其年度成绩的概述。紧接着就是本公司在几家公司排名中名次上

① 更多内容参见第3.2节。

升、一些与企业社会责任有关的奖项（根据报告者的判断）获奖情况。再接下来就是：在本报告年度内，有几条产品系列获得地方政府和行业协会的表彰或认证。报告的第二主要部分题为“详细披露公司履行企业社会责任的情况”，向读者介绍了公司如何维护与利益相关者（分三节，与往年一样）的关系，以及自然环境保护、社会福利方面的工作情况，并用半页纸的篇幅作了批评与分析，介绍了今后要做的改进。这两年度的报告大体上与2008年、2009年的报告很相似，很有限的不同点集中在：如何从“三聚氰胺毒奶”事件对行业的冲击中走出来，公司对食品安全控制的消息发布一如既往，但报告中这个问题还是抓人眼球的。

2012年的报告无疑是一次重大的飞跃，46页的篇幅与报告的版式美感都做了明显改进。这些改进在2013年的报告保留下来并有进一步的优化，58页篇幅大增，叙事更加周详，版面也实现了与读者友好，方便阅读。除了设计美观的封面外，这两份报告还包含一个标题页，公司的“使命”“愿景”“梦想”“价值”和“商业哲学”都以简洁的口号呈现，格外醒目。这两份报告取代了在探索阶段使用的标题“说明和声明”，将其改为“关于本报告”，内容保持不变。2012年报告的主体部分以“前言”开头，2013年的报告则改成“董事会主席与公司CEO致辞”。2013年报告的篇章结构与以前的大致相仿，即陈述一年来的宏观经济环境变化与公司业绩。“关于我们”一节，介绍了公司的简史、对行业的影响力以及公司的治理结构。2013年的报告之所以看起来更完整，是因为在相应部分增加了“企业文化”和“社会责任管理”两项内容。两份报告其余的内容分别为34页与43页全部关于利益相关者关系的维护，报告编制者将50%多的篇幅用于产品质量控制。这两份报告最后都以“联系我们”的页面结束，提供了公司的官方网站和董事会办公室的电子邮件地址。

3.1.2 B集团

3.1.2.1 简介

与同行A集团相比较，B集团的情况有些特殊，因为它具有双重身份：它同样被称为H省土地开垦局，这个概念与市辖区相近。它于2002年上市，一直是在农业部直接领导下管理着最大国有农场的最大农业上市公司①。这个公司是一种独特的经济组织，具有半军事化性质。设立于20世纪50年代，是中央为开垦大片东北荒地而成立的垦荒组织，同时还像新疆建设兵团一样肩负着一些戍边任务。B集团贸易部部长，也是地区商务局局长的N先生接受了本书

① 从官方网站获得的信息（最后一次查阅于2014年10月24日）和2007年年度报告。

作者的访谈，他说：

“大荒既是一个行政区，也是一个集团公司。它的组织结构与领导岗位的设置是‘两块牌子，一套班子’。集团公司的地位是相当自治的，因为该集团不受所在地黑龙江省的管理，也不受省级财政的资助。它基本上是财政部直接管理下的国有企业。”

根据他的说法，作为国家最重要的大宗商品谷物基地之一，该公司不必过多考虑销售渠道，因为每年大部分产粮都由国家收购。

到目前为止，B集团并没有提供一份独立的可持续发展报告，而是从2012年开始在其年度报告的董事报告中加入3页“积极履行社会责任”的内容。然而，编写内容的规范还没有明确界定。在报告的第一章开头，报告编写者指出：这一章增添部分是公司2012年的“社会责任管理制度”的成就，按照政府有关部门的通知而编写的。

3.1.2.2 报告构成

在2012年报告之前，关于公司社会责任表现的信息并非完全不存在；实际上，B集团在2008年年度报告中首次在董事报告部分列入了“积极履行社会责任”一段话。这一段只有三句话，就是：公司关心环境和社会，并参加社会福利服务。支持这一段话的事例就是：2008年汶川大地震，B集团捐赠过大米。

其后连续三年，类似话语段落再也没在年报里出现。而是，在公司治理部分有一句话写道：公司“不再披露任何内部控制自我评估报告或社会责任报告”(p. 25)。2011年年度报告中又增加了一句：“公司及其子公司没有任何重大的环境或社会安全问题，也没有列入国家和地区环境保护部门公布的‘严重污染环境企业名单’”(p. 27)。

2012年年度报告是B集团可持续性报告的一个突破，可持续性问题相关章节重新出现，并占据了整整三页的篇幅。作为年度报告的一部分，本章以黑字白纸简约形式呈现。在简要介绍了一些相关政策之后，该公司表明意图：要更好地向利益相关方提供有关公司治理的信息。该章分为两个主要部分，第一部分小标题为“关于公司履行社会责任的信息”约占该章篇幅的90%，披露的信息分为5个小题。显然，这五个小题的信息不是等量齐观的：产品质量控制占据30%以上篇幅，无疑这部分公司似乎最具发言权。其他小题篇幅大差不差，几乎相等，内容分别是“安全生产”“环境保护和资源保护”“促进就业和员工权利保护”，最后留下一句“履行税收义务”的长句。该章后半部分小标题为“关于上市公司及其子公司被环保部门列为‘重污染行业’的环保信息”，共有4行语句，披露了两个子公司，一个是造纸厂，另一个是化肥厂。根据中国的环境法，被政府有关部门列为“重污染行业”。2012年，这两家子公司业绩都表现良好，造纸厂还被评为“完全达标企业”，化肥厂被评为“环保优秀”企业。在这里，我们可以推测的是：一个被列为“重污染行业”的企业不必一定要列为政府的“严重污染环境企业名单”，因而，没有义务披露任何关于企业环境问题的信息。

事关可持续性相关信息披露，2013年年报与前一年相比变化不大，只是“导言”的写作风格倾向于多提公司的经营理念以及承担更多社会责任的决心。这一章的前半部分几乎是去年内容的拷贝粘贴，50%的句子保持不变，最大的不同是“履行税收义务”的小标题被“履行其他社会责任”所取代，把该地区的一次洪水事件以及公司的抗洪努力包括在内。除了披露去年提到的两家子公司的相关信息外，本章的后半部分还包括一些与环境管理相关的公司治理问题。

3.1.3　就所涉可持续性而言，比较两份系列报告

我们从上面的描述中注意到：自从公司开始在年报中包括可持续性内容以来，比较两份几乎完全一致的B集团可持续性报告，A集团公司的可持续性报告似乎随着时间的推移发生了显著变化，尤其是在结构方面有与时俱进的感觉。尽管在A集团2008年报开头部分没有具体说明，但对全球报告倡议组织（GRI）准则的引用是相当明显的，因为A集团的六份报告把利益相关者关系作为报告的重点是一贯的。B集团编写报告所依据的指导方针却不够明确，反映在具体的文字上就是浅尝辄止，没深入。可持续性报告经过三个阶段的演变，A集团的信息披露变得越来越有条理，也加大了所有与各类利益相关者有关的篇章权重。

关于这两个系列报告的演变，我们还注意到量化的信息披露有所增加，然而，披露这些信息的作用是不明确的：在这两个系列报告中，几乎没有关于两家公司采取可持续性措施的有效信息，尽管这两家公司都被冠以“履行企业社会责任”。唯有依靠具体数字才能较为清晰判断：企业“投入”与“产出”的关系，有投入没产出与没投入的效果是一样的，应当明确采取的措施究竟产生了哪些效果。由于量化信息披露不是强制性的，这种现象可以解释为：某些具体措施的影响一时难以描述（至少对公司来说，这是困难的）或者这些措施缺乏操作标准与计量标准，或者报告编制者认为在可持续性方面数字太差难以启齿。企业可以自由运作的空间较大。因为没有法律和条例明确规定公司义务，非得在报告中披露公司没有履行社会责任的事项。

另一个相似之处是，尽管两家公司都声称“建立了社会责任管理体系”，但它们的可持续性报告都没有通过第三方认证。这与中国国内的通行做法不一致，因为正如SynTao对中国企业当前社会责任报告进行了深入研究后提出的年度报告所示：多于95%的上市公司2008－2013年期间的可持续性报告未经第三方独立审计①。这一现象可再一次理解为：政府管理部门没有强制性要求进行这类审计；另一方面，这也可能与具有资质的审计机构数量稀少有关。即使有审计机构声称能做这类审计，实际上，也几乎没有统一的标准，或普遍接受的第三方机构进行可持续性报告审核时应遵循的准则②。事实上，缺乏第三方独立审核与缺乏显示企业“履行社会责任”绩效的核实方式是联系在一起的，因为根据一些跨国公司的经验，经由专业的第三方机构审核不仅可以提高报告的可信度，而且还能更好地提高表述的有效性与规范性③。

在写作风格方面，我们发现在这两份报告中积极的态度和肯定的语调都显而易见，特别是在调查中的6份独立年度可持续性报告和2份综合年度可持续性报告中，几乎不见任何关于编写这些报告有困难的表述，例如：缺乏工具性和统一性的指导意见、在量度方面不甚明了等，更不用说批判性考量，比如：对利益相关者之间价值冲突的反思等。总的来说，这些公司感觉在报告中引入企业社会责任无甚大碍，或者至少不值得在报告中提及困难。这与世界各地的反映的情况完全相反，即使是那些经验最丰富的可持续性报告从业人员，比如Body shop④。

这种积极的态度在措辞上也反映得清清楚楚，例如：上述两家公司报告的章节标题中就有“进步与成就”“积极履行”“推广”等。在这一点上值得注意的是：A集团2010年的报告，在第二主要部分的标题沿用前两年报告同一部分的标题，续用“履行”一词。然而，2011年的报告这个词巧妙地变成了“实践”，这个词比较中性。顺着时间先后来追溯，是A集团的报告先出现了改进的迹象，报告编写者有意避免使用褒义词汇与肯定语调，更多使用中性词

---

① SynTao Co. A Journey to Discover Values: Study of CSR Reporting in China from 2012 to 2013 [R], 2013.

② 马滢.企业社会责任报告鉴证体系研究 [J]. 现代经济信息，2014 (04)：97－98.沈洪涛，万拓，杨思琴.我国企业社会责任报告鉴证的现状及评价 [J]. 审计与经济研究，2010，25 (06)：68－74.

③ SynTao Co. A Journey to Discover Values: Study of CSR Reporting in China from 2012 to 2013 [R], 2013.

④ Livesey S M, Kearins K. Transparent and Caring Corporations?: A Study of Sustainability Reports by the Body Shop and Royal Dutch/Shell [J]. Organization & Environment, 2002, 15 (3): 233－258.

汇与求实语调来改进企业社会责任报告，使报告更加严谨。相比之下，B 集团虽然有改进，但改进不大，编写报告难免敷衍，甚至在措辞上沿袭旧习较多。

此外，当我们对报告披露内容进行更详尽的审视时，发现："报喜不报忧"似成潜规则，这两份系列报告都有心知肚明却不愿披露的信息，自我遮丑的意图不言而喻。以下从三个方面说明。

3.1.3.1　产品质量

两家公司分别从 2009 年、2013 年开始发布可持续发展报告到 2014 年，两家公司都把最大篇幅（约 30 至 40%）用于产品质量控制，并一再声称这部分社会责任是农业综合企业最基本的部分。例如，A 集团写道：

"公司高度重视食品安全，一直注重从产业链源头加强质量监控。"

在具体措施方面，A 集团进一步强调了对产业链管理做了持续努力，对设备、技术专家和其他人力资源方面大量投资并提供了许多数字为证，指出：

"公司目前虽是国内农牧产业链的最大企业，……我们是农牧产业链的'服务员'。……作为一个综合服务平台，公司还为农户提供了担保和金融、技术、市场、食品安全的支持，每个点都有非常完善的食品检测措施，检测设备、技术服务体系全国联网。"

根据 C 女士的说法，的确，作为一家拥有很少农场的私营公司，A 集团作为种苗、雏鸡和农用化学品的上游供应商，与许多独立的家庭农场与乡村农业合作社打交道，产品质量控制任务无疑很艰巨。这可能是报告编制人用较大篇幅强调产品质量控制的原因。《报告》把公司地位比喻为一个谦卑与乏力的"服务员"，重在服务，而没把公司说成一个对其食品安全负全责的实体，尤其当 A 集团承包农场质量控制不到位的传言四起之时[①]。

另一方面，B 集团则从不同的角度来处理这一问题。在产品质量控制部分的开头就开宗明义写道：

"……随着经济发展水平不断提高，在基本解决粮食安全问题的情况下，食品安全问题日益凸显。……我们正在超越自己，不断创新绿色农业现代化，建设食品安全基地。"

然后，报告的编制者列举了他们的产品已经通过的一些质量验证之后，强调：

---

① 在题为《A 的扩张：所谓的'公司 + 农户模式'只是一篇毫无意义的文章?》发表在全国性报刊《每日经济新闻》的网站上 http://www.nbd.com.cn/articles/2013-01-22/708997.html，上次查询于 2014 年 12 月 14 日。

“我们建立了食品安全可追溯体系，严格控制我们产品的整个生命周期(品种选择、种植、储存、加工和分配)。我们把农作物田作为第一个生产车间。我们计划我们农场的整个生产过程，我们以高度标准化和统一的方式管理这个过程：独特的种子来源，统一的作物品种安排，统一的资金来源。管理、统一种植模式、统一经营标准”①。

正如我们已经指出的，公司对自己产品质量有信心似乎无可置疑，尤其当食品安全危机之时，主营业务是食品的公司必然成为社会聚焦的重点。只要自己的产品质量没问题，及时表达公司对自己产品质量的坚定信心，是公司应对危机的必要之举。我们还注意到：“控制”一词在下面的质量控制系统的描述中出现多次（例如：“可追溯性”“严密控制”“计划……作为一个整体”“高度标准化和统一”）。报告编制者似乎刻意强调公司的质量控制是强有力的，是完全可信的。正如年报中公司治理部分与 N 先生在接受采访中所证实的那样，B 集团作为一家国有农场，经营活动的每一个领域都是高度集中与控制有效的。这主要得益于公司所有的农田高度流转，统一调配，以及公司享受“准区域自治”的权利，避免了可能来自地方政府双重管理的羁绊。此外，尽管规模同样大，但与 A 集团有所不同：B 集团业务涉及的产业链短得多，产业链的每一部分实际上都在 B 集团内部。每家农户都是公司员工。正是这种直接的“所有权制度”让垂直又集中的管理和控制系统运作自如。

3.1.3.2　自然环境和资源

我们注意到：这两家公司每一份报告都把自然环境保护和自然资源合理利用当作重要的篇章，占据第二大篇幅，两家公司都不惜笔墨把清洁能源与污染控制投资写得清清楚楚，并提供了量化数据。两家公司都提供了发生在各自下属农场或子公司的成功案例，

“……我们充分认识到资源的稀缺性与环境保护的必要性，在生产经营中持续加大技改力度和投入，节能减排。……如公司下属的徐水大午猪场地，……猪场对猪粪尿进行干湿分离，干粪以很低的价格卖给农户作田间肥料，同时投资新建沼气池处理养殖废水，处理后用于农田灌溉，较好地解决了猪场的环保问题。”

“A 集团在致力于生产环保绿色的安全食品的同时，更加注重推行绿色 环保的可持续发展模式，……”

“引进现代生物技术，提升农产品质量。……通过现代生物农业技术可提

① 参见公司网站。

高土壤中的化学利用率，减少化肥投入；有效地降解土壤中的农药、化肥残留、重金属污染；提高作物植株免疫系统抗性，减少农药污染。”

正如上文所示，我们注意到：这两家公司说的“控制污染和保护环境的努力”显然与前面提到的食品安全有关。这毫不奇怪，农业综合企业与其他行业不同的一个突出特点是，他们产品质量与自然环境质量联系尤为紧密，若环境质量不行，农产品的质量是没有保障的。对这一点，报告的编写者心知肚明，农产品要想有个好市场，就得质量过硬，所以，反复说到环境保护与食品安全之间的联系，就是让读者相信他们的农产品是安全的。

3.1.3.3　社会层面

很多信息被归类为报告公司业绩的社会方面。首先，看来两家公司都在慈善活动上花费了不少时间。主要活动就是与一些重大社会事件相联系的慈善捐献，尤其是年报里多次提到自然灾害，公司都提供一些救灾捐款，还有社会福利方面的捐赠，例如，帮助建设农村小学和组织文化活动。这类内容大约占报告篇幅的 20%。然而，A 集团的此类内容的篇幅明显下降，2008 年报在 16 页中占了 7 页，2013 年 58 页中占了 9 页。实际上，中国企业在可持续性报告着重强调慈善信息的倾向已经成为一种“传统”，尤其与西方国家的公司社会责任报告相比尤为明显①。此举是可以理解的，因为任何一家公司很自然地想利用向社会传递信息的机会改善自己的公共形象，提升消费者对公司的好感度。可持续性报告的编撰没有明确规范可依，为这种意图留下了不少的发挥空间。这肯定减弱了报告的实际效用。改变这一状况，需要政府或行业协会制定权威性的可持续性报告编写规范②。若制定报告规范的工作能及时跟上且日臻完善，正像我们看到 A 集团报告与时俱进那样，用不了多久可持续性报告的编撰质量将大为改观。

其次，慈善活动之外，两家公司对社会福利的报告也各不相同。B 集团关注员工的安全和福祉（报告中“安全生产”和“促进就业和保护雇员权利”部分），而 A 集团似乎承认更多的相关利益集团（例如：“股东和债权人”“供应商、客户和消费者”和“雇员”）。这一现象很可能是由于两组报告在形式和数量上存在很大的差异：A 集团的独立报告毕竟比 B 集团的 3 页综合年报所涵盖的问题更多，这与前面讨论过得看法相一致，那就是两家公司在

① Lin L W. Corporate Social Responsibility in China: Window Dressing or Structural Change? [J]. Social Science Electronic Publishing, 2010, 28.

② SynTao Co. A Journey to Discover Values 2007: Study of CSR Reporting in China [R]. 2007.

各自业务领域里的定位不同。对于A集团这样一家很少有农场的公司来说，必须与很多经营体保持相当复杂的关系，尤其与农户。他们一重身份是谷物、肉类、牛奶等原材料的供应商，另一重身份则是牲畜饲料的客户。A集团对社会的贡献主要就是与农户保持和谐关系，维护产业链运行，给农户带来福利。B集团的情况则很简单：公司作为所有农田的直接所有者同时又是经营活动的组织者，其员工就是农民，从公司与员工的关系来看，员工是一种利益相关者。因此，经营好企业使员工利益均沾已经包含着提高农民福利的意义①。B集团似乎在很大程度上将社会问题"内化"了，这要归因于企业的特殊性。

3.1.4 本节小结

尽管过去十年里，披露企业社会责任报告的上市公司仅占中国上市公司总数的25%左右，A集团与B集团两家公司已经是"好例子"②。两组报告列表比较见下面的表1。我们可以看到，第一，两家公司性质不同，极大地影响了它们各自在行业中的定位，以及对可持续发展管理和报告的态度；第二，两家公司的利益相关者群体构成不同，这与企业的性质有关；第三，如果将报告中披露信息的三个方面与可持续性报告的基本框架联系起来，也就是知名的"三重底线"法（TBL），那么，这些报告的主要部分（即"食品安全"部分）代表了可持续性核算的财务方面，而且，"底线"被定得很低，即生产安全食品被认为是保证公司经济活力和道德价值的最基本能力。这很可能受制于农业本身的弱势性质——农业的获利能力相对较弱③。在下一节，我们将讨论报告的演变和中国社会环境的变化，并解释两者之间的相互影响。

① 邵维信，赵中华，张丽艳."六统一"造就大农业方舟［J］. 中国农垦，2011（10）：31-32.

② 信息来自网址：http：//money. people. com. cn/stock/n1/2016/0824/c67815-28661814. html，上次查阅时间为：2016年3月10日。

③ 高帆. 中国农业弱质性的依据、内涵和改变途径［J］. 云南社会科学，2006（3）：19-23. Silva C A da. Baker D. Shepherd A W. et al. Agro-industries for Development［R］. The Food and Agriculture Organization of the United Nations and The United Nations Industrial Development Organization by arrangement with CAB International，2009. Saporta I. Le livre noir de l' agriculture：Comment on assassine nos paysans，notre santé et l' environnement［M］. Fayard，2011.

表1　A 集团和 B 集团两套报告的比较

<table>
<tr><td colspan="2"></td><td colspan="3">A 集团</td><td colspan="2">B 集团（H 省农垦局）</td></tr>
<tr><td colspan="2">公司特征</td><td colspan="3">民营企业畜牧饲料
最大上市集团公司</td><td colspan="2">最大的国有农场——农业部直接
管理的最大的农业企业集团</td></tr>
<tr><td colspan="2">强制性报告</td><td colspan="3">是，从 2008 年开始</td><td colspan="2">是，从 2012 开始</td></tr>
<tr><td colspan="2">独立的企业
社会责任报告</td><td colspan="3">是，从 2008 年开始</td><td colspan="2">没有</td></tr>
<tr><td colspan="2">第三方核查</td><td colspan="3">没有</td><td colspan="2">没有</td></tr>
<tr><td colspan="2">报告数量</td><td colspan="3">16（2008 年）－58
（2013 年）页数/报告全文</td><td colspan="2">年报中小标题为“积极
履行社会责任”一节的 2 至 3 页</td></tr>
<tr><td colspan="2">阶段</td><td>2008—09</td><td>2010—11</td><td>2012—13</td><td>2012</td><td>2013</td></tr>
<tr><td colspan="2">指导方针</td><td>没有</td><td>SZSE，
CASS</td><td>CSRC，SZSE，
GRI，
CASS－
CSR1.0</td><td>没有</td><td>没有</td></tr>
<tr><td rowspan="3">涉及的
主题</td><td>食品安全</td><td colspan="3">努力建立完整的产业链管理
（与农户直接打交道）</td><td colspan="2">核查、有可追溯性与可控性</td></tr>
<tr><td>自然资源
与环境</td><td colspan="5">关于清洁能源和污染控制的投资提供详细量化信息；
提供成功案例；与食品安全密切相关</td></tr>
<tr><td>社会方面</td><td colspan="3">慈善活动；关注很多利益群体</td><td colspan="2">慈善活动；员工福利</td></tr>
</table>

3.2　农业综合企业话语的制度化

上述两家公司的可持续性报告从三个方面反映了中国经济诸多问题中的三大问题，即食品安全、自然环境退化和社会保障短缺。面对社会的质疑，中央政府有意吸纳利益相关者理论和分担社会责任的理念，这是最近西方资本主义国家特别提倡的思想观念①。自 2000 年以来，政府一直通过多种渠道传递重要

① He X. Xiao T. Zhu H. Ownership structure, institutional environment and the economic consequences of Corporate Social Responsibility information disclosure: Evidence from analysts' earnings forecasts [J]. China Accounting and Finance Review, 2013, 15 (2), 60－130.

信息，强调单纯依靠政府监督和监管，不可能解决产品质量控制、自然环境保护和人类福祉等问题，因此整个社会，特别是企业，都应该承担起自己的责任，并反思本企业在这方面做了哪些努力，哪些地方努力还不够。①

为此，政府已开始采取一系列监管措施，尤其是证券交易所，鼓励上市公司发布可持续性报告②。2008 年 12 月，上海证券交易所发布了“关于上市公司发布社会责任报告和内部控制自我评估报告的通知”。该文件要求三类上市公司，包括发行 A 股与 H 股的上市公司，专设公司治理部门的与从事金融业的公司的年报与公司社会责任报告一同发布，并鼓励其他公司自愿遵循这一做法。同年，深交所发布通知要求：构成“深证 100 指数”（包括 A 集团）上市公司 2008 年发布年报也得一同发布公司社会责任报告，并鼓励其他公司自愿效仿这种做法。针对还有没发布社会责任报告的公司，2012 年，财政部又发布了一份《关于 2012 年内上市公司实施标准内部控制制度的通知》要求在上交所主板上市（这次包括 B 集团）的公司进行有关社会责任报告的试点。这些文件一再指出，“社会责任报告的规定”是为了具体落实国际社会“关心”利益相关者的概念。这是中国上市公司进入国际资本市场与外资进入中国资本市场，也就是中国资本市场逐渐融于国际资本市场的过程中，各方投资者必然关注的一个问题，“企业社会责任”不可回避，也没回避的必要。例如，上交所五月份的一份通知所说：

“为倡导各上市公司积极承担社会责任，落实可持续发展及科学发展观，促进公司在关注自身及全体股东经济利益的同时，充分关注包括公司员工、债权人、客户、消费者及社区在内的利益相关者的共同利益，促进社会经济的可持续发展，现就本所上市公司社会责任承担工作做出如下要求。”③

政府各部门发布的系列通知、规定、法律与其他监管文件，对于指导公司做好可持续性报告工作起了重要作用。然而，许多政府文件所转达的引进的“可持续性”和“企业社会责任”概念似乎没有被企业理解一致，有的企业理解偏重西方版本，另有企业则把这些概念与国有企业在社会主义经济中的社会

① 钟宏武．中国企业社会责任报告编写指南：CASS－CSR 1.0［M］．经济管理出版社，2009. Lin L W. Corporate Social Responsibility in China：Window Dressing or Structural Change?［J］．Social Science Electronic Publishing，2010，28.

② Noronha C. Tou S. Cynthia M I. Guan J J. Corporate Social Responsibility Reporting in China：An Overview and Comparison with Major Trends［J］．Corporate Social Responsibility and Environmental Management，2013，20（1），29－42.

③ 信息来自网页：http：//www.sse.com.cn/lawandrules/sserules/listing/stock/c/c_20120918_49642.shtml，last consulted on 12/12/2015.

服务与福利观念相混淆①。由于对可持续性和企业社会责任概念缺乏普遍认同，也没有统一的强制性标准，导致了不同公司可持续性报告的制作很不规范，可比性较差。正如前几节所示，尽管A集团与B集团都按要求编写可持续性报告，可是，它们的报告在数量、形式和内容组织上有很大不同。所以致此，根源就在于无据可依，缺乏按照具体标准提供的量化信息，因而，难有可比性与实用性。

本节深入分析两家农业企业的可持续性报告所暴露的三个主要问题，本书采用的访谈资料既是该领域的有力证据，也为其后的案例调研确定了方向。

3.2.1 食品安全问题

中国日益严重的食品安全问题对讨论中的这两家公司与政府管理部门产生很大影响。2008年，中国奶业爆发了“三聚氰胺丑闻”，市场上充斥大量奶制品、婴儿奶品还有其他食材、半成品掺杂使假，里面发现了三聚氰胺。这种奶制品喂养婴儿，部分婴儿患肾结石，出现严重的发育不良，甚至致残②。这一事件震惊了社会，也震惊了政府。受害对象主要为儿童尤其是新生儿，始作俑者就是一家有名的奶品企业——三鹿公司，以此为起点，涉及的同业公司有好几家，一时全国舆论大哗，引发社会公愤。这一事件的社会影响很糟糕，严重打击了公众对食品质量的信心，进而怀疑这些行业的职业道德败坏、监管部门失职。强烈的舆情促使政府痛下决心，加强监管，严惩犯罪。这也直接成为政府推动企业实施可持续性报告的客观原因③。然而，自那以后，食品安全的丑闻还时有发生，并没销声匿迹，例如：中国传统的白酒，好几个名牌涉嫌添加塑化剂，追求所谓“口感”与“挂杯感”。塑化剂是塑料工业使用的一种工业添加剂，入口对人体有害。2012年12月18日，中央电视台（CCTV）的一次曝光报道称：肯德基和麦当劳的禽类产品供应商（A集团是供应商之一）为了预防肉鸡生病，长期在鸡饲料里面悄悄添加抗生素或激素，含量超标的鸡肉经过肯德基等连锁店加工销售进入顾客的口中。中国南方市场上出现了含重金属镉超标的大米，环境污染已经经过食物链影响公众健康。

---

① Lin L W. Corporate Social Responsibility in China: Window Dressing or Structural Change? [J]. Social Science Electronic Publishing, 2010, 28.

② Noronha C. Tou S. Cynthia M I. Guan J J. Corporate Social Responsibility Reporting in China: An Overview and Comparison with Major Trends [J]. Corporate Social Responsibility and Environmental Management, 2013, 20 (1), 29-42.

③ 钟宏武.中国企业社会责任报告编写指南：CASS-CSR 1.0 [M]. 经济管理出版社，2009.沈建民.更深的绿：反溯供应链上的社会责任 [N]. 21世纪经济报道，2009-07-22.吴红月.企业社会责任寻求中国发展之路 [N]. 科技日报，2008-12-23 (011).

面对这些严重影响公司经营的挑战，公司采取行动比政府要快得多。2009年4月，也就是三聚氰胺丑闻不到一年，A集团就发布了第一份年度独立企业社会责任报告。由于该公司有几家下属的小规模乳制品子公司，A集团声称他们的所有产品都通过了国家的严格检验，没有三聚氰胺超标；今后，“公司强化质量控制，持续加强奶源基础建设，严把产品质量关”。

与之相似，A集团2012年社会责任报告提及中央电视台直接曝光“快速生长的鸡”，A集团声称：“在看到曝光之后，由该公司的主要领导人组成的调查组立即赶到平都县农场，封存了库中所有原材料和产品，彻底检查了质量控制的每一步……”之后，“向当地农民支付全部订单以保证他们的生计”，该公司又“向消费者致以最深切的歉意”，并承诺“彻底整改”。

值得注意的是，对于涉嫌的两起事件，A集团的报告都以直截了当的方式予以处理，希望通过“无罪辩护”（如前一案件）或迅速采取行动控制损害和关怀消费者（如后者）来挽救公司的形象。事实上，如果仔细观察A集团社会责任报告的演化轨迹，足以发现，公司这些业内具有“里程碑”意义的报告其年代与危机的时间点完全一致。这足以证明：A集团开始编制可持续性报告，后来，继续提升报告质量的主要动机是，以此作为建立合法性的工具来维护企业形象①，企业形象就是企业的招牌，直接关系到企业的销售与利润。这种公司行为具有利润驱动性，这很容易理解。

B集团作为全国重要的粮食基地，位于中国北方，生产的北方水稻口感好，在全国市场都比较有名气。南方重金属超标大米的丑闻似乎并没影响公司的可持续性报告。报告“自然”不关此事，因为B集团形象与此无损。不但无损，南方大米陷于信任危机之后，B集团大米迅速填补了市场空缺，销量大增。南方人多年以来吃惯了大米，南方米不敢吃了，马上求购没问题的北方大米。事实上，这起南方米丑闻在很大程度上为B集团做了免费广告。B集团的报告编制者不失时机强调严控产品质量，为公司形象增辉。

公司在可持续性报告中表达的确保产品质量的承诺确实来自社会舆情的巨大压力，这一点也得到被访者A集团的C女士与B集团的N先生双重确认，其他农业综合企业、政府有关部门和非政府机构行政人员也持相同的看法。看来公司可持续性报告的“橱窗”作用在社会上是存在的，里面说的什么对企业形象有直接影响，连说都没说到的企业做到也难。受访者一致认为：彻底解

① Cho C H, Patten D M. The role of environmental disclosures as tools of legitimacy: A research note [J]. Accounting Organizations & Society, 2007, 32 (7): 639-647.

决中国食品安全问题，政府监管是关键，政府监管未必能解决所有问题，但没有政府监管肯定不解决问题。关键有了，再配套其他行业协会督查、社会监督与企业出于社会责任的高度自律，才能根本扭转这一窘境。例如，2013 年 A 集团产品质量不合格被发现正是世博会期间。A 集团 C 女士坦承：

“我们公司一贯乐意接受政府部门的定期检查与指导，经营我们的企业，不想出任何问题。然而，每次涉及产品质量丑闻时，受谴责的总是我们，并且是唯一被谴责的公司，其实有很大一部分是替人受过。我们要挑明：如果我们做了什么‘可耻’的事情，那就是因为我们知道政府部门的检查人员不会来检查。……你知道，由于国家政策，我们公司不能为我们生产需要而大规模承包土地。因此，大约 90% 的原材料是从中间商那里购买的，只有 10% 是在公司自己的承包农场上生产的，这实际上是一个独立的出口子公司。原材料采购来之后，上公司的生产线，我们才能实际控制这一段生产线的产品质量；但前 90% 的质量控制是很难的，那是在公司外部。这就是为什么监督这个行业的产品质量是国家的责任，而不是单个企业的责任。”

与私营的 A 集团不得不与大量农户与小作坊似的企业打交道相比，B 集团独特的高度集中管理在质量控制方面为公司避开了许多麻烦。N 先生说道：

“在我们公司国有农场的半军事管理体制中，每户家庭都有一定数量的耕地，年底土地被‘收集’并重新分配，家庭‘农场’生产的每一种产品都可以通过我们的管理系统来追踪，这种可追溯性是高度集中的，也比较强有力而高效。例如，秧苗、肥料和农药都是由公司分配，使用情况受到严格的监督。我相信这是保证食品质量的最有效的方法。然而，B 集团的情况很少见，在中国难以推广。”

关于 A 集团与 B 集团两家农业综合企业上面所讨论的情况，某市一家肉类屠宰加工公司的销售经理 F 先生提到另一个例子：

“据我所知，许多所谓的中国猪肉加工厂的企业拥有的猪场都是假的。事实上，只有几十平方米到几百平方米的猪舍。当检查部门难得来几次的时候，公司就把一些挑选来的猪放在那里‘展示’。检查人员离开后再把这些猪从哪里弄来的再放回哪里去。99.9% 的猪肉产品都是从中间商那里买来的。所谓的养猪场一级的饲养过程并实行质量控制完全没这回事。”

根据 N 先生的分析，所有制结构和松散又缺乏权威性的监管是导致农产品质量失控的两大制度问题。如果不能尽快形成合理的产业模式，质量问题难以有大的改观，持续的时间也比较长，尽管会有一些改善，但不能解决问题的根本。在目前制度环境下，民营农业企业不得不自行解决。例如，某可持续农场S女士，一位年轻的专门从事有机蔬菜与畜禽产品经营，就说：

“我们没有严格地把我们的农场定义为有机农场，因为我们没有来自政府的任何监督或认证。你知道现在有机食品的官方认证是一个自身就监管不善的市场。基本上我们是自己监管自己，还有我们的消费者监督。毕竟，这是一个很小的农场，许多因素，例如：地下水质和别处喷雾随风飘来的农药都不是我们所能控制的。此外，我们用作肥料的鸡粪不一定来自有机农场。我们所能做的就是：尽量让消费者对我们的生产过程有所了解，尽量透明，以透明换取信任，让他们相信我们产品的质量。”

同样，一家专门从事有机蜂蜜产品的公司的经理W先生回顾了他们公司的行业经验，并说了下面一段话，披露了行业的真实情况及其自我监管的动机：

“蜂蜜质量标准的宽松实际上是历史问题造成的。过去有一个词叫‘供应制’：全国的蜂蜜都是通过这个系统供应。换句话说，是一家连锁集体所有制的企业（供销社）垄断了蜂蜜的销售渠道从而垄断了蜂蜜市场供应。虽然现在很少有人提到它，但它仍然影响着这个行业。事实上，全国蜂蜜产品是由这家集体所有制的企业垄断，今天使用的蜂蜜检验标准是从该系统继承下来的。自定标准缺乏科学依据，以这样的标准生产的蜂蜜纯度不算严格。即使这样的蜂蜜也遭到劣币驱逐良币……几乎所有竞争者都在生产纯度更差的蜂蜜，更有甚者按照这个标准从米中提‘纯’糖浆来冒充‘蜂蜜’。这样标准甚至无法区分真假蜂蜜。……在这种背景下，我们只能进行自调标准，为了在激烈的市场竞争中生存，不得不做出妥协。……没有国家标准可执行，市场上的所谓‘认证’也五花八门，没有像样的程序保证。后来，我们自己在秦皇岛出入境检验检疫局找到了能提供蜂蜜产品质量检验的权威机构。他们对送检的蜂蜜能提供客观的检验数据，出具质检报告。这比任何其他地方政府管理部门的认证都更可靠。……只有对食品质量建立国家权威的检验标准，狠抓落实，才能解决产品质量安全问题。”

据农业综合企业的负责人的说法，在这个监管不善的食品安全环境中，加强质量控制似乎主要归功于企业家的“良知”，而不是企业必须遵守法律与质检标准。作为政府相关部分工作人员的Q先生，同时也是食品商会高级管理人员（CFNA），也对事实的存在不持异议。农业综合企业主管人员提出并强调：建立一个由政府有关部门负责的完善的核查制度极为重要。

“关于一再发生的食品安全事件，中国国家认证与认可监督委员会（CNCA）推出一个“诚信认证体系”。我听说这是一个非常复杂的机制，我对此很感兴趣……但是，最后，我发现为‘诚信’，特别是对一个企业的诚实进行评分是荒谬的。我认为最好尝试一些国际传来已经本地化很完善并运作良好的框架，比如：全球农业惯例（GAP）[①] 和西方的ISO 26000[②] 标准体系，多考虑与国际惯例接轨，而不是自己凭空发明的东西。”

鉴于受访者几乎一致认为：产品质量控制方面出现的问题主要是政府监管不到位，或政府立法与制定标准的能力不足。据此可得出结论：食品安全不仅是关系到人民健康的大事，也是农业企业的基本社会责任，更是农业企业的立身之本，关系到产业前景。从公共管理的角度来看，政府应该承担责任，政府角色不可替代。

3.2.2 农业企业的自然环境和资源

正如在公司的“可持续性报告”中的话语所表明的那样，控制污染与保护环境与食品安全密切相关，农业企业的经济活动与自然环境有很紧密的联系，因为农产品质量对农作物与畜牧的环境因素有很大的依赖。例如，

“产品质量和环境保护实际上是分不开的。例如，最近东北地区小麦收获后秸秆燃烧引起的雾霾问题十分严重，但B集团却选择不烧秸秆，而是把秸秆粉碎返回土壤中，这样可以避免空气污染，还可以作为有机肥料，减少化肥的用量，甚至不用化肥。化肥与农药的用量及其时间周期对土壤的影响确实比较大。B集团的绿色农业，由于各种原因，在其他地区并未推广。”（B集团的N先生）

“实际上，蜂蜜业本身完全符合可持续农业的要求，它没有大规模的产业过程，它只是蜜蜂从花丛中采蜜，然后，保持蜜蜂和收集蜂蜜。实际上，这种加工只是为了过滤净化。从生产到加工，再到销售，都没有污染。”（Z先生）

“对我们来说，我们的原则不是大量生产漂亮而个头均匀的农产品，而是种植真正的蔬菜和水果，尽最大努力在我们的农场里创造一个和谐的生态系统，因此，这里的产品质量控制就等于坚持可持续性的生产方式。”（S女士）

N先生前面说的“那些理由”后来他自己对理由作了剖析，并在专职从事农业和农村发展的国际非政府组织（总部设在荷兰）的中国区主任M先生的看法中得到了旁证：

“我可以满怀信心地说，我们在环境保护方面做得很好，因为中央政府和

① 全球农业惯例代表良好的农业实践，全球农业协会是确保这一目标的世界性标准。更多详情可在http://www.globalgap.org/uk_ en/上查阅。

② 国际标准化组织社会责任标准。更多详情可在http://www.iso.org/上查阅。

我们自己一直都明白，作为‘中国的大谷仓’，产品占全国粮食总产量的60%，我们必须确保良好的自然环境，以确保国家的粮食安全。例如，政府有关部门从来没有批准在我们区域那建设重工业项目。……与环境养护项目由地方政府监督和资助的其他区域不同，B集团这类项目是国家发改委监督的‘国家计划’的一部分，这些项目的资金直接由财政部拨款。中央政府的直接管理有效地实施了湿地和草原恢复等众多生态保护项目。”

“我认为最根本的可持续性问题是由谁来承担成本，因为在开始的时候当然应该有额外的投入，但是让农民承担所有这些代价是不公平的，也是难以做到的。在谈到食品安全和土地退化问题时，我们总是说要不负责任的农民承担，农民缺乏生态保护意识，在利益驱动下的个体行为累积起来对生态影响挺大，确实是问题的直接原因，但是，也应该看到参与农产品市场交易的其他人也应该分担责任。作为一个非政府组织，我们所做的不仅仅是纠正农民的某些行为，例如滥用化肥，而是帮助他们以科学、环保的方式逐步提高质量与生产力。”（M先生）

事实上，有效实施环境保护工程最根本的举措就是资金投入与采用科学方法，当然，对资金的有效利用也得用强有力的监督。中央直接实施的产品质量控制和环境保护项目（作为国有农场的项目），比地方政府和私营农业企业组织的项目更有效，是推进生态保护的一大推力。对农业企业来说，良好的产品质量控制在很大程度上是生态友好型生产模式的保证，在这方面，农业企业不仅要用语言报告他们的环境工作，而且要在行动中做出切实努力。然而，正如受访者在产品质量控制和环境保护方面所指出的那样，农业活动的组织方式带来了一个问题：允许所有权结构分散的家庭承包用于农业用途的土地，而且几乎只允许这一种模式，使得难以组织起有效的管理与控制体系。

在Q先生（CFNA）看来，症结在农业规模化不够，可持续性农业的重大问题之一就是缺乏农村土地流转市场：

“在中国，农业综合企业没有长期持有土地的权利，因此没有长期土地维护的动机。山东一家大蒜出口公司的总裁告诉我，他们想为在当地承包的私营农场办理有机认证，一直犹豫不决，如果这样做，每英亩土地的成本会增加大约400元（50美元）。在一个长一点的时间周期内，面对国际市场的不确定性，没法确定这些投资是否能卖掉收获的大蒜回收成本并盈利。如果有土地流转市场，他就会更容易做出决定，一旦土地能上市流通，消除对经营周期不确定性的疑虑，这种投资也能增加。”

不稳定的土地所有权结构对环境友好型公司的投资确有负面影响，这种情况得到了在致力于环保政策研究的一个非政府组织工作的 R 女士的证实。与此相对照，B 集团的 N 先生不无自豪地道出了他们在环境保护方面的优势。

“2004 年至 2009 年，我们在云南省注册了一家公司，专门经营一家 1340 英亩的有机蔬菜养殖场，整个地区被认证为有机菜园，我们在那里种植蔬菜，然后运到北京销售。当时市场上几乎没有有机蔬菜，蔬菜上市很受欢迎，我们既填补了市场一块空白，又赚取可观利润。但在 2009 年，这块土地突然被当地政府强制收回[①]。我们没法继续经营，只得作罢。当地政府收回土地搞商业开发。当时我们不得已对当地政府的行政决定提出诉讼两年，因为我们在取得该土地的有机认证方面投入了不少钱。我们已在“转换期”的头三年，在被认证为有机农场之前，已把所有的成本全部收回。被收回之后这段时间，土地被闲置。我们积极提起诉讼，但最终还是无果而终。毕竟，土地是从当地家庭转包的，地方政府完全有权收回土地，政府给了农民一定数额的补偿，但我们什么补偿也没有。”（R 女士）

“B 集团在中国是一个几乎无与伦比的例子：在保持良好的自然环境中，成功实现了现代企业制度，能够持续种植农作物。这主要因为我们地区土地资源相对丰富，耕地短缺问题不那么突出。另一个原因则是，作为一个国有农场，不存在任何土地流转问题，不用担心农场承包权不久将到期。”（N 先生）

关于农业用地的使用权问题，有关政府官员进一步指出：

“国家的政策不鼓励工商企业直接参与农业生产，因为如果有利可图，农业行业的盈利较低会使这些企业将农业用地转化为其他用途，赚钱更快。想着介入的公司通常是产业链下游的食品加工公司，产业链的上游通常是从事种植和畜牧的农户或合作社。”（A 先生）

然而，中央的这种谨慎态度好像没有完全遏制住这种利润驱动的耕地转为商业用途的盲目行为。就像那个非政府组织实验的例子那样，决定土地用途的不是农业综合企业，而是地方政府[②]。

正如政府人员与农业综合企业管理人员所发表的上述言论那样，在农业企业的农村土地使用期限问题上，进退维谷，政府和企业的看法不同足以表明他们在经济活动中的立场不同。如何确认土地价值是他们所关心的核心问题。事实上，在现行会计框架内，对土地维护的“投资”只是登记为一种生产“成本”。在目前的体制背景下，自然资源存量的土地所有权，或者说得更进一

---

① 更多见关于土地征用的第五章第 1.1.1.3 节。

② 详见第五章第 1.1.1 节。

步，就是从事自然资源开发与维护的不是像B集团那样拥有土地所有权的农业企业。显然，这些公司不愿意，而且无力完全承担起保证产品质量和环境保护的责任。这两个方面问题都涉及农业部门自然资源维护的责任，环视一圈，担子只能落在国家肩上。

3.2.3 农业综合企业与农业活动从业者的关系

正如我们在前面分析中提到的，调查中的两家公司就社会福祉提出了截然不同的观点。B集团确实重视员工安全与福祉，并将重点放在主流社会责任理论定义的“利益相关者”上。这在很大程度上是由于两家公司在业务和经济上的定位不同。再看公司与农业活动从业者的关系，包括农民和其他类别的企业员工，B集团通过产业链连接上游农业及其他相关产业的从业者进行有效的人力资源管理，并对下游农产品的生产和贸易整合，这得益于B集团的性质与产业规模。A集团却只能把农民当作供货商或客户来对待，谈不上“人力资源管理”，因为这些人不在公司的产业链整合能力以内，控制不了分散的农户。

除了B集团等少见的案例之外，其他公司农业生产的人力资源的组织管理限于客观条件，难以管理，某种程度上，甚至是放任自流。为了解决这一难题，政府20世纪90年代初，曾积极倡导村级、镇级甚至县级实现农业规模化经营，成了类似于“农业合作社”的组织，但是，主意虽好，就是不好操作，再加上利益冲突等问题，成效甚微。正如Q先生（CFNA）继续那个大蒜出口公司的话题一样：

“……大多数情况下，农业综合企业实际上需要与个别农民打交道。……由于该公司承包土地的权利很有限，农民是土地的直接使用人，农民是否愿意把使用权转让于公司，这很关键。由于缺乏组织良好的合作关系，公司与农民之间的关系非常不稳定。由于收获后，双方早已签好的合同很容易遭到农民的爽约，一旦市场价格比预期的要好，农民更乐意在市场上卖个好价钱，把合同置之脑后。合同关系不稳定使公司很难进行有效的供应链管理。例如，为了促进有机食品认证而进行管理，农民不配合或者配合不够。……组建合作社难以成功主要是因为农业领域人力资源流失严重，农村地区的年轻人、强壮和受过教育的人到城里谋生，打工挣钱，不愿意再像他们的老辈那样世世代代种地，剩下的老弱病残难以接受培训，无法有效组织起来。”

Q先生的分析在很大程度上得到R（GEI）女士首肯，她们有机农场的情况如出一辙：

“……在我们云南的承包土地上，农民是土地的实际所有者，我们把农学家派去安排种植，通过指导，传统的农作物种植方式就得以改进，直至达标。

收获后，我们买下了所有的蔬菜，支付的价格不仅抵消了所有的种植费用，还让农民分享了很大一块利润。农民和我们一起工作，他们的家庭收入大大增加了。可是，公司的经济压力很大，不挣钱或是微利经营。我们已经支付了土地使用费和所有生产蔬菜的费用，我们还得为农民的产品找到市场。如果哪一环节出了问题，运转不灵，我们会彻底破产。……在云南被没收土地后，我们回到北京，在郊区的延庆找到了一块我们想转包的土地，那里的水、土壤和空气质量都很好，我们把种的蔬菜样本送去化验，结果都符合有机食品标准。但唯一的问题是当地农民没有积极性。他们认为要按我们的要求种蔬菜需要投入太多功夫。我们还找到了一位当地退休的农业专家，让他帮我们做推广工作。他起初很乐意帮忙，但后来他发现他的家人不愿意，他干脆放弃了。虽然农民清楚知道，如果和我们一起工作，他们肯定会赚更多的钱。他们不想，因为他们都年逾七十，不想干太多的工作，身体也不允许他们干多，而农村家庭的青壮年基本上都在城市打工挣钱。”

在中国经济快速城市化的进程中，农村地区不可避免地会遭受大量的人力资源外流和区域经济发展不平衡的双重影响，这两个因素是相互作用的，这种“恶性循环”似乎是中国农业生产方式“产业升级”的一大阻碍（例如，从集约专断型农业向信息透明、组织协调的农业以及绿色农业的转化升级）。上一章讨论过在中国农场实施《国际会计准则》第 41 号的问题，其中一大看点就是：产业链上游农场一级缺乏适当的管理协调，极大地影响了下游农业企业的主营业务的运作。不少农业企业的受访者反复谈及，例如：

“一般来说，我们的饲料是批发给中间商的，我们的原料（牲畜）也来自中间商。家庭农场数量众多，分布分散，大多都是小本经营，没有足够的资金，每次只能从中间商那里购买急等着用的饲料。事实上，我们公司一直在努力提供金融服务，以帮助农民稳定他们的现金流，绕过中间商，降低交易成本。但到目前为止，这些似乎还没有起作用：不少农民拖欠还款，或者不遵守合同。而且，当地的中间商也不那么容易绕开。……我们并没有在服务方面取得预期效果，也没改善农民的财务或环境表现，因为我们与他们之间没有稳定的关系。”（C 女士）

企业不可能将各农户农场整合到企业的管理会计与控制系统中，这似乎在很大程度上使得企业不得不期盼国家提供相应的机制。此外，由于企业与农户之间关系不稳定，再加上充当农业部门供应与分销链的中间商，上市农业企业的社会责任行为的目的也大多是为了改善企业形象，此外，没多大可用武之地。上市农业企业很难把他们的影响或者产业整合能力扩散到整条产业链，尤其是农场最基层的供应商，或农场一级的生产资料的需求者。

本章引用财政部 A 先生的一段话里面说道：国家不鼓励农业企业直接参与农业生产。言外之意就是农业生产是农户的事，农产品加工才是企业的事。这意味着处于产业链下游的农业企业与上游的农户之间似乎有一条难以逾越的鸿沟。如果农户过分介入市场，与企业自由交易，农业生产的低盈利就越发凸显。潜在的盈利诱使他们放弃农业生产，特别当他们可能把承包土地变做更有利可图的商业用途的时候。这是国家所关心的。如果他们离农业综合企业太远，那么，农业生产的组织、质量控制、自然环境维护与人力资源保护方面就没有什么效率可言，反过来看，对农业部门的盈利能力与农户继续从事农业的信心有所动摇，影响农民生计。正如 Z 先生所说的那一番在受访者颇有代表性的言论，鉴于目前状况，这些农业公司最多能做的是：

“让消费者知道什么是好蜂蜜，并乐意为高质量支付相应的价格，市场上销售更多的好蜂蜜产品。如果利润好，公司可以向中间商提供更高的蜂蜜收购价，然后让中间商向养蜂人支付高一些的收购价，改善养蜂人的生活条件，从而使养蜂人感受到质量是有价格的，为了自己受益，乐意真材实料生产质量过关的蜂蜜。”

值得一提的是，作为企业主，Z 先生是虔诚的佛教徒，他所经营的这家蜂蜜企业是一家以佛教作为企业文化的、规模较小的民营企业。佛教的道德观对公司的经营理念产生很大影响，公司坚决杜绝为了利润掺杂使假，一心一意做好自己的产品，对得起社会，也对得起自己的良心。企业主的信仰与良好行为对企业影响至深。在做好自己的企业之外，还经常参与社会慈善，公司不大却是以伟大的理念来引导，在这样的公司可持续性顺理成章容易接受并付诸实施。归属为意识形态的宗教动机对一家企业的影响，讨论超出了本书的范围，兹不赘述（见下一章）。另外，Z 先生在其后的采访中也说道：考虑到中国农业部门的特殊性和中国的历史和制度背景，理想主义的愿景与现实之间的差距是不可避免的。

3.2.4　农业综合企业履行企业社会责任的可能性

上述三个方面的问题以及责任分担表明：对于接受调研的两个农牧企业和来自不同机构的受访者来说，无论企业产品的质量、环境保护或社会关系问题，似乎都认定国家要承担责任，或者至少承担一大部分责任。中国企业社会责任的这些特殊特征似乎与西方新自由主义意识形态相矛盾。在采访中，A 集团 C 女士的主张比较能代表这些私营企业的心声：

“政府和企业的立场是有区别的，企业要做的是在政府监管的范围内，或者说，在法律所允许的范围内取得最大的利益，而政府所要做的是使这个监管和监督制度发挥作用，必须有如此明确的责任分工。”

在这种“不那么经典”的中国私营企业经营理念的指导下，农业企业高度依赖国家履行前面提到的公司责任的三个层面，似乎更容易理解。鉴于整个产业链有很多限制，以及中国农业部门的盈利能力偏低，仅是遵守法律法规就已经需要付出很大努力。

关于遵守法规的情况，Q 先生（CFNA）提出了一个可行之法，通过促进国际贸易来改变目前的情况：

“我国65%的粮食出口面向发达国家的市场，这些市场对高标准产品，尤其是食品的出口严守标准质量关，容不得丝毫马虎。客观上说，这就造成了出口到国外食品质量远远高于国内食品质量的怪现象。……研究并取得这些国际认证非常重要，否则，就别想进入市场。美国、英国和欧盟提出的全球贸易认证和其他相关国际贸易认证中，劳动力保护标准、环境资源利用标准和污染物排放标准等都被包括在内，更不用说产品质量标准了。因此，在取得这些认证的过程中，自然会把可持续发展的概念结合进去。我国政府认为这些认证标准是阻碍我国国际贸易的负面因素，但实际上，我们可以努力达到这些标准，提高出口产品的质量，然后，逐步将这些标准应用于国内产品，从而实现我们自己的可持续发展目标。”

事实上，出口食品质量要求长期以来一直被认为等同于生产符合高质量和环境要求的产品。早些时候，A 集团的 C 女士曾就 A 集团承包农场发展出口产品说的一段话也有相同的意思。然而，除了通过完善的检疫程序直接测试的质量控制标准外，如何对环境与劳工保护的状况做核查仍然是一个疑问。某市肉类屠宰加工公司行政助理 J 女士在与一位法国客户会面时，曾就合同中的品质控制条款及操作细节进行磋商。当法方询问是否已采取措施达到合同中的碳排放标准时，中方代表只是简单地回答：“不会有问题！”。最后，她笑了笑签订了“没有问题”的合同，尽管谈判中没有说明碳排放的具体操作细节，也没说法国合作伙伴要求或进行的任何实地检查。

在市场经济的范围内，或者在中国语境下的“社会主义市场经济”范围内，企业履行社会责任，特别是民营农业企业履行社会责任，似乎首先取决于企业本身。而这些企业动机要么是意识形态的原因，要么是道德标准（按照 Z 先生与 R 女士的说法），要么是功利主义的原因，尤以出口达标来争取客户最为显眼。虽然前两类动机可能最终也归属后一类动机，因为企业是要追求利润的，利润与功利主义是绑定的，三类原因最终归一是合理的。

4. 通过两个事件对三重折旧法适用性的反思

面对日益增长的环境和社会压力，中国已经到了必须将主流意识形态转变为可持续性意识形态的历史阶段。发展必须具有可持续性，没有可持续性的发展终将陌路。国际社会对这件事已经重视了至少二十年以上，可持续发展是联合国的一个重要议题，并有专门机构专司其职。中国引世人瞩目的发展到了重新调整国家治理与企业治理理念的关口。中国的政治体制与西方发达国家相比有很大的不同，意识形态方面的确是非常重要的，尤其是在需要进行政经体制综合改革的关键时期，需要找到合适的途径促进改革沿着正确的方向进行，促使与之配套的意识形态及时转变。

关于在国家层面的改革及其进程，第 2 节所述的讨论表明：中央政府为实现意识形态转变而采取的工具性措施——国家生态会计与审计计划，其意义远不止环保问题。因为这一计划助推了中央寻求的一项根本性意识形态变革：从“改革开放”到“科学发展观”，直到今天的“生态文明”，这才是中央对指导思想与时俱进的重新定位。这与一些学者说的“从新自由主义到环境主义”未必相符，这些西方学界的常用标签性概念不一定用到中国也合适。以中国的实际过程来论，就是从单纯的鼓励发展（不惜一切代价，用当年邓小平的话说就是“杀出一条血路来”）到追求“科学”和“文明”的发展过程，从早期难以避免的粗放式发展转向追求质量的集约型发展。

然而，中央领导倡导的改革自然不是一路坦途，爬坡过坎在所难免。一方面是因为要调整如此庞大的经济体的走向存在着系统性的困难；另一方面是由于过去几十年来由于地缘、历史等因素而形成的利益集团。近 30 年的国家资本主义实践似乎并没有加强中央集权，这也与搞活中央与地方两个积极性的构想有关。在这种政治环境下，容易滋生利益集团，特别是有些部门或地区干部既得利益集团，长期建立自己的权力网络。一些主要领导干部犯案，拔出萝卜带出泥就是明证。对中央的大政方针凡是不符合他们本位利益的不能顶，就软磨，以至于李克强总理就任之初一段时间内感叹：大政出不了中南海（当年中央大报与央视都公开报道）。

改革不仅要有好的构想，还得有把构想落实的操作步骤。据说，在社会环境经济会计（SEEA，2012）与以生态环境服务（PES/PPP）为依据的农业生态补偿计划（ECP）的支撑下，而建立的国家生态会计与审计计划（NEAAS）采纳一套科学计算方法，并形成广泛接受的全球合作框架，预期同时将成为解决两大问题的强有力的方案。从国家层面采纳可持续性会计的视角，可以对将来做出预判：第一，作为中央领导层为促进改革而选择的新工具，国家生态会计与审计体制（NEAAS）可能会发挥重大作用，时值中央宣布“中国经济已经进入新模式”，即不再一味追求高速度，而是以质量为主兼顾速度，经济增长适度下调。国家生态会计与审计体系是否有效依赖于技术层面（定量测量，科学设定阈值等），以及对相关信息披露的透明度。第二，如果仔细观察习主席领导的调整政治结构一些最新进展，很容易注意到，目前正在进行的反腐运动，很好地呼应了新领导人对改进干部考核制度的重视，主要领导干部将实行任期环境责任终身追究制，这是一项对干部考核的新增重要内容，能否切实推行有赖于国家生态会计与审计体制是否行之有效。此外，正在进行的政治变革能够拆散既得利益集团，特别是部门和地区一级的既得利益集团[①]。看来基于国际通行的社会环境经济会计（SEEA）的国家生态会计与审计体制（NEAAS）已成为反GDP崇拜和反腐败的有力工具，这是一种“本地化”的社会环境经济会计版本，其意义远远超出了环境保护的范围。第三，国家生态经济与审计体系除了寻求全面考虑自然环境保护之外，对基于社会环境经济会计框架下的碳核算会计[②]与排放权交易取得了显著进展，这可能是由于国际上对碳排放施加压力。然而，随着时间的推移，更有可能倾向于改进干部考核制度，而不是生态环境保护，因为前者似乎比后者更具可操作性。第四，中国事态的最新进展似乎表明，中央已选择以相对严格的方式加强对干部的领导，大力抓执行，从高层逐级往下抓，重在落实。反腐运动就是一例，党和国家的体制内一旦腐败不除，什么执行力都说不上。这提出了一个经典的挑战——如何在严格上级指示与鼓励地方干部的主动性两者之间找到一个平衡点。

公民社会对国家生态会计与审计体制的一些初步反应与本书的结论相呼应，例如，世界知名的活动家劳伦斯·布拉姆（Laurence Brahm）在国家生态会计与审计体制框架内，担任环境保护委员会起草生态文明政策蓝图的高级顾问时证明：“当前的核心问题是增长”，这必然与地方干部的晋升制度相关，

① Fenby J. China’s corruption probe bares its teeth [N]. BBC News. 2015 - 02 - 20. http://www.bbc.com/news/world - asia - china - 31503967.

② 参见：中国几个省级碳交易试点项目以及在2017启动国家碳交易计划，消息来源：http://www.bloomberg.com/news/articles/2016 - 01 - 22/china - plans - to - include - eight - industries - in - carbon - trading - market，上一次查询在2016年2月3日。

而不是单纯的环境问题①。此外，中国环境问题独立双语网站“中外对话网”的观察人士表示：根据对相关学者和高级干部的采访，省级干部评估试点确实是中央迄今采取的几个具体步骤之一②，公民社会的这些初步回应与这部分研究的结果相一致，但实际结果究竟如何仍有待进一步评估。今后有关这一问题的工作需要事实证明。

中央领导层推行国家生态会计与审计体制的用意，只能从话语的广泛社会背景下才能合理推论。中央是以追求“生态文明”为目标，实施干部考核制度改革，这肯定不是为了“公关形象”，而是作为一个抓落实的有力抓手来使用。看来中央确实把实施国家生态会计与审计体制当作推动可持续发展的一大举措。

若把领导国家视为经营一家公司，作为一名关注自身业绩的“国有企业家”，希望对国家的自然资源和人力资源实物存量进行出色的经营，能对他的授权人做出令人满意的业绩。中央主管部门或许需要一种不同于主流会计框架的替代会计框架，该框架代表着更强的可持续性水平③。

就经济成长而论，与中国经济成长的骄人业绩相伴的环境与社会问题如影随形，在本章第 3 节调查的两家农业综合企业似乎没有引起很大的关注，因为它们数不上经济效益表现最好的企业，也不是在环境保护和劳动保护方面表现差的企业。然而，根据它们的报告内容来看，什么才是这两家企业的任务，并像受访者那样泛而论之食品加工业的任务，首推食品安全。这是农业企业的基本企业责任，做好了，就没有必要在报告中占据那么长的篇幅；没做好，需要澄清的必然多，篇幅拉长就成当然。

通过对这些企业社会责任报告中的分析，我们发现，通过这些文本，公司正在大力构建一个为改善公司形象而服务的场景，说辞很多，数据挺少，而不是根据权威部门设定的一套科学数据指标提供客观的量化信息：一方面，企业在政府和公众的压力下被动报告与可持续性有关的问题，并以不那么严格的方式，尽量报道“光明的一面”；另一方面，企业仍然会选择他们认为公众最想听的是什么，肯定是食品安全，避而不谈许多对社会也很重要的问题。这些发

① Brahm L. Bigger vs. Better：How China Is Rebalancing Its Growth ［N］. 2016 – 03 – 04. http：// www. institutionalinvestor. com/blogarticle/3534744/ blog/ bigger – vs – better – how – china – is – rebalancing – its – growth. html.

② Zhang C. China trials environmental audits to hold officials to account ［N］. Chinadialogue，China and the World Discuss the Environment，2015 – 06 – 18. https：//www. chinadialogue. net/article/show/single/en/ 7990 – China – trials – environmental – audits – to – hold – officials – to – account.

③ Hueting R，Reijnders L. Sustainability is an objective concept ［J］. Ecological Economics，1998，27（2）：139 – 147. Richard J. Comptabilité et Développement Durable ［M］. Economia，2012.

现与 Cho and Patten (2007), Cho et al. (2015), Colleoni (2013), Farache and Perks (2010), Zhao (2012) 以及其他学者的看法相应。他们认为：一般而言，企业会利用环境保护的说辞当成应对社会压力的工具，从而在社会上创设并维护其合法性①。

公司为改善企业形象而编制企业社会责任报告本身并无过错，真正令人操心的是这些报告的内容只是为了这一目的。如前所述，行政瑕疵的存在，例如：将企业归类为“重污染行业”不一定包括在“重度污染企业名单”中，因此，这些被归类于“重污染行业”的企业就可以不负披露环保信息的义务。照理来说，凡是被列入重污染行业的企业都必须披露相关的环保数据，即使企业采取的环保措施足以达到清洁生产的状况，因为被列入重污染行业就表明社会对这类企业的环保数据高度关注，公布数据是自证清白的需要。这类信息披露也是潜在投资者的期望，他们需要评估企业的环境影响，尤其是农业综合企业的环境影响，以规避因企业环保不达标而带来的投资风险。在我们的案例中，长远来看，企业盈利能力与自然环境密切相关，现代企业不再是一个单纯的生产单位，同时也必须是一个承担社会责任的单位，必须满足政府与公众了解企业对社会环境影响的需要。中国现在已经进入了一个环保时代，社会的可持续性已成为涉及社会各方利益尤其是民生的重大问题。

关于这两家公司的可持续性报告做法，更值得注意的是，根据上文提到的不同的文件依据，两家公司都可以选择社会责任报告的时间起点（2006 年之前作为“自愿”报告，2006 年以后作为“鼓励”报告，或 2008 年以后作为“强制性”报告），随意性较大，作为试点尚可理解，但试点时间过长与强制性不够就有工作不到位之嫌。这两家公司都没有自愿去做，所以，“自愿”与“鼓励”很可能空转，没有多少实效。宣布强制性要求之前，编写社会责任报告是为了履行作为上市公司而承担的公司责任。这验证了 Zhao（2012）的观

① Cho C H, Patten D M. The role of environmental disclosures as tools of legitimacy: A research note [J]. Accounting Organizations & Society, 2007, 32 (7): 639 -647. Cho C H, Laine M, Roberts R W, et al. Organized hypocrisy, organizational façades, and sustainability reporting [J]. Accounting Organizations & Society, 2015, 40 (40): 78 -94. Colleoni E. CSR communication strategies for organizational legitimacy in social media [J]. Corporate Communications, 2013, 18 (2): 228 -248. Farache F, Perks K J. CSR advertisements: a legitimacy tool? [J]. Corporate Communications An International Journal, 2010, 15 (3): 235 -248. Zhao M. CSR -Based Political Legitimacy Strategy: Managing the State by Doing Good in China and Russia [J]. Journal of Business Ethics, 2012, 111 (4): 439 -460.

点，即政府一直是发达国家与发展中国家企业社会责任实践的关键驱动力[①]。两家公司截然不同的态度和背后动机表明：中国企业采用可持续性报告具有另一个方面的问题——所有中国公司都不具备科斯定义的“公司性质”[②]，尤其是在农业部门公司，他们背负了很多的历史包袱，也就是企业帮社会背负了不少社会功能。

再看各级政府有关部门的监管措施，我们注意到，中国政府推行“西式”企业社会责任报告的意图很明显，实行强制性报告的公司范围扩大了，政府指导也越来越详细与透明，因为对环境绩效缺乏具体的量度指标，只有编写报告的准则指导，大多流于形式，可操作性差，至今还没有强制性的实施规定。此外，缺乏第三方核查和社会监督，这些因素给公司在编写报告时留下了上下其手的自由空间，从而降低了企业之间的可比性。将来需要好好观察以便判断政府的措施是否成功地履行了监管者的责任，使那些想着逃避责任的公司难以得逞。政府应该对发达国家的成熟经验实行“拿来主义”，加速这方面的工作，使可持续性进入“和谐社会”，实现人与环境的真实和谐。

我们从第三节的分析中得出的结论与 Adams（2001），Adams *et al.*（2004）and Synnestvedt（2001）十多年前在西方社会背景下作的判断是一致的[③]：虽然披露的信息量有所增加，但信息质量或问责制的水平没有相应的提高。只有对症下药，加大立法力度，提高立法的质量，加强细节的可操作性，有章可循，以及实现“基于社会背景的可持续性管理”才能化解问题[④]。尽管反复强调问题的现实性，但是，有科学依据的具体量度指标依然不足，显得很突出[⑤]。

关于中国实行可持续性会计的状况有两套方案：一套是国家生态会计与审计计划与农业生态补偿计划（NEAAS/ECP），另一套是企业社会责任报告

---

① Zhao M. CSR - Based Political Legitimacy Strategy: Managing the State by Doing Good in China and Russia [J]. Journal of Business Ethics, 2012, 111 (4): 439 - 460.

② Coase R H. The Nature of the Firm [J]. Economica, 1937, 4 (16), 386 - 405.

③ Adams C A. A critique of reporting on ethical, social and environmental issues: the case of ICI [C] // Third Asia Pacific Interdisciplinary Research in Accounting Conference, Adelaide, Australia, 2001. Adams C, Frost G, Webber W. Triple bottom line: A review of the literature [M] // Adrian H. Richardson J. (eds.). The Triple Bottom Line: Does It All Add Up. Earthscan, 2004. Synnestvedt T. Debates over environmental information to stakeholders as a policy instrument [J]. Eco - Management and Auditing, 2012, 8 (3): 165 - 178.

④ McElroy M W. Engelen J M L van. Corporate Sustainability Management: The Art and Science of Managing Non - Financial Performance [M]. Routledge, 2011.

⑤ Peterson T R. Sharing the Earth: The Rhetoric of Sustainable Development [M]. University of South Carolina Press, 1997.

（CSR）。事关食品安全、自然环境保护、人力资源保护等，主要责任最终都落在国家的肩上。与原本的想法——政府、企业与社会共同分担责任，相去甚远。与私营企业相比，国家显得更愿意，也更有能力承担维持社会金融、自然和人力资源存量的责任①。这是中国实行市场经济的一大特色——国家担责分量很重。与西方相比：一方面，新自由主义在本质上包含了“市场原教旨主义”的概念，只是在经济范围内才被引进和推广；在社会层面上，尤其是在政治领域，这种意识形态的实施受到严格限制；中国政府担责分量重因为在中国，土地、水等自然资源都是国有资产，从事农业活动大部分人力资源分散到大量的农户“农场”（中国曾经的惯常说法是“承包到户”），不在企业管理体制的范围内。另一方面，中国在国家层面与产业层面从西方正式引入很多管理理念与方法，实施领域很广泛，包括金融、自然资源与人力资源在内，尤其引进社会环境经济会计（SEEA）和企业社会责任（CSR）以及上一章讨论的“国际财务报告准则”这些都是在新自由主义政治经济思潮影响的产物。这些管理理念与方法在一定程度上解决了西方国家的社会与环境管理问题，但是，在中国实施却不可避免地遇到体制背景不同而引发的诸多适用性问题。因地制宜，灵活变通，中国政府有关部门和企业似乎成功地将这两项内容组合成一个“本地化”版本，还创造性地扩大了它的功能——用之于反贪腐与反 GDP 崇拜。与审批自然资源的使用权有关的贪腐问题隐藏比较深，难以暴露，现在有了工具性的手段，便于暴露蛛丝马迹。GDP 曾一度被喻为“带血的”，为了 GDP 而不惜牺牲长远的环境利益，现在变成绿色的 GGDP，流行一时危害匪浅的“GDP 论英雄”被边缘化。企业社会责任报告曾一度被农业综合企业主要用作改善企业形象的工具，强化量化指标与科学的可操作性步骤之后，变成实实在在提高产品质量才能为企业形象增光。企业社会责任的量化指标将越来越被社会所重视，并成为社会评价企业的一个重要维度。

本书通过对两个企业典型的调研，感觉问题的症结之一在于：是否建立基于科学界定的数据标准，登记核算关于自然资源与人力资源保护的量化信息，这样的管理会计与控制系统，以便具体落实自然资源与人力资源的保护，从泛泛而论变成量化核算。如果没有这样的管理控制系统，国家与企业都无法顾及资源存量的价值，反之，国家与企业都会明明白白。国家与企业两个关键参与者都选择了广为认可的“国际惯例”，尤指“社会环境经济会计”（SEEA）与

① Chang H J. State, institutions and structural change [J]. Structural Change & Economic Dynamics, 1994, 5 (2): 293 -313.

“企业社会责任”（CSR），作为推行可持续性会计的行动框架。相关的官方讨论不仅强调了这些“惯例”出自全球标准机构（GSI），在国际上广为认同，而且，强调这些惯例都有科学依据，尤其是关于外部性、利益相关者和组织合法性的主流理论。它们构建了这样一个现实，即凡是全球标准机构推荐的（GSI）的相当于“遵循科学规律”。在官方话语中重复出现对科学性的赞同，表现在：引用生态经济学中的概念，如承载力（NEAAS 文件中提出的“生态红线”概念）和农学概念，如有机农业（在企业社会责任报告和公司网站上可见）。然而，当谈到这些概念的实施问题时，这些概念要么被简化为抽象术语，难以用量化术语加以衡量，要么沦为一些容易被滥用的“标签”。在这两种窘境下，如果使用环境补偿、资源消耗、污染排放、有害化学品使用等类目的具体科学指标，情形就大不一样，就有了多种可比性。虽然这很可能涉及较专业的技术细节而不好理解，但是，用于学术出版物和内部专业信息交流是很有必要的。专业的事就应该有专业的处理方式。这与向公众传播有很大的不同，向公众传播完全可以把专业信息通俗化，甚至形象化。这与企业社会责任信息透明原则不仅不矛盾，反而是透明度一种贴近公众的表现方式。国家、企业、社会分担责任的前提就是信息必须透明，连情况都不了解，不会有分担责任的主动性。传递信息必须是客观的，客观的认识离不开科学规范。根据相关数据指标综合评估，大家形成这样的认知模式，结论才能趋向一致，再找出正确传递方式，这个任务应该交由管理与经济方面的专家完成，普通的财务人员难以胜任。

中国引入可持续性会计相对来说，不算成功，现在还未能逾越试点阶段，出现的问题较多，与本书第三章所示的“国际财务报告准则”趋同形成较大反差。中国的财务报告说得上与国际接轨了，与国际社会的通行做法别无二致，成为成功的范例。可持续性会计暴露的问题不仅是中国的问题，有些也是世界的问题，这里面不仅涉及会计的技术性，还涉及其他自然学科，所以，难度是不言而喻的。中国的试点期可能长一点，最终也会与世界同步，这也与中国决心在发展经济的同时保护好自然环境的大政策高度一致。环保已经写入中国宪法，成为中国的基本国策。

5. 本章总结

在本章中，通过三层话语分析，探讨了我国实施可持续性会计的两大举措，即国家层面的国家生态会计与审计体制（NEAAS）和企业层面的企业社会责任（CSR）。

第二节重点介绍了国家生态会计与审计体制的建立，分析了中央政府、主流媒体和学术界对建立这个体制的话语活动，特别关注了这个体制范围内与农业密切相关的生态补偿项目，反思了中央多次试图改善国家环境管理的努力以及在中央领导层面与社会层面长期悬而未决的问题。本书特别指出：国家生态会计与审计体制（NEAAS）的意义远远超出环境保护的范畴，成为一项具有基础性的制度建设，实际上，已经成为中国共产党第五代领导集体 2012 年接班之后，推动重要制度变革的一个抓手。

第三节通过对两家大型农业综合企业的可持续性相关非财务报告、中国政府相关政策以及中国多家相关机构受访者构建的广泛的社会背景，进行系列的批判性话语分析，揭示了：企业和政府这两个关键角色是如何以符合本位利益的方式参与塑造社会现实的。研究结果进一步表明：第一，对中国大多数企业来说，可持续性报告使大家对“责任”“产品质量控制”有着共同的理解。第二，两家企业的两组系列报告似乎对“利益相关者”一词有不同的理解，这主要是由于它们的企业性质不同。两家企业可持续性报告的异同与中国广泛的社会制度背景密切相关。

这两组调查发现：无论是在国家生态会计与审计体制，还是在企业社会责任方面，都是国家主动推动这些计划。社会普遍认为：食品安全、自然环境保护和人力资源保护的责任最终落在国家的肩上，尽管声称“与公司和社会分担责任”，局面却不尽相同。尤为突出的是：由于市场经济的“中国特色”，尽管这些方案的科学性在被调查的书面和口头话语中反复得到强调，但当涉及具体实施的话语时，科学概念要么被简化为相当抽象的术语，难以用量化的方式来衡量，要么被简化为一些难以量化的“标签”。在这两种情况下，量化的科学指标在向公众传播的信息中似乎并不占多大比例。

第五章　论我国可持续会计实施的演进

本书在前两章对中国会计准则向“国际财务报告准则”趋同、建立国家生态会计与审计体制，以及农业综合企业可持续性会计这三大事项运用批判话语分析法做了综合分析，揭示了中国引进一套新会计规则使社会机制所起的作用，以及在国家和企业两个层面“同化”国际主流可持续性管理理念的过程。接下来，本章要讨论三重折旧法（TDL）[①] 实施研究目标中提出的最后一个主题，即环境主义与主流意识形态在中国语境下的动态互动。此外，通过对本书前面所考察的三大事项变迁的理论分析，我们可以看清“要做什么”。本章的分析主要是为了回答本书的核心问题——中国建立三重折旧法（TDL）所需的必要条件与可能的阻力，以及我们对可持续性会计在中国的发展前景有什么期望。

1. 解构“社会主义市场经济”

马克思唯物史观中的社会主义是一种生产方式，即人类以一种彼此相联系的、非竞争性的方式理性地从事生产活动，而不是被任何生产制度及其背后的统治力量所统治，社会主义是在实现人类彻底解放、建立共产主义社会之前的历史过渡阶段[②]。

Polanyi（2002［1944］）定义的市场经济是“由市场价格调控与指导的经济体系；商品生产秩序与分配秩序依赖于市场的自我调节机制”，市场自我调

① 见第一章第2.3节。

② Marx K. Capital：Volume III：A Critique of Political Economy［M］. International Publishers，1977［1867］. Marx K. Engels F. Manifesto of the Communist Party［M］// Marx/Engels Selected Works，Vol. I. Progress Publishers，1969［1848］.

节机制建立在“人类对获得最大收益的行为预期”（p. 71）[①]。同样，根据牛津词典，“市场经济”或“自由市场经济”是指“一种由私营企业之间不受限制的竞争决定生产和价格的经济体系”。这与对“资本主义”的描述非常近似。根据同一来源，这种制度指的是“一国的贸易和产业由私人所有者控制，而不是由国家控制”。如果我们在原则上同意这些“市场经济”的定义，在前面再加上“社会主义”作为修饰语很容易，但却使人感到困惑。当年，中国申请加入世贸，很多世贸成员国都要求中国解释社会主义与市场经济的关系，他们认为社会主义与市场经济之间是矛盾的。中国当时说服这些成员国的解释就是：社会主义就是由共产党领导国家，共产党执政，社会主义早已不是与市场经济对立的计划经济体系，从对立来理解社会主义不符合中国当前的现实。邓小平先生倡导的“社会主义市场经济”一词自 1992 年以来一直是对中国经济制度的官方描述。尽管如此，引发的争论一直持续了多年。中国成功加入世贸之后，争论才逐渐减弱。但这个表述却是官方话语中为“改革开放”目的合法化而使用的一个很重要的用语。早在 1978 年就提出了“改革开放”战略，中央领导在这个口号下推出了系列政策。

社会主义市场经济的基本原理是，在“社会主义初级阶段”（毛泽东在马克思主义理论基础上提出的“发展”阶段），中国必须走自己的道路，实现“有中国特色的社会主义”。这个提法首次出现在 1981 年的《关于党的历史问题若干决议》的文件中，继而用在《中共中央关于社会主义精神文明建设指导方针》（1986 年）的决定中，这个表述用来进一步阐明中国经济的性质和相应的指导方针，如下所述：

“我国还处在社会主义的初级阶段，不但必须实行按劳分配，发展社会主义的商品经济和竞争，而且在相当长历史时期内，还要在公有制为主体的前提下发展多种经济成分，在共同富裕的目标下鼓励一部分人先富裕起来。”

这种社会主义占主导成分同时掺杂一些资本主义因素的意识形态提供了一个合乎逻辑的解释，新中国的意识形态是连贯的，这屡见于中国官方话语中，但是，这种表达不仅在中国国内有争论，在世界上也议论纷纷，概言之，就是资本主义、市场经济和经济发展之间的关系被多重解读，里面有不少误解，这些误解既有理论上的，也有实践上的[②]。参照一些理论上的说法，以下几节从

① Polanyi K. The Great Transformation: The Political and Economic Origins of Our Time (2nd edition) [M]. Beacon Press, 2002 [1944].

② Arrighi G. Adam Smith in Beijing: Lineages of the 21st Century [M]. Verso, 2007.

两个层面对中国做法的这些误解进行考察，切入点就是一种特殊“商品”（亦可称为“虚拟商品”的股票）与社会主义市场经济的关键参与者的关系，希望从这个角度揭示1978年中国改革开放以来举国上下制度性变革的动力。

1.1 “社会主义市场经济”中虚拟商品市场过热现象

正如马克思所界定的，商品是“我们以外的一个对象”，“一种属性可满足人类某种需要的东西”（p. 27）[①]。根据马克思的说法，劳动力显然不应被视为普通商品，因为它与商品定义的内涵相悖；事实上，劳动力就是我们人。Polanyi（2002［1944］）进一步指出：国民经济中的商品虚构不仅涉及劳动，而且涉及土地（自然）和货币（信贷），因为它们都不是在市场上生产的。在这一点上，Polanyi的论点符合马克思对商品的定义，因为两人都拒绝包括那些以自己的“属性”达到功利主义目的的对象。

姑且不论在这一理论观点之下，资本主义技术条件所允许的对人的属性接纳的范围与程度，我们所说的中国“社会主义市场经济”的社会主义的含意首先意味着：国家对Polanyi（2002［1944］）所称的看似自我调节的“虚拟商品”市场进行了强有力的干预。这一国家干预正如是Fred Block在2002年版《重大变革》一书的序言中所概括的，其实现方式如下：

“国家必须发挥不断调整货币和信贷供应的作用，以避免通货膨胀和通货紧缩的双重危险。同样，国家必须调节社会不断变化的用工需求，对失业工人提供救济，教育和培训使他们能再就业，并追踪人口流向。农业方面，政府应该采取措施使农民尽量避免农产品价格剧烈波动带来的负面影响，并以多种方式维持食品生产满足社会的刚性需求。在农村，政府通过环境与土地利用的法规利用好现有的土地”（p. xxvi）[②]。

这样一来，国家被置于“三个最重要的市场中”，这与“国家处于或应该被置于经济之外”的自由派观点恰恰相反。事实上，在很长一段时间里，“货币还没有发展产业的一个主要要素”，劳动和自然一直是“维持人类生存与社会延续最重要的因素”（同上）。在现代社会中，掌握这个社会统治权的人与团体，也就是国家，在逻辑上会尽一切力量阻止这些要素被市场所控制。无论在古代还是今天，市场都是统治的真正“对手”。但是，如果国家没有尽其职责

① Marx K. Capital：Volume I：A Critique of Political Economy［M］. International Publishers，1977［1867］.

② Polanyi K. The Great Transformation：The Political and Economic Origins of Our Time（2nd edition）［M］. Beacon Press，2002［1944］.

限制这些虚拟商品的流通，又会发生什么呢？

正如我们在以下三节中所看到的，中国政府在社会主义市场经济中对虚拟商品市场进行了强有力的干预，似乎并不像上文所示的那样符合 Block 所说的精神或 Polanyi 明确期望的方式。这些虚拟商品在中国的自由流通不是受到限制，而是在很大程度上受到了国家的推动。国家干预正是中国今天面临环境和社会危机的主要原因。如前面章节所示，关注的重点放在土地和劳动力，因为这代表了两个主题，即自然资源和人力资源的保护。这两个主题是本书讨论的主要内容，而货币（信贷）问题也要在本节讨论。

1.1.1 土地

土地，狭义上指的是地球上没有被水覆盖的所有空旷的土地。从经济的角度来看，土地大致分为三类：人烟稀少的山区和沙漠地区、农村的可耕地以及城乡用于农业活动以外用途的普通土地。从广义上讲，土地是“细分的自然”，或者从环境保护主义者的角度来看，相当于除了水域以外的自然界及其地表附着物[①]。由于人类命中注定主要生活在地球表面，而且人类文化的物质方面首先就是“通过技术上与自然界相互作用，借以改造自然使之符合人类生存的需要”[②]，因此，理所当然，土地所有权不仅是人类历史前进的主要推动力，也是意识形态激烈争论的主题。土地私有制的捍卫者，比如 North and Thomas（1973）认为：私营部门对土地的自由占用“促进个人自由、政治稳定和经济繁荣”[③]；坚决反对这个观点最突出的代表人物就是马克思与恩格斯，他们把土地私有制看成万恶之源。

众所周知，在土地所有制问题上对立的意识形态支撑了世界上根本不同的法律框架。在大多数普通法框架下的国家，土地被定性为不动财产，财产被定义为“系列权利”[④]。对土地的最常见所有权是“自由占有”（或“费用简单”），也就是“给予人们一项可以自由转让的无限期的不动产”。在这一框架下，“土地的获得、使用和处置方式受到个体的实质控制”，“交易一般不受政

① Meyer J M. Global Liberalism, Environmentalism, and the Changing Boundaries of the Political: Karl Polanyi' s Insights [M] // Paavola J. Lowe I. (eds.), Nature, Justice and Governance: Environmental Values in a Globalizing World. London: Routledge, 2005.

② Stanfield J R. The Institutional Economics of Karl Polanyi [J]. Journal of Economic Issues, 1980, 14 (3): 593 -614.

③ Ellickson R C. Property in Land [M] // Economic Analysis of the Law: Selected Readings. Blackwell Publishing Ltd, 2007: 286 -305.

④ Demsetz H. Toward a Theory of Property Rights [J]. American Economic Review, 1967, 57 (2): 347 -359.

府的限制”[①]。与之相反的民事法律制度则首先承认土地所有权，将其定义为“一人与一事之间绝对法律关系”[②]。从这个观点看，大陆法系国家顺理成章，把土地所有权视为对土地的绝对和最高权利，因此，土地的最终“所有人”是国家，因为国家是“主权或最高的立法权”[③]。

实际上，在这两套法律框架下的国家，尤其指西方国家，似乎没有在土地法中明确区分“财产”和“所有权”：在大多数情况下，大陆法系下的“所有权”概念就像普通法系的一样，允许在各种情况下更灵活地处理有关土地的理论和实际问题[④]。中国情况大不相同，在中国这种区分很有必要，因为中国目前的土地所有权结构似乎以极其“有形”的方式符合民法逻辑，正如下文所示的土地所有权演变路径那样。

1.1.1.1 1978 年之前（改革开放之前）

从历史上看，中国作为一个农业大国，对私人农场的概念很熟悉，因为它自古以来就一直存在着，演变着，直到 20 世纪 40 年代的“内战前时代”。1949 年，新中国成立之后，土地私有制被“革命”，大部分土地被收归国有，一部分土地主要是农田被分配到村乡一级成为农村土地集体所有，再由村乡一级分配到农户实际使用。农村土地期间经历数次变故：新政权建立后，土地分配到户；搞合作社又集中到村乡一级，生产队集体所有；改革开放之后，集体土地又承包到户。无论农村土地的实际使用状况如何变化，有一点是贯彻始终的，那就是按计划或一部分按计划种地，计划来自各级政府，各级政府的计划由中央统筹，计划的范围也随着时代的变迁而变迁，总之，改革开放之后，自由度大了。计划实质上是对私营农场禁令的延续[⑤]。新中国土地改革的早期阶段奠定了土地国家所有制的根基，尽管有学者对土地国有化对中国经济进程的影响持不同看法，但事实没法改变[⑥]。新政权直接从城市资产阶级那里把土地收归国有，农村土地则从地主与少量其他土地所有者那里收归农村集体所有。

---

① Zhang Y，Andrew J. Land in China：Re – considering comparability in financial reporting ［J］. Australasian Accounting Business & Finance Journal，2010，4（1）.

② Gray K. Gray S F. The Idea of property in land ［M］// Bright S. Dewar J K. （eds.），Land Law：Themes and Perspectives（pp. 15 – 51）. Oxford University Press，1998.

③ Zhang Y，Andrew J. Land in China：Re – considering comparability in financial reporting ［J］. Australasian Accounting Business & Finance Journal，2010，4（1）.

④ Ho P. Who Owns China's Land? Policies，Property Rights and Deliberate Institutional Ambiguity ［J］. China Quarterly，2001，166（166）：394 – 421.

⑤ Lardy N R. Agriculture in China's Modern Economic Development ［M］. Cambridge University Press，2008［1985］.

⑥ Coase R H. Wang N. How China Became Capitalist（2012 edition）［M］. Palgrave Macmillan，2012.

这是中国土地革命的直接后果，共产党也因领导土地革命成功而成为执政党。

1949 年以前，私人土地所有权存在，城市土地交易相当频繁，而新中国成立之后则是另一番景象：在土地改革浪潮中，国家没收了城市私有土地，收归国有；然后，将土地使用权无限期地分配给“社会经济单位”。由于这些“单位”也是国有的，土地使用权和土地所有权在制度上没有区分的意义，只有土地划拨，没有土地交易。土地交易被认为是违宪的①。分配给“单位”土地的位置和数量取决于政府规划，政府规划主要考虑组织社会经济功能以及人民生活的实际需要②。土地使用权流转缺乏经济渠道，产权界定不明确，不仅造成土地利用的不足，还造成社会矛盾和土地纠纷。

1.1.1.2 1978 年土地改革

正如第三章在讨论中国农业部门会计核算的特殊性时所提到的那样，在中国，农场或农业企业的概念直到 20 世纪 70 年代末才显现。当年，邓小平先生的“改革开放”政策开始倡导以公有制为基础对多种所有制形式兼收并蓄，并作为实施这一政策的一部分，推动了新一轮的土地改革，形成一部土地法。这是改革开放十年之后的事。“土地管理法”（2004 ［1986］）第 2 条规定：

“实行社会主义土地公有制，即全民所有制和劳动人民集体所有制。全民所有制是指国务院代表国家行使国有土地所有权。③”

关于“全民所有制”与“集体所有制”的区别，第 8 条规定：

“城市地区的土地属于国家所有。农村和郊区的土地属于农民集体所有，但法律规定属于国家的土地除外；宅基地和私人农田、丘陵土地属于农民集体所有。”

虽然这些法律条款是事后规定的，但这些法律条款却真实地描述了邓小平 1978 年改革期间试图建立的土地所有制结构。在农村地区，本书中所提到的名义集体所有制是由乡镇、村民委员会或村民团体（换言之，村镇政府）行使土地所有权，在一定程度上，他们基本上是国家在基层的代表。通过“家庭承包制”，农户取得土地实际使用权。具体而言，在这一制度中，农户与当

---

① Ding C. Land policy reform in China：assessment and prospects ［J］. Land Use Policy，2003，20（2）：109－120.

② Wong K K. Zhao X B. The influence of bureaucratic behavior on land apportionment in China：the informal process ［J］. Environment & Planning C，1999，17（1）：113－126.

③ 这最后一句是在 1998 年修正案的前几个版本中增加的，目的是重申国家的权利，并控制地方政府对土地的控制。中华人民共和国土地管理法［第二次修正版］. http：//www. npc. gov. cn/wxzl/gongbao/2004－10/21/content_ 5334569. htm. 2004 ［1986］.

地村镇干部签订合同，并向政府支付了（合同中规定的）“租金”后，农户对承包土地的损益负责。分配土地数量的多寡一般与家庭规模挂钩，农户有权持有承包土地，最初的承包期是5年，1984年延长至15年，1993年延长至原来合约期的30年，直至1993《土地管理法》修订后，农民才首次签订标准化及公证的承包合同。如果从国际通行的经济学与法学来看，这种承包制可视为与佃农制近似，与佃农制所不同是由土地集体所有制、资本私有制、家庭土地使用权相结合而成①。

从实现预期成果的程度来看，这次农村土地政策改革取得了成功，因为经过多年的“人民公社”实践②，它成功地恢复了激励农民重返农田和努力工作的激励机制，同时通过法律使国家和集体所有权合法化并得到维护。正如Coase和Wang（2012）所说的，改革之所以成功是因为在邓小平改革前夕，中国农村许多地方秘而不宣地放松对“单干”的禁令，典型就是小岗村农民私下签订包干到户的合同，这已经是难以抗拒的历史潮流。中央最终吸纳了基层农村的务实经验，把地方经验上升为政策，在全国范围内逐步展开，取得非凡成效，为以后的制度性改革奠定了一块坚定的基石。中国的改革确实是从农村起步的。当年的承保主要是为了解决口粮问题，承包之后，吃饭问题大有改善。然而，农业生产的利润远不及在城市里工作所得，这也意味着土地改革在保护农村地区人力资源方面并不成功③。

对城市地区的土地而言，国有制的地位仍然没有改变。1978年宣布“对外开放”政策，对城市土地使用权的例行管理方式产生了明显冲击。邓小平的改革开放不仅结束了中国几十年与西方为敌的状态，进而还改善了与很多国家的关系，为中国继续改革开放赢得较好的政治经济环境。此后，外国直接投

① 贺旭玲.我国农业企业会计制度问题研究［D］. 山东农业大学，2004. Ho P. Who Owns China's Land? Policies, Property Rights and Deliberate Institutional Ambiguity［J］. China Quarterly, 2001, 166 (166): 394 -421. Hu W. Household land tenure reform in China: Its impact on farming land use and agro - environment［J］. Land Use Policy, 1997, 14 (14): 175 -186. Lardy N R. Agriculture in China's Modern Economic Development［M］. Cambridge University Press, 2008［1985］.

② 参见 Lin J Y. Collectivization and China's Agricultural Crisis in 1959 -1961［J］. Journal of Comparative Economics, 1993, 17 (6): 1228 -1252. Nolan P. De - collectivisation of agriculture in China, 1979 -82: A long - term perspective［J］. Economic and Political Weekly, 1983, 18 (32), 1395 -1406. O'Leary G, Watson A. The Role of the People's Commune in Rural Development in China［J］. Pacific Affairs, 1982, 55 (4): 593 -612. Riskin C. Feeding China: the experience since 1949［J］. Political Economy of Hunger, 1987.

③ Coase R H. Wang N. How China Became Capitalist (2012 edition)［M］. Palgrave Macmillan, 2012.

资的外资企业、中外合资企业的数量呈指数增长①。随着土地使用权需求的增加，尤其是外资企业的兴建对土地使用权制度提出了挑战，旧的土地分配制度与邓小平改革的目标不合辙，不得不改变思路，在土地资源配置中引入卓有成效的市场机制，以提高经济效益，纠正行政主导机制在土地配置方面的主观武断，尽量减少土地所有权制度的不利影响②。这也不可避免地导致了这样一个事实：由于政策配套难以一步到位，各级政府从国有土地上收益的传统依据一时陷于混乱，各地做法迥异，为了吸引外资，竞相转让土地使用权。

这也是1979年7月中共中央和国务院共同决定通过建立“经济特区”，逐步允许外商投资进入中国，特别是入驻中国土地的主要原因。在深圳特区，“市场经济成为主要的价值法则”③。但是，市场经济规模有限，为谨慎起见，深圳和珠海被指定为首批试点经济特区；如果一切顺利的话，汕头和厦门将是下一个。2009年“新华网”④ 社论纪念邓小平1979年在深圳发表成立特区的讲话第三十周年，邓小平对经济特区的态度如下：

“中央没有钱，可以给些政策，你们自己去搞，杀出一条血路来。”⑤

在这段话里，充分体现了自由主义的权力下放和宽松的精神。从那时起，以市场价值为中心的思想已经进入了人们的头脑，尤其是进入了各管一方的各级干部的头脑。由于中央的特区政策，深圳特区政府在地区政策方面获得了难以置信的自主空间，特别是在土地使用方面。例如：1981年11月深圳开始征收土地使用费（不是对业主征税而是对使用者征税）；第二年，深圳特区出台了土地管理暂行规定；到1987年底，深圳特区政府土地使用费收入超过4000万元（700万美元）。根据深圳和其他经济特区的经验，1986年土地管理法承认征费政策，大致确定如下：

“……任何单位和个人不得以买卖或者其他方式侵占或者非法转让土地。但是，土地使用权可以依法转让。”

因此，这一做法正式被允许推广到全国所有城市地区。由于它对增加地方

---

① Jiang D, Chen J J, Isaac D. The Effect of Foreign Investment on the Real Estate Industry in China [J]. Urban Studies, 1998, 35 (11): 2101 -2110.

② Ding C. Land policy reform in China: assessment and prospects [J]. Land Use Policy, 2003, 20 (2): 109 -120.

③ Zhang X Q. Urban land reform in China [J]. Land Use Policy, 1997, 14 (3), 187 -199.

④ 新华社是中华人民共和国政府的官方通讯社，也是中国最大的信息和新闻发布会来源。新华社是中华人民共和国国务院的机构，直接向中国共产党新闻部门报告。

⑤ 新华网. 共和国的足迹——1979年：创办经济特区 [N]. 2009 -09 -07. http://news.xinhuanet.com/politics/2009 -09/07/content_ 12007863.htm.

财政收入产生了重大影响，这种做法迅速蔓延开来。然而，土地使用费似乎仍然偏低，无法反映土地价值，即使地方政府已经征收了这些费用，大部分土地收益还是交给了土地使用者，而不是最终的土地所有者——国家[①]。

经过经济特区土地使用权转让的试点，1988 首次修改了“土地管理法”，正式建立了城市土地使用权转让市场，从此土地使用权正式与土地所有权分离[②]。城市地区土地使用权搞活的试点收到预期效果，国家认可深圳经济特区若干制度性改革（如深圳“土地出让金”）。具体而言，这批国有土地的在合同约定期限内使用权转让，获得使用权的一方如约缴纳“土地出让金”。使用土地按年缴费，然后根据土地使用者的申请，授予 40 至 70 年的土地使用权。地方政府收费的依据主要是土地管理法第 5 条：

“国务院土地管理部门负责全国土地的统一管理和监督。县级以上地方人民政府土地管理部门的设立和职责由省、自治区、直辖市人民政府依照国务院有关规定决定。”

按照改革开放总设计师邓小平的构思——调动中央与地方的两个积极性，出让土地使用权的收益应该由中央与地方分成，地方分成部分直接进入地方财政，大大充实了地方的钱袋子，成为地方财政收入的一大块蛋糕。可想而知，这对地方政府的激励该有多大，推动土地使用权交易可谓不遗余力。《国务院关于加强国有土地使用权有偿出让收入管理的通知》（1989 年）、《国有土地使用权有偿出让收入管理暂行实施办法》（1989 年）、《关于国有土地使用权有偿使用收入若干财政问题的暂行规定》（1992 年）、《国务院关于进一步加强国有土地使用权有偿使用收入征收管理工作的通知》（1993 年）数年内陆续颁布，从这些文件的名称就可看出，都与土地出让金收入有关，意在规范与这项资金有关的各个环节。

根据这些通知和暂行规定，用于房地产开发的土地价格由市场供求关系决定；用于基本民生的，如：保障房、廉租房，与发展产业有关的“工业园”和“高技术园区”政策性用地，并不完全依赖市场，可以由地方政府确定。在这两种情况下，地方政府都可以收取土地使用权出让金。仅此一项就使地方财政收入大增，土地使用权出让金远远高于以前的“土地使用费”。尤其是房地产的商业开发竞拍土地使用权带来的财政收入在监管措施不完善的情况下，

---

① 新华网. 共和国的足迹——1979 年：创办经济特区［N］. 2009 - 09 - 07. http：//news. xinhuanet. com/politics/2009 - 09/07/content_ 12007863. htm.

② Hsing Y. The Great Urban Transformation：Politics of Land and Property in China［M］. Oxford University Press，2010.

带来很多社会问题，诸如：贪污腐败。此外，正如我们在这里所见，相关的监管措施都有“通知”或“暂行规定”或“临时措施”等字眼，这分明是突发新情况，前所未有，暂且临时应对的权宜之计，而不是经由正常的立法程序依据法理学基本原理对各方利益的均衡保护。那年代确实政策与法律难分，“红头文件”就是处理民事关系的依据。

1988 年版本的《土地管理法》，及有关的“通知”“暂行规定”允许城市土地使用权在约定的期限内以货币为对价交由土地使用人使用。但政策重申：农村土地属于农村集体，不能合法流通牟利，此外，还有保护基本农田的政策红线。因此，土地使用权出让制度没有影响到农村。从新中国成立之初，中国土地就分为城乡两大类，差别对待，几乎延续至今。这既是中国宪法的规定，也是1986 年《土地管理法》的基本原则①。多年实务沿袭下来，城市的地方政府已成为国有土地的实际管理者，农村地方政府则成为各自集体所有土地的实际管理者。简言之，无论国家所有还是农村集体所有，这都是名义上的，实际上，土地所有权都是由地方政府管理，中国的土地实际管理者确实是地方政府②。

1.1.1.3　改革的效果、副产品及其预后

总之，1978 年开始改革开放就是从农村开始的，必然触及严重束缚农村生产力发展的土地制度，经验成熟之后，提升到法律层面，就是关于土地问题的立法相对密集。这些法律与政策推开之后，一改过去人民公社生产队的“一大二公”“管得太多，统得太死”，允许农业活动私有化和非集约化，特别是土地承包到户。农村土地管理制度的改革激发了农民的生产积极性，效果举国公认，可以说取得阶段性的成果。然后，影响扩大到城市地区，国家对城市土地利用的控制逐渐放松，权力慢慢下放，盘活了城市的土地存量，土地使用权转让给地方政府带来的不菲入账，成为财政收入的一大来源，为各地基本建设从资金方面提供了很大的支持③。但是，各地运用分权自由量裁的幅度不好把握，特别表现在土地使用权的“定价”方面，后来情况多少好一些，有了土地使用权转让的竞拍市场，借助市场机制为转让价格找到较为合理的均衡点。可是，到目前为止，中国还没有完成土地所有权与土地使用权相分离的法

① Hsing Y. The Great Urban Transformation: Politics of Land and Property in China [M]. Oxford University Press, 2010.

② Du J, Peiser R B. Land supply, pricing and local governments' land hoarding in China [J]. Regional Science & Urban Economics, 2014, 48 (C): 180 - 189.

③ 同上。

理学依据，这种所有权是不包括处分权的，现有的政策依据基本属于实践中的“灵活变通”。在可预期的将来，土地所有权还保留在目前的状况，难以取得理论上的突破①。很难想象，中国的崛起尤其在经济方面由大到强，反而不需要安全、透明、可预期的与国际通行做法相近的所有权制度作为保障②。正如下文所进一步论述的那样，自 20 世纪 70 年代末以来，土地使用权在城市和农村都是有市场价格的，从某种意义上说，就是商品化。这种大规模的土地商品化为今天所看到的中国快速经济增长奠定了基础，也就是释放了土地红利。

在农村地区，还有一种当年搬不到台面上的现象值得一提。尽管 1986 年的《土地管理法》和随后的 1988 年修正案有禁止性规定，但是，在珠三角和长三角等高度工业化的地区，随着城市规模扩展，附近农村土地转让已经形成了一个相当规模的黑市。这意味着这些土地实际上是商品化的③。除了从这些合法与不合法的土地市场获得经济利益外，再加上农业生产力的提高，从 70 年代末启动的土地政策改革大大减轻了这些地区的贫困程度，效果十分显著。不管预期与否，农村地区的非农业产业，也就是“乡镇企业”成为农村增收的重头戏。城乡土地政策的变革与农村出现大量乡镇企业是邓小平先生改革政策的重要亮点，也可以说是因地制宜的“副产品”。

正如文献中广为讨论的那样，由邻里村民创立的乡镇企业在农村地区大量存在，其中一些直接服务于农业，例如：化肥业、用于水利建设的建材业、生产与修理农机具的企业等，对于提高农业生产力起了很明显的作用④。1978 年之前，农村没有像样的农资市场，只有一些交换日常生活所需的露天集市。在突出政治的年代，即使这样的集市，政治高层也有人视其为“资本主义温床”，要“割资本主义尾巴”。农村没有能满足各方需要的真正意义上的市场。自从推动改革开放政策以来，中央对地方放权，让特区“杀出一条血路来”，

① Ho P. Myths of tenure security and titling: Endogenous, institutional change in China's development [J]. Land Use Policy, 2015, 47: 352 –364.

② 《中华人民共和国物权法》1993 年开始起草，2007 年正式颁布。这意味着中国重视对物权的保护，是立法的一大进步。但它与《土地管理法》以及一些其他的法律不尽一致，引起不少学者的关注。

③ Hsing Y. The Great Urban Transformation: Politics of Land and Property in China [M]. Oxford University Press, 2010.

④ Bryd W A, Lin Q S. China's rural industry: structure, development and reform [J]. Proceedings of the Institution of Mechanical Engineers Part L Journal of Materials Design & Applications, 1990, 225 (1): 11 –21. Ho S P S, Lin G C S. Emerging Land Markets in Rural and Urban China: Policies and Practices [J]. China Quarterly, 2003, 175 (175): 681 –707. Kung K S, Lin Y M. The Decline of Township – and – Village Enterprises in China's Economic Transition [J]. World Development, 2007, 35 (4): 569 –584.

特区的灵活度最大，特区之外的地区也要“大胆地闯，大胆地试”①。乡镇企业和普通的私营企业一样，被允许参与市场竞争，乡镇企业还有一个独特的优势——农村土地属于乡镇集体所有，无须支付土地使用权出让金等与土地有关的其他收费，也就是说，乡镇企业可以免费使用土地。

除了这一巨大优势外，乡镇企业还受到地方政府的进一步激励，特别是实行优惠的税收政策，有的甚至可以保留利润，用于再投资。这不仅就地满足农业生产的物资需要，还吸收了不少农村冗余劳力，扩大就业，增加收入，大大改善了农村的生活条件。多亏政府的这些优惠政策，帮助农村具备了发展经济的启动条件，全国各地乡镇企业创造的经济业绩令人瞩目。在矿业、材料加工、化工、机械零部件、服装制造等众多行业中，融资渠道和销售渠道也出现了多样化，产品也可以进出口参入国际经济大循环。根据 Perotti et al.（2014）的说法，这一现象后来称之为“中国乡镇企业奇迹”。例如，1995 年乡镇企业创造了中国近 30% 的 GDP，并提供了 1.35 亿个就业岗位，吸收了大量冗余劳力②。然而，随着市场竞争的发展，乡镇企业在增加收入和满足就业方面的能力似乎出现了瓶颈。与此同时，地方政府以市场为导向的增长战略进一步加剧了乡镇企业的内在问题③。乡镇企业的“荣耀”持续了近二十年，却留下了严重的环境问题：粗放的生产方式与不计环境成本的低水平生产工艺造成的水和土壤污染。这些问题一直困扰着农村的生计，甚至使许多乡镇企业变成了“癌症村”④。

1988 年的土地法修正案对城市里的土地出让金予以法律规范，这大大有助于国内的私营企业与包括外资企业在内的其他企业的建立与发展。一方面，这些不同性质的企业开始显现比沿袭旧体制的国企与集体企业更强的市场竞争力，城市的经济活力得到了前所未有的改善，城市居民的生活水平也得到大幅提高。另一方面，由于土地已成为建设基础设施和争取外来投资的重要工具，最重要的自然资源——土地归地方政府控制，盘活土地资源成为地方政府最热衷的事，因为可以利用土地促进地方经济发展。凡是有利可图，制度尚不健全

① 邓小平. 邓小平文选第三卷［M］. 人民出版社，1993.

② Perotti E C, Sun L, Zou L. State – Owned versus Township and Village Enterprises in China［M］// Brada J C, Wachtel P, Yang D T.（eds.），China’s Economic Development（pp. 33 – 59）. Palgrave Macmillan UK, 2014.

③ Kung K S, Lin Y M. The Decline of Township – and – Village Enterprises in China’s Economic Transition［J］. World Development, 2007, 35（4）: 569 – 584.

④ Chang C, Wang Y. The Nature of the Township – Village Enterprise［J］. Journal of Comparative Economics, 2004, 19（3）: 434 – 452. 彭向刚，向俊杰. 论生态文明建设视野下农村环保政策的执行力——对“癌症村”现象的反思［J］. 中国人口·资源与环境，2013，23（07）：13 – 21.

之时，一部分掌权者顺势搂草打兔子，非法获取私利也时有发生。

从 Hsing（2010）多次采访全国各地的地方干部的一手资料来看，大兴土木建设“工业园区”“高科技园区”、商品房、饭店、度假村以及游乐园拉动地方经济起了不可取代的作用，土地资源成为这波拉动的“通灵宝玉”。对地方政府来说，土地出让收入远远超过了工商税收。因此，土地收入已成为干部们的主要激励因素，只要有一块规模“合适”的土地，他们就愿意批准建设项目。这种急功近利的大规模建设很少与生态环境的承载能力联系起来统筹兼顾，为以后凸显城市化问题综合征埋下了伏笔（见下文）。换言之，土地租赁收入如此之大，在国内生产总值（GDP）里面所占份额显著，让其他产业的财政收入不再那么光鲜。自 1990 年代以来，它已成为地方政府最重要的收入来源之一，这并不令人惊讶。一些地方干部手握土地使用支配权，又缺乏必要的监督，大大增加了权力被滥用甚至被谋私的可能性，这也不难预料。

1.1.1.4　城市化

城乡经过多年的快速经济发展，逐渐进入问题比较复杂的一个新阶段，那就是城市化。城市化进程首先需要扩张城市土地，而这种扩张在中国正以惊人的速度进行①。Wang 等（2012）制作的中国从 1990 年至 2010 年卫星遥感城市区域扩张图（图 5），可以更直观地展示这一过程。

如图 5 所示，这三幅图像分别显示了 1990 年、2000 年和 2010 年城市建设面积按类别和省份分类的统计结果。1990 年只有 4 个城市的单个城市建设面积大于 200 平方公里。有 44 个城市的面积在 50－200 平方公里之间，占总数的 7.24%。当时只有一个省（包括相当于“省级”的直辖市）即北京拥有超过 1000 平方公里的城市建设面积，北京的统计结果包括了邻近的可居住地区。2000 年城市建设面积超过 200 平方公里的城市数量增加到 14 个，城市建设面积超过 1000 平方公里的省份增加到 7 个，其中大部分在东南沿海省份。2010 年城市建设面积大于 200 平方公里的城市数量增加到 43 个，其中城市建设面积在 50－200 平方公里的城市数量增加到 129 个，占城市总数的 25.94%。城市建设面积超过 1000 平方公里的省份增加到 13 个，这意味着城市化已经迅速蔓延到原本欠发达的中西部地区。

---

① Deng X, Huang J, Rozelle S, et al. Economic Growth and the Expansion of Urban Land in China [J]. Urban Studies, 2014, 47 (4): 813－843. Deng X, Huang J, Rozelle S, et al. Impact of urbanization on cultivated land changes in China [J]. Land Use Policy, 2015, 45 (45): 1－7. Gao J, Wei Y D, Chen W, et al. Urban Land Expansion and Structural Change in the Yangtze River Delta, China [J]. Sustainability, 2015, 7 (8): 10281－10307.

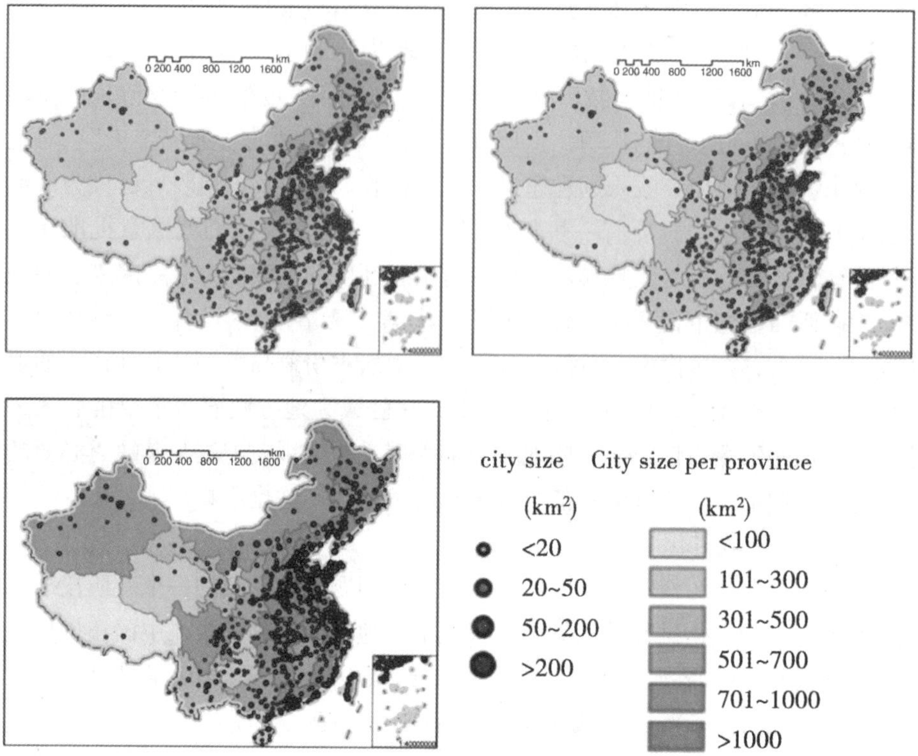

图5 1990年至2010年中国城市扩张图①

这一急剧城市化进程的后果在这部分的分析中已经涉及，有两个问题较为突出，引人醒目：第一，国家的领土都是有限的，尤其对人口大国而言，一寸土地一寸金，有金难买寸土地，城市化的外延扩张必然造成与农村土地的此消彼长，国家声称多年的“坚守18亿亩农田红线”是否能守住成问题，城市化过程造成城市周边土地资源的严重紧张，征用的极限在哪里不甚明了②。第二，根据对中国最近土地改革中诸多事项的研究成果来看，城市化的外延式扩张带来的工业布局问题对生态的影响不可低估，对生态环境的承载能力考虑不周，很可能导致生态恶化，甚至污染包括土地、水在内的自然资源。城市近郊农村担负着向城市供应蔬菜等日常生活所需的任务，环境污染一旦进入人类食

① 王雷，李丛丛，应清，程晓，王晓昳，李雪艳，胡娈运，梁璐，俞乐，黄华兵，宫鹏.中国1990～2010年城市扩张卫星遥感制图［J］．科学通报，2012，57（16）：1388－1403.

② Ding C. Land policy reform in China：assessment and prospects［J］. Land Use Policy，2003，20（2）：109－120. Mullan K，Grosjean P，Kontoleon A. Land Tenure Arrangements and Rural－Urban Migration in China［J］. World Development，2011，39（1）：123－133.

物链，日积月累出现问题，绝非即可轻易消除。

在本论文第四章第 3.2.3 节中，R 女士在 2009 年为她的非政府组织在云南省经营一个有机农场，她证明：由于当地政府强制征用土地，他们的业务突然被停止，“他们想要收回土地用于商业发展”，这种急功近利的行为很难挡住。政府只向原来的土地使用权人支付一定数额的补偿，这个非政府组织在土地上的投入因被突然中止造成的损失得不到任何补偿。她无奈说道：“毕竟土地是从当地家庭转包的，地方政府完全有权收回土地”，R 女士的经历与这一观点相呼应，即在中国土地征用确实是极为普遍的，这与土地所有权的性质极为相关。这并不奇怪，因为快速的城市化必然会导致对基础设施和房地产开发用地的巨大需求。事实上，为了获得更多可开发的土地，地方政府已经实施了各种措施，包括强制征地，或者如 Chan（2003）所说的“强制收地”[①]。《中华人民共和国宪法》第 10 条明确指出：

“国家为公共利益，可以依法征用土地。”[②]

宪法在一国的法律体系中具有最高的法律地位，是最上位法。《土地管理法》确认国家的土地所有权与宪法规定是一脉相承的，正如本研究的前面所示。此外，2001 年颁布的《城市建筑物拆迁管理条例》规定：“城市规划覆盖的土地上的建筑物可以强制征用”，这进一步澄清了除土地外，城市中所有的地面附属物都可能被征用的事实。关于农村土地，《土地管理法》（1998［1986］）规：“为建设目的可强制征用耕地”（见第 43 条）；但在征用之前，必须向政府申请将农田转为建设用地[③]。

同时，这两个法律也都涉及征用土地的补偿问题，规定都是原则性的，属于粗线条。但是，不少地方受拆迁的巨大利益驱使，补偿标准不统一，人为弹性从中作梗，与个别当事人乘机大捞一把的想法混杂在一起，导致暴力征地事件频发，屡见报端。从表面上看，强制征地是以国家名义进行的，并将给予被征地者以补偿；然而，在实践中，土地“交易”是在当地政府、承包建设者和房地产开发商的“商业谈判”之后签订的[④]，被征用者事先往往并不知情。

---

① Chan N. Land acquisition compensation in China – Problems & answers [J]. International Real Estate Review, 2003, 6 (1), 136 – 152.

② 中华人民共和国宪法［2004 年修正版］. http://www.china.com.cn/policy/txt/2012 – 01/14/content_24405089.htm. 2004.

③ 在大多数情况下，除“基本农田、除基本农田以外的耕地和 35 公顷以上的耕地以及所有其他超过 70 公顷的土地”外，须经国务院批准的除外（Chan，2003）。

④ Hsing Y. The Great Urban Transformation: Politics of Land and Property in China [M]. Oxford University Press, 2010.

消息不透明，政策交代不清也造成一些不必要的摩擦。从被征用者的角度来看，似乎别无选择，只能接受。换言之，国家对土地的集中控制与征用土地缺乏充分的民主决策过程，以及为了尽快旧貌换新颜为投资方提供便利等因素，“自由化”了土地使用权交易。

上述现象呼应了 Ho（2015）关于中国缺乏安全、透明和正式产权的观察。一些西方学者对这种土地制度有看法，指出：这种局面导致的社会后果与当年西方国家出现的圈地运动的有相似之处①。然而，一些国内研究人员则认为：国家“恢复”土地使用权的自由流转，是中国实现经济奇迹的无与伦比的优势。例如：贺雪峰在其著作《地权的逻辑：中国农村土地制度向何处去》（2010）所说：

“中国可以以较低的成本扩展城市和建设基础设施，从而可以为中国经济发展提供基础条件。……（这得益于）中国特色的土地制度。……国家正是占有了土地收益，才有能力为全国大多数农民提供大规模的转移支付”（p. 324）②。

事实上，他的观察表明，这一中文版的“圈地运动”几乎逼真地反映了中国经济的国家资本主义性质。在农村圈地中充当大资本家的是地方政府，通过法律程序积累土地资源是资本。很明显，中国最近的经济发展确实建立在对农村资源的开发上，尽管如此，是否提倡这种做法是另一个问题③。

关于第二个问题，在《中国生态环境危机》④（2011）的手稿中，中国科学院植物学研究所著名高级研究员蒋高明提出了垃圾处理、生物多样性消失、空气污染、地下水和耕地等多种问题，对生态危机进行了系统的探讨。地方政府“招商引资”的性质就是改革开放之初，大力倡导吸收外来直接投资，以促进地方经济发展。吸引投资的举措首先是由沿海城市实施，引人注目的经济提振效应吸引了全国各地的效仿“好榜样”，直截了当地说，就是利用外国品

① Du J, Peiser R B. Land supply, pricing and local governments' land hoarding in China [J]. Regional Science & Urban Economics, 2014, 48 (C): 180 - 189. White B, Saturnino M B Jr, Hall R, et al. The new enclosures: critical perspectives on corporate land deals [J]. Journal of Peasant Studies, 2012, 39 (3 - 4): 619 - 647. Xu Y, Tang B S, Chan E H W. State - led land requisition and transformation of rural villages in transitional China [J]. Habitat International, 2011, 35 (1): 57 - 65.

② 贺雪峰. 地权的逻辑 [M]. 中国政法大学出版社，2010.

③ 围绕农村土地私有化曾发生过激烈的争论，支持者（如，贺雪峰）与反对者（如，周其仁）论战的“土地制度与中国特色”，在“土地估值的直接受益者”问题上针锋相对。（参见 http://politics.people.com.cn/n/2015/0608/c70731 - 27121410.html，最后于 3/3/2016）

④ 蒋高明. 中国生态环境危急 [M]. 海南出版社，2011.

牌、金融资本、技术和销售网络，让他们利用中国本土的人力资源和能源，实现“双赢”的目的，他们可以赚取一定利润，实现投资回报，我们可以收税增加财政收入，增加就业岗位，多学一些国外先进技术与管理经验。此外，为了吸引尽可能多的投资者，中国各地政府还忙于相互竞争，刻意创造一个“有利投资的环境”（实际上，已成为外资在中国享有超国民待遇）[①]，即在外国投资者眼中“得分高”[②]。由于受到各种优惠政策的刺激，外资与合资企业开办了许多制造业工厂，其中大部分建在地方政府授予“开发区”名称的城市地区，不少企业节省了很多本来应该用在治污上的成本，中国的环保低标准直接变成他们的利润[③]。此外，外资与 1.1.1.2 节中讨论的乡镇企业合作，也使这一做法扩展到农村。正如 Jiang 指出的，吸引外资的政策曾一度被解读为“招商引资，引进了资本，也引进了环境污染，这是中国‘带血的GDP’的开始”。

如果说土地使用权改革的早期阶段过多围绕着市场取向，是为了在不改变城乡双元制的前提下，依靠现有的自然资源与人力资源存量激活地方经济，终归不得不注意到：此举附带的副作用及其后果累积起来，早已远远超出地方界限，演变成一个更大范围甚至全国性的影响。城市规模快速持续扩张都是以牺牲周边农田为代价的。正如 Hsing（2010）所指出的，1987 年至 2003 年期间，在农业用地转为非农业用途的热浪中，中国把本已有限的耕地面积减少了1000 至 1200 万公顷，约占全国总面积的十分之一。1990 年至 2007 年城乡间，因农地转换与城市修建使 6000 至 7500 百万人移居他处。城市化外延扩张的逻辑与生态环境保护往往是一对如影随形矛盾，得失之间贵在权衡何为适度，贵在从长计议。土地问题涉及很多人的切身利益，事关民生，一旦处理不好，可能引发严重社会问题。

从 Domergue（2012）对法国城市化及其对农业影响的分析，我们可以看到：尽管法国和中国都出台了法律与相关的监管措施，以保护农田免受城市化的影响，但是，城市化正在一点点地蚕食农用地的事实早已表明这是一个难以

① 中文原文的“超国民待遇”，与 WTO 提出的“国民待遇”一词不同。中国地方政府为外国投资创造的条件远比当地企业的条件有利。直到 2010 年，中华人民共和国国务院才决定取消税收方面的超优惠政策。

② Arrighi G. Adam Smith in Beijing: Lineages of the 21st Century [M]. Verso, 2007. Lardy N R. Foreign Trade and Economic Reform in China [M]. Cambridge University Press, 1991.

③ 蒋高明. 中国生态环境危急 [M]. 海南出版社，2011.

避免的势头，法国与中国情形相似①。与此同时，国家层面上信号频传，保护农田不受城市化侵蚀的立法活动也紧锣密鼓地进行。地方政府却在政绩的诱惑下，大肆进行城市扩容，为此地方政府出台了不少政策，如建设项目的低利率贷款（甚至0利率），以及其他财政激励措施，以“廉价”的方式吸引私人投资房地产开发。两相看似矛盾，却是现实存在。这种城市化的阵式在历史上的法国与现今的中国都很普遍②。

这种两国相似，既有特定的历史阶段难以完全避免的特点，也有人们急功近利短视行为的悲哀。在以资本为核心驱动力的现代经济体系中，农地这种命运有一定的必然，尽管这些国家各自的经济性质完全不同。然而，在中法两国城市化的制度性的背景下，可能存在不引人瞩目但却很重要的不同因素，正如Charmes（2011）所说的那样，法国郊区典型的城市扩张过程展开如下：第一阶段，离农村最近的城区由当选的农民代表（“élus agriculteurs”）管理，他们顺理成章地乐意接受那些不堪城中区高昂房价的家庭到城市外围寻找住房的家庭，新增的住房需求必然推高房价，这些区域内的农民从房价升高中得到利益，原本的农地转为商业开发似乎符合各方的利益需求。第二阶段，这些新搬入城郊的住户逐渐成为镇上人口的大多数，他们将投票阻止在农田上增建房屋，以阻止持续涌来的新增人口影响他们的生活水平。新一波寻找“有价值”的住所的住户被迫离开城市，再向外扩散寻找其他临近农村地区，在那里他们重现上述过程。为了阻断这一循环，关心环境问题的民间组织（例如：气候行动网络（“réseau action Climat”）和法国农民工会（FNSEA）已经开始要求‘城市化’不仅在城市一级界定，还应该在社区一级界定；这样，才能在控制城市密度和保护农田方面制定更好的长期计划。法国的社会层级民主决策机制在城市化的过程中能起一定的导向作用③。中国这一点与法国大不相同。这种民主程序的“缓冲”没有存在的迹象。资本主义对农村土地的“侵蚀”由于民主程序的影响确实出现了一定程度的自组织现象，对城市化过程中的消极因素也相当的遏制作用，出现趋利避害的效果。法国的城市化进程总起来说，还

① Domergue M. L’agriculture grignotée par la ville［J］. Alternatives Economiques，2012，314. http：//www. alternatives - economiques. fr/l - agriculture - grignotee - par - la - ville_ fr_ art_ 1149_ 59046. html.

② Xu J，Yeh A，Wu F. Land Commodification：New Land Development and Politics in China since the Late 1990s［J］. International Journal of Urban & Regional Research，2010，33（4）：890 -913.

③ Charmes é. La Ville Emiettée?：Essai sur la Clubbisation de la Vie Urbaine［M］. Presses Universitaires de France - PUF，2011.

是比较成功的。同为城市化因为程序不同，效果也会不同。中国的城市化往往来自农业区域的快速工业化的推动，地理区域功能分隔定位不清，再加上缺乏民主程序的自组织自协调功能，中国的城市化进程对农业的可持续性可能产生潜在的挤压，乃至影响中国将来的经济结构。习近平主席说的“中国人的饭碗要端在自己的手上”，没有远虑必有近忧，中国应该提前认识到：对自然资源与人力资急功近利似的过度开发对中国的可持续性的不利影响。（见下一节的分析）

1.1.2　劳动力

在市场经济中，劳动和其他两种虚拟商品，即土地和货币，都是像其他生产的商品和服务一样，在市场上被买卖，其价格被称为“工资”或“薪水”，这取决于职业的“性质”。新中国作为一个社会主义国家，它的劳动制度与调节劳动力供给的市场与其他历史上早已是市场经济的国家相比，很有特点，它的历史演变逻辑也不同于其他国家。值得研究者从历史的演变中加深对现存状况的认识。

1.1.2.1　1978 年改革与人力资源再配置

中国劳动力结构的演变与前面所讨论的土地改革有着密切的联系。最近的城市化浪潮不仅导致了城市土地的扩张，而且导致了人口结构的急剧变化。正如本书开头所提到的，13 亿中国人口中有 2/3 以上的人口是由农民组成的。这个数字令人印象深刻。然而，仔细看一看国家统计局提供的这一数字，我们不禁注意到一个明显的不一致：根据国家统计局 2010 年（最新）人口普查①，在“农业”类“农村家庭和农村人口”亚类中登记的“2010 年农村人口”为 9.6619 亿，而“农村人口”则为 6.7415 亿，城市人口为 6.6557 亿。

至今未见官方对两个数字不一致的解释。然而，人们很容易猜测这可能是由于中国的一种特殊现象：农民工（农民进城打工为生）。虽然流动工或移民工是世界各地都存在的现象②，但在中国的情况略有不同，因为这些工人不必跨越国界，待在中国只有“户籍制度”，用一个国外更熟悉的说法来说，就是

---

① 除了这种混乱之外，还有第三组数据属于“总人口”类别，表明 2010 年农村人口为六亿七千一百一十三万，城市人口为六亿六千九百七十八万，但仍未对差异作出任何解释。国家统计局数据库提供的数据供公众查阅（http：//data. stats. gov. cn/，最后一次查阅于 2016 年 3 月 25 日）。

② Fitzgerald I. Working in the UK：Polish migrant worker routes into employment in the north east and north west construction and food processing sectors [R]. London：Trades Union Congress，2007. Griffith K L. U. S. Migrant Worker Law：The Interstices of Immigration Law and Labor and Employment Law [J]. Social Science Electronic Publishing，2009，31：125 - 161.

“国内护照”是限制他们流动的唯一行政限制。正是户籍制度把中国人口分为农业户口与非农业户口两个“身份”，这就是中国人口中的城乡二元关系。农业人口不同统计口径的3亿之差，很可能反映了这部分人在农村地区登记为农业人口，因为这个身份就可以享有土地转让的收益，同时也人却在城市里打工与生活。同一情况在高校中也得到同样的反应：来自农村的学生不再迁户口来上学了。

很多文献对中国的户籍制度的作用、特点及其影响进行了广泛的探讨①，在这个基础上，本书对我国城乡劳动力配置的效果做了进一步考察。

从历史上看，作为一个以农业为本的国家，中国劳动力配置与土地紧密相连②，这印证了 Marx 和 Polanyi 在历史上土地与劳动不可分割关系的观点。从新中国建立到1978年改革开放之前，中国没有通常意义上的劳动力市场和劳动力流动，说得更直接一些，就是禁止劳动力自由流动。早在1949年，党领导全国大力推动了城市地区的工业化，在这个范围内，“熟练工人”的名称很快就扩展到所有城市工人，工人阶级是国家的领导阶级，企业不能随便裁员，工人实际上端着“铁饭碗”。那个时候的中国在低水平上实现了工人终身有工作以及从摇篮到坟墓都有福利保护状况③。发展经济的重点在于发展工业，尤其是重工业，曾一度出现“以钢为纲，有了钢什么都好办了”的领袖指示。为了支持城市工业发展，国家采取农副产品统购统销的政策，农民的农产品只有一个买主，那就是国家。国家通过统一价格，成功实现了工业产品与农副产品的价格“剪刀差”。农民没有机会进城务工，享受成立的好处，国家通过户口制度成功地控制了人口的自由流动④。不顾禁令偷偷进城找活干的农民曾被称为“盲流”，被看作影响社会稳定的不利因素，有可能被遣送回原地⑤。

直到20世纪70年代末开始的市场经济改革，才放宽人口流动限制，为了“解放生产力”⑥。这种高层领导心态转变的最令人信服的证据之一，反映在

① Chan K W, Zhang L. The “hukou” system and rural - urban migration in China: processes and changes [J]. China Quarterly, 1999, 160 (1): 818 - 855.

② Meng X. Labour Market Reform in China [M]. Cambridge University Press, 2000.

③ Warner M. Human Resources in the People's Republic of China: the 'Three Systems' Reforms [J]. Human Resource Management Journal, 2010, 6 (2): 32 - 43.

④ Bowlus A J, Sicular T. Moving toward markets? Labor allocation in rural China [J]. Journal of Development Economics, 2004, 71 (2): 561 - 583. Zhao Y. Labor Migration and Earnings Differences: The Case of Rural China [J]. Economic Development & Cultural Change, 2015, 47 (4): 767 - 782.

⑤ Yan H. New Masters, New Servants: Migration, Development, and Women Workers in China [M]. Duke University Press, 2008.

⑥ 邓小平. 邓小平文选第三卷 [M]. 人民出版社, 1993.

1978 年对《中华人民共和国宪法》的修改中。为了打破阻碍中国经济发展的平均主义“大锅饭”，1978 年的宪法第一次就分配制度作了明确说明：

“国家实行‘不劳动者不得食’‘各尽所能、按劳分配’的社会主义原则”(第 10 条)①。

根据“不劳动者不得食”的原则，只要一个人为了生存为了吃上饭而想工作并按工作获得报酬，其行为应被视为符合宪法。新中国宪法把劳动放在一个很重要的位置，几个版本的宪法里面都有相似的表述。作为社会主义市场经济重要原则的一部分，这部分内容在两次修宪中仍然一直保持。1982 年和 2004 年新版《中华人民共和国宪法》对这部分内容的措辞温和多了：

“中华人民共和国的社会主义经济制度的基础是生产资料的社会主义公有制，即全民所有制和劳动群众集体所有制。社会主义公有制消灭人剥削人的制度，实行各尽所能、按劳分配的原则”②。

本着这种精神，已有户籍政策不应再排斥农村人口向任何经济活动部门提供劳动力，农民进城打工也不应该在限制之列。可是，进城打工的农民不是城里人，他们依然属于原农村，因而，同为工人甚至在完全一样的工作岗位上，农民工与城市工人享受的待遇是有差别的。城里的社保政策与农民工无缘(随着改革的深入，这些问题后来大多化解)。临时用工对农民工来说，就是常态，可是，有些农民工已经在企业经年累月的工作③。此种状况持续的时间挺长。从 1978 年户籍政策改革近 40 年，农民工才逐步享受到了同等福利④。放宽户籍管制是在 1978 年改革之后不久就启动的，在一个正常的机场经济体制中很难想象劳动力的流通是不自由的。尤其是让农村多余的人力资源流向城市高速发展的经济体，把农民从只有单纯务农一条路上解放出来，给他们多一些选择命运的机会。可是，他们一旦进城就需要劳动力市场配套服务，不健全的市场与不健全的监管给农民工带来很大的困惑，他们在劳动力市场上往往成为最弱势的一方。(参见下节)

---

① 见网页：http：//www. npc. gov. cn/wxzl/wxzl/2000 - 12/06/content_ 4365. htm，上次查询时间：2016 年 2 月 4 日。

② 见政府门户网站的英文版页面：http：//www. npc. gov. cn/englishnpc/ Constitution/2007 - 11/15/content_ 1372963. htm，上次查询时间：2016 年 2 月 4 日。

③ Chan K C，Ngai P，Chan J. The Role of the State，Labour Policy and Migrant Workers’ Struggles in Globalized China [M] // Globalization and Labour in China and India. Palgrave Macmillan UK，2010：132 - 151. 孙玉娜，李录堂，薛继亮. 农村劳动力流动、农业发展和中国土地流转 [J]. 干旱区资源与环境，2012，26 (01)：25 - 30.

④ 庄庆鸿. 过半农民工不想上社保：户籍障碍成最大原因 [N]. 中国青年报，2014 - 09 - 19.

中国的社会保障总体上来讲属于低水平，这与中国的发展中国家定位直接相关。在城里工作的农民工的社保还比不上城里人，城里人至少还有自己的社保账户，农民工很长时间甚至连自己的社保账户都没有（Li，2006；Tao，2008）。尽管条件不利，农民工曾一度一个劲地往城里涌，诱因就是他们认为在城里能比在农村挣更多的钱，甚至农村广为推行家庭联产承包责任制实施之后，情况也没出现多大逆转（见第 1.1.1.2 节）。中国农村自古以来就有“热土难离”的民间说法，农民工之所以背井离乡，备尝艰辛，除了农村劳力富余，在家没多少事干，出来挣点钱的想法之外，随着电视等现代传媒进入农村，他们已经不满足于从电视画面上看外界，很想到城里自食其力来看看。

在中国，现在已经不再有一群人可以简单地归类为“农民”。这类人口应进一步细分为四类：“纯农户、以农业为主的兼业户、以农业为次的兼业户、外出务工经商不再兼业的农户”。从国家统计局掌握的数据来看，在拥有户口的 10 亿农民中，有 5.3244 亿人是“经济活动从业者”，其中 2.7695 亿人约占从业者的半数“从事种植业、林业、畜牧业和渔业工作”[①]。以此为依据，我们可以相当有把握地估计：农民家庭中属于后两类的人至少与前两类人一样多。在前两项中，另一半（超过 2.5 亿）的农村劳动人口代表着农民工，这差不多相当于国家统计局早些时候提供两组人口数据的 3 亿之差。

然而，如上文所示，这 3 亿来自农村的劳动力并非如传统经济学的看法，是城乡双元制之下农村多出来的劳动力[②]；相反，这些从农村外流劳动力的大多数是青壮年，正是农村需要的劳力。农村实行承包制之后，分田到户，条块切割很严重。农业活动仍然以传统的劳动密集型方式组织[③]。根据改革开放以来进行的四次全国人口普查（如表 2 和表 3 所示），仔细研究农村劳动人口的性别和年龄结构及其演变时发现：不仅农业劳动人口占劳动人口总数的比例已显著持续下降，随着时间的推移，农业劳动人口也大大老龄化和女性化。

这一中国农业部门的“人力资源外流”现象在本书中由不同的受访者多次提及。农业中年轻、强壮、男性和受过教育的劳动力大量持续流失，流出之后已被重新定向到其他经济部门，尤以他们原来居住地不远的乡镇企业为多，或

---

① 这里还使用了 2010 的数据来保持一致性，选择 2010 作为参考，因为它是最近一次人口普查的年份，提供了比较可靠和完整的数据。

② Lewis W A. Economic Development with Unlimited Supplies of Labour [J]. Manchester School, 2010, 22 (2): 139 - 191.

③ Bowlus A J, Sicular T. Moving toward markets? Labor allocation in rural China [J]. Journal of Development Economics, 2004, 71 (2): 561 - 583.

者干脆离开农村，成为事实上的在城里工作的人，也就是农民工，常年不再回农村①。这种现象造成的后果是多方面的：第一，这对农业生产力的影响是负面的，相对高素质的劳力成规模外流，甚至有些地方出现良田撂荒②；第二，农村地区出现不少“留守儿童”和“空巢老人”，这对正常的家庭生活与社会生活都是比较负面的③；第三，从农村流入城市的人力资源，时间长了就算扎根了，作为人口大国的中国人口增长的态势一直保持着，在经济调结构的大背景下，这些从农村来的劳力不再是填补城里空缺，反而加剧了城里的失业压力④。

表2 自1982以来四次人口普查显示的农业劳动人口变化

人口普查年份 项目	1982	1990	2000	2010
农业劳动人口（百万）	375	458	434	326
在总劳动人口中的占比（%）	71.93	70.79	61.64	45.55
男性（百万）	201	240	224	166
女性（百万）	174	218	210	160
性别比（每一百女性中的男性）	115.75	109.77	107.19	103.20

（来源：1982，1990，2000，2010，中国人口普查数据）⑤

① 郭建华.人口老龄化对劳动力市场的影响分析［J］.理论月刊，2011（04）：81-83. Guo L，Yang Y. Study on measurement attributes of biological assets in Chinese agribusiness［M］// Du W.（ed.），Informatics and Management Science IV（pp.323-328）. Springer London，2013. 李旻，赵连阁.农业劳动力“女性化”现象及其对农业生产的影响——基于辽宁省的实证分析［J］.中国农村经济，2009（05）：61-69. 李旻，赵连阁.农业劳动力“老龄化”现象及其对农业生产的影响——基于辽宁省的实证分析［J］.农业经济问题，2009，30（10）：12-18+110.

② Burkitt L. Aging workers，slowing productivity：China’s changing demographics［N］. The Wall Street Journal. 2016-03-01. http：//blogs.wsj.com/chinarealtime/2016/03/01/aging-workers-slowing-productivity-chinas-changing-demographics/. Lardy N R. Agriculture in China’s Modern Economic Development［M］. Cambridge University Press，2008［1985］.

③ Chang H，Dong X Y，Macphail F. Labor Migration and Time Use Patterns of the Left-behind Children and Elderly in Rural China［J］. World Development，2011，39（12）：2199-2210. Liu L J，Guo Q. Loneliness and Health-Related Quality of Life for the Empty Nest Elderly in the Rural Area of a Mountainous County in China［J］. Quality of Life Research，2007，16（8）：1275-1280.

④ Wei Y D，Ye X. Urbanization，urban land expansion and environmental change in China［J］. Stochastic Environmental Research & Risk Assessment，2014，28（4）：757-765.

⑤ 原新，刘厚莲.改革开放以来中国农业劳动力变迁研究——基于人口普查数据的分析［J］.中国农业大学学报（社会科学版），2015，32（04）：76-83.

表3　按年龄组分列的农业劳动人口比例（%）

年龄组	1990			2010		
	总计	男性	女性	总计	男性	女性
15/16 ~ 19	13.85	48.59	51.41	3.01	54.51	45.49
20 ~ 24	17.76	50.37	49.63	8.73	49.15	50.85
25 ~ 29	14.02	50.28	49.72	7.84	49.24	50.76
30 ~ 34	11.10	51.33	48.67	8.04	49.28	50.72
35 ~ 39	12.07	50.58	49.42	11.29	48.58	51.42
40 ~ 44	8.89	51.33	48.67	13.98	48.13	51.87
45 ~ 49	6.70	53.30	46.70	12.60	48.16	51.84
50 ~ 54	5.69	57.71	42.29	9.98	50.82	49.18
55 ~ 59	4.66	62.03	37.97	11.09	52.54	47.46
60 ~ 64	2.93	69.07	30.93	7.01	56.37	43.63
65 +/65 ~ 69	2.34	76.38	23.62	3.80	60.42	39.58
70 ~ 74	–	–	–	1.69	63.49	36.51
75 +	–	–	–	0.95	61.19	38.81

（注：1990年人口普查数据从15至19岁年龄组开始，结束于65岁。2010年人口普查从16岁至19岁，结束时为75岁。缺失的数据标记为“–”。资料来源：同上。）

1.1.2.2　中国劳动力市场的价格体系

如前所述，中国在1950年代大力推动工业化的城市地区，城市工人端着“铁饭碗”，工资都由国家统一规定。按照当年传统意识形态说法，没有资本家，每个人都视为国家工作，不必再把自己的劳动“卖”给任何人，换言之，劳动力不能再被视为商品，工资也不能再被视为购买劳动力的价格[①]。这种保障政治意味十足，尽得不少人欢心，却难以持久，因为它对发展生产力不利，但这只适用于城市工人。或许更重要的是，这种保障实际上也禁止了农民入城工作，凡是任性进城想务工的只能当“盲流”。拒绝人口自由迁徙，排斥市场机制调节劳动力流向是当年的一大特征，天长日久，社会必将丧失活力，成为

① Meng X. Labour Market Reform in China [M]. Cambridge University Press, 2000.

一潭死水。这也是为什么1978年中国实行改革开放政策要引入市场或者让市场重新回到社会生活的重要原因。人类有史以来，历史经验早已证明：市场在资源配置方面有不可取代的功能。

“自我调节”的市场连同其劳动力定价制度，并没有根据市场的供需状况直接明了为劳动力定价。正如Meillassoux（1975）在讨论廉价劳动力（“la main d’ ouvre bon marché”）那一章中所指出的，关于社会每一名雇员的工资，存在：

“……两种报酬：直接工资和间接工资。第一种报酬是雇主根据雇员提供的工作时数直接付给雇员的。它至少包括但不一定超过雇员维持生计所需的数额。另一方面，间接工资并不是在合同制的雇主—雇员关系中实现的，而是通过社会机构重新分配的。间接工资是根据特定的收入水平，在全国范围内维持和复制劳动力所需的社会产品数额部分或全部计算的薪酬数额。间接工资不是根据个别雇员提供的工作时数计算的，而是严格按照每个雇员个人维持和劳动力再生产的费用计算，而且，可以根据他的婚姻状况、子女人数、失业或生病天数等精确计算”(p. 155)①。

同样，在Marx的价值论和他对资本主义剥削劳动剩余价值的批判中②，“普通工资”，或者换句话说，在（资本主义）市场上购买劳动力的价格，实际上已经考虑到了Meillassoux提出的这些“社会产品”③。本着这种精神，我们可以说，即使在一个自我调节的劳动力市场上，最低限度的社会保障（“维持和再生产国家规模劳动力所需的社会产品数量”）也包含在价格中，因此最低工资由市场以马克思所描述的隐含方式或明确的方式确定。在当今的大多数福利国家里，都增加了更多的“社会产品”，例如休假权。

至于meillassoux（1975）论点的这一部分，再分配“间接工资”的“社会代理人”被认为是（资本主义）国家，或者是管理社会保障基金的法定机构。但他认为，这种情况只能发生在工业生产过程处于国家合法管辖的领域内。一旦国家资本主义跨出国门去殖民那些“野蛮”地区，当地的土著人基本上是为了自己的“生计”工作（狩猎、采集和种植等）。这些殖民者就不必

---

① Meillassoux C. Femmes, Greniers & Capitaux [M]. FranÇois Maspero, 1975.

② Marx K. Capital: Volume I: A Critique of Political Economy [M]. International Publishers, 1977 [1867].

③ 为了提供精确的引文，马克思写道：“资本主义生产的机制预先提供了一个阶级，通过将工人阶级转变为依赖工资的阶级，其普通工资不仅足以维持生存，而且还足以维持劳动力再生产”(p. 411)。

像在他们国内那样为购买劳动力支付代价，特别在间接工资方面。无论在殖民初期的短期“强制招募”（与其说“招募”，不如说征用），还是在后来把他们国内的“最低薪金”法搬到殖民地，不是国家资本主义的殖民者个人，而是殖民者带到殖民地盘剥劳工的“国内生产方式”应为提供必需的“社会产品”负责，可是，这种生产方式除了剥削，别的都懒得动（pp. 139 – 149）。换言之，在殖民地劳工市场订定劳工价格时，供求规律实际上根本不起作用，因为间接工资主要是透过劳工团结而迫使雇主“支付”，缺乏团结，雇主就省下了。劳工在被迫聘用时，从原来的维持生计的经济中“受挤压”，而他们的家庭只能勉强渡过难关。只要殖民者能控制住，情况便不会有太大的改变。

如果我们回到1978年改革后中国劳动力市场价格体系的讨论中，我们会发现：上述劳动力定价制度与早年中国的情况有些相似，正是这种以家庭为单位的团结对劳动力的自我开发与剥削有利于雇主以最低价购买劳动力，没有同一阶层为自身利益的团结，劳动阶层难以获得间接工资。这是劳动力以家庭团结为单位进入劳动力市场的一大特点。虽然不是一个小问题，但因为进入劳动力市场从表面来看都是自愿的，把问题的实质巧妙地遮盖起来了，反而不为人所注意。例如，农村年轻力壮的劳动力进城务工，农民工光看到手的现钱确实比待在农村多了，只注意直接工资，甚至根本不知道还有间接工资这回事。事实上，由于城市的工资确实比一般的农业收入高出许多，农村家庭要么被事实说服（例如，农民工寄回家的汇款），要么就是幻想着把青壮年劳力弄到城里去工作，挣更多的钱，将来能有个好前途①，而没想到实际上他们只能拿回间接工资一个份额，甚至没有间接工资。城市里的雇主倾向于使用农民工，主要的动机就是用农民工肯干还听话又省钱。

如在上一节讨论，随着青壮年劳力的批量流出，农业劳动人口老年化大大加剧了，给农业发展特别是内涵式的发展带来了不利影响。过度使用化肥和杀虫剂也反映出农民的文化素质难以跟上现代发展理念，难以顾及过度施用化肥与农药对生态的破坏以及对农业长远利益的消极影响。换言之，在劳动密集型农业生产中，老年劳动力和女性劳动力占比过大，以及对农药农机具的不当使用，很可能是对文化素质相对较高的青壮年劳动力缺位的一种补位。这些现象很像农村家庭自己为自己提供“间接工资”。只有通过农村劳动力的老年化与女性化以及来补充农村青壮年劳力的外流造成的缺失，也就是“以次充好”

---

① 石智雷，杨云彦. 家庭禀赋、家庭决策与农村迁移劳动力回流［J］. 社会学研究，2012，27（03）：157 – 181 + 245.

来保证种地所需，维持粮食等农作物的产量。进城的农民工往往得接受劳动力市场给他们设定的偏低的工资标准，即使偏低也对他们有诱惑，由此可见，工业与农业的盈利能力相差多大，主要原因就是农业的集成化程度与科技水平偏低所致。根据国家统计局的数据，中国的粮食产量已接近创纪录水平，政府采取强有力的政策鼓励农业生产以养活世界上最大的人口。这个数据是从纵向的角度来看农业的，确实年年有递增，但是，一旦横向比较就会看到，中国工业水平与发达国家的差距与农业水平相比的差距明显小很多。恐怕这才是中国农业相对弱势的根本原因。正如世行数据库中所显示的，中国粮食进口一直在持续增长①。伴随着中国的环境危机以及全球气候恶化问题，粮食自给自足问题也变得越来越具有挑战性②。

另一个值得指出就是，家庭团结不仅存在于中国农村，而且，在城市中比在农村地区有过之而无不及。中国从 20 世纪 80 年代开始实施严格的计划生育政策，即一对夫妇只准生一孩。这一政策贯彻了长达 30 多年的时间，造就了独生子女一代。他们的父辈渐渐老了，独生子女一代开始踏入社会成为年龄上的中坚力量，这不仅大大改变了中国人口结构，使中国人口呈现快速老年化，而且强化了家庭团结根深蒂固的心态。在城市，年轻的求职者也会接受低工资，尤其是参加工作的头几年，（当然，也期待着以后更美好的未来）。他们背后的依靠就是来自家庭的诸多帮助，例如，跟父母住在一起，无须缴纳房费等等，按照社会流行说法，就是啃老一族。此外还有直接的现金资助③。然而，低工资给城乡家庭带来的生活压力比较明显，特别是近几年来，不少家庭感觉：工资的增长似乎与中国的生活开支不相称④。

当我们看国家在这件事上的作用时，注意到：自 20 世纪 70 年代以来，中国政府的定位与 Meillassoux 所描述的国家资本家非常相似，也就是曾一度在报刊上见到“经营国家”一说。放松户口管制和“不劳动者不得食”的政策反

① 信息来自世行网页 http：//data. worldbank. org/indicator/TM. VAL. FOOD. ZS. UN？ locations = CN，上次查询时间为：2016 年 10 月 25 日。.

② Wang J，Mendelsohn R，Dinar A，et al. Can China Continue Feeding Itself?? The Impact of Climate Change On Agriculture ［R］. The World Bank，2008. http：//elibrary. worldbank. org/doi/abs/10. 1596/1813 －9450 －4470.

③ Xie X，Defrain J，Meredith W，et al. Family strengths in the People’s Republic of China：As Perceived by the University Students and Government Employees ［J］. International Journal of Sociology of the Family，1996，26（2）：17 －27.

④ Gao Y，Zheng J，Bu M. Rural －urban income gap and agricultural growth in China ［J］. China Agricultural Economic Review，2014，6（1）：92 －107.

映了国家对新形成的劳动力市场采取鼓励态度，特别是改革开放之初。这种态度对于形成健全的市场体系是很有必要的，难以想象全国存在商品市场反而没有劳动力市场，尽管马克思把劳动力称为“特殊商品”，但是，再特殊，也不能排除它的可交换属性，交换哪能没有市场？但是，市场不能解决劳工的社会保障问题，政府对社保应该因时制宜划出红线，在这个基础上，市场的定价机制再来运作才能对劳工彰显国家保护劳动者尤其是弱势劳动者性质，这也是社会公平的一种体现①。中国劳动力市场的制度进化只能随着国情的改善而逐步渐进，似乎被“重新设置”的合理性不大。政府已经做出了政治、立法等多方面的努力，一些民间团体（如专门保护农民工权益的非政府组织）出现了。这两个事实都表明：这并非一家之事，多方合作，协调共进才能带来光明前景。

1.1.2.3　劳工权利、失业和工会

新中国建立以来，主流媒体倡导的“勤劳是中华民族传统美德”始终（而且应该继续）是中国经济稳定增长来自劳动者群体品质的保证（例如 Chen（2014）在《光明日报》的报道）②。虽然说成“传统美德”尚需历史论证，但我们目睹并很容易理解自 1978 年改革以来，中国人努力工作的动机：穷怕了。贫穷也消灭不了人对美好生活的向往，诚如邓小平先生所说“贫穷不是社会主义”“社会主义应该创造比资本主义更高的生产力”（改革开放之前，不仅没创造更高的生产力，反而拉开了相对差距）。经过多年的“大锅饭”与“干不干都一个样”的造穷，农村备尝艰辛，先掀起了勤劳致富也在情理之中。来自城乡的劳动着几乎没有什么抱怨，只要有工作干，就尽力干，想着通过劳动改善生活。

诚如本书数次提及的那样，自 1978 年改革开放以来，外国投资者带来大量外来直接投资，外资与中国合资企业如雨后春笋般在中国许多地方建立起来，给中国本已停滞的经济注入了新生力量，推动各项统计指标明显回升。Chen *et al.*（2011）观察到：尽管没有外来投资对地方经济拉动的全面统计数据，人们也普遍认为，中国对外开放的初期与发达国家调整产业结构向外转移

---

① Leung J C B. Social security reforms in China: issues and prospects [J]. International Journal of Social Welfare, 2010, 12 (2): 73–85. Tam C M, Zeng S X, Deng Z M. Identifying elements of poor construction safety management in China [J]. Safety Science, 2004, 42 (7): 569–586.

② 陈瑛. 爱劳动是第一美德 [N]. 光明日报, 2014-04-30 (002).

低端产业的时间恰恰一致[①]，这是中国改革开放早期经济高速增长的主要动因[②]。

在刚刚开放的中国，充足的廉价劳动力与寻求去本土化的外国企业形成一个很大的供需对接的机会，这是经济大繁荣的一个重要标志。事实上，由于拥有大量的劳动力储备，中国一直在依靠出口导向建设劳动密集型制造业，劳动密集型成为中国在世界经济格局当中的比较优势，由此奠定“世界工厂”的地位。“世界工厂”的定位使中国享受到了经济繁荣。外国企业感受到了更大的好处：它们既为转移本国的低端产业找到一个好去处，还可以从那里廉价采购许多产品，两头受益，太合算了。恰如第 1.1.2.2 节所述，当地的供应商大多是这些工厂的厂主，他们对待劳工几乎唯一的义务就是，根据“直接工资数额”支付最低薪酬，主要包括城市生活所需基本费用，此外，再加上一块与本地企业相比高一些的附加薪水用以吸引劳工。与周边企业相比，外资或合资企业的劳工对自己领到的廉价工资已经很满意。中国政府当年来不及考虑政府在“间接工资”方面的管理与调控角色，自然出现政府角色缺位。这种缺位只能由劳工的家庭来承担。在此之上，这些企业在劳动力市场上才显得颇有竞争力。由于劳动力资源丰富，这些企业对劳工很有竞争力，企业之间对劳工的竞争反而没啥激烈，无须高价竞争就能从市场上得到企业想要的劳动力。

尽管如此，市场自身动力也不会让事情停滞不前。劳工既是企业的劳动力，也是构成经济内需的消费者。随着经济启动，政府的货币供应量也急剧增加，各地出现不同程度的通胀，在大城市里感觉越为明显，通胀最猛烈的年份应该是 1988 年的“价格改革闯关”，投放货币最紧张的时候，国库里没有新钞储备，运钞车直接开进造币厂，从生产线上刚下来的新钞直接运到银行。城乡之间很多中国人感受到工资的增加或家庭收入的增长似乎难以抵消生活费用的上涨。对那一时段中国家庭收入的一些实证研究中得到了证明，例如，通过 1986 年至 2000 年间大规模重复横断面家庭调查，Meng，Gregory，and Wang（2005）的研究表明：虽然中国城市居民的收入从绝对量来看，增长惊人，与通胀因素相抵消之后，增长就不那么惊人了，但农村家庭收入增长明显滞

① Chen Z，Ge Y，Lai H. Foreign Direct Investment and Wage Inequality：Evidence from China［J］. World Development，2011，39（8）：1322－1332.

② Arrighi G. Adam Smith in Beijing：Lineages of the 21st Century［M］. Verso，2007. Wang G，Zheng Y. China：Development and Governance［M］. World Scientific，2012.

后①。同时也应该看到：中国的社会福利供给大幅减少，例如：取消了过去的公费医疗以及一些让政府不堪重负的社会福利，收入不稳定和不平等加剧，简言之，中国大多数勤劳的劳动力并不是中国多年来经济增长的首先或最重要的受益者。

当“世界工厂”经过几十年的低端制造和销售低附加值产品和服务后，开始寻找产业升级的办法时，这种已有平衡变得更加脆弱。如第四章第2.3.2节所讨论的那样，1978年以来，经过近20年的快速工业化，中国政府在20世纪90年代宣布对经济进行“结构调整”，也就是“下岗”一词盛行之时。在这一波“过渡性失业”中，下岗工人的人数到1997年底已经飙升到1150万人②。与此同时，官方统计的失业率仅为3%左右（同上），这个数字被外界认为大打折扣。当年的统计不像现在这样受国家《统计法》的严格约束，依照传统做法，凡是不好的数字大多要经过一番修饰。如图6所示（根据图4生成），30多年来，“登记城市失业率”——通过官方渠道通报的最多和唯一的官方失业率——几乎没有变化，这很难令人信服。

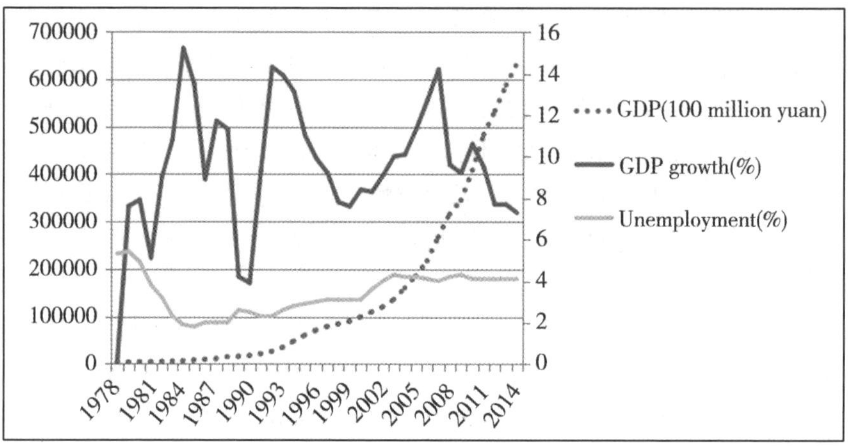

图6　中国官方失业率、GDP和1978－2014年GDP增长指数（资料来源：国家统计局网站，http：//www. stats. gov. cn/）

确实，由于这个“登记的城市失业率”并没有考虑到农村劳力、农民工、

① Meng X, Gregory R, Wang Y. Poverty, inequality, and growth in urban China, 1986－2000 [J]. Journal of Comparative Economics, 2005, 33 (4): 710－729.

② Gu E X. From permanent employment to massive lay－offs: the political economy of ‘transitional unemployment’ in urban China (1993－8) [J]. Economy & Society, 1999, 28 (2): 281－299.

50 岁以上的男性劳动力和 45 岁以上的女性劳动力、下岗工人或任何没有主动登记的失业人员的情况，这一数字很难反映实际情况。最近，关注这一情况的国内外媒体、国内外智库认为失业率从 6.4% 到 30% 不等，即使取最保守的数字也远高于官方统计[①]。这在曾发生过经济奇迹的国家里很难见到的一个令人震惊的经济现象，这意味着中央政府迫切需要充当就业机会的“大供应商”。

如上所示，无论是在有损劳工权利允许低薪的“准充分就业”时期，还是在大规模失业时期，国家似乎都没有担负起“失业时期通过提供救济、教育与培训，帮助失业者适用变化着的经济形势，重新找到工作岗位”的责任[②]，这种责任缺失是在国家发展过程中由不成熟到成熟难以完全避免的，有一定的历史合理性。奇怪的是，在这两种情况下，有一个“关键角色”——工会，没有发表对此发表正式的看法，只是忙于事务性的访贫问苦，帮助特困家庭渡难关。

全国总工会在 1978 年的改革开放后才“恢复活动”，随着劳动力市场的逐步建立，调节劳资关系成为一个不可回避的问题。根据形势需要，全国总工会一直致力于促进劳动立法和“集体合同”，并筹划建立第三方机构来调解劳资纠纷[③]。然而，正如 Chen（2003）所观察的，无论是为了重新谈判工资，还是在大规模结构调整的时候，只要劳动者需要表达他们的论点，经常见到出现自发的方式，而不是像发达国家那样的有组织的表达（p. 259）[④]。

正如文献中大量定性与定量研究所表明的那样，1994 年劳动法颁布后，中国正式建立了劳动力市场，引入劳动合同。在劳动法中，工会的作用规定得很原则很笼统，几乎没有运作细节。一旦劳动合同或者牵涉劳工集体利益的出问题，大多还是劳工个人与企业的关系，很少出现工会代表劳工利益与雇主谈判的情形[⑤]。这意味着，尽管中国的工会成员众多，但在劳资关系方面，工会

① Li X. Wen upbeat on US relations despite strains [N]. China Daily, 2010－03－23. http://www.chinadaily.com.cn/china/2010－03/23/content_9625455.htm.

② Polanyi K. The Great Transformation: The Political and Economic Origins of Our Time (2nd edition) [M]. Beacon Press, 2002 [1944].

③ Metcalf D, Li J. Chinese Unions: Nugatory or Transforming? An ‘Alice’ Analysis [C] // Centre for Economic Performance, LSE, 2005.

④ Chen F. Industrial Restructuring and Workers’ Resistance in China [J]. Modern China, 2003, 29 (2): 237－262.

⑤ Chan C K－C, Hui E S－I. The dynamics and dilemma of workplace trade union reform in China: The case of the Honda workers’ strike [J]. Journal of Industrial Relations, 2012, 54 (5), 653－668. Ding D Z, Goodall K, Warner M. The impact of economic reform on the role of trade unions in Chinese enterprises [J]. The International Journal of Human Resource Management, 2002, 13 (3), 431－449.

的社会与法律定位依然不很明确，即使有一些明确，因为没有法定的细节可操作性，也难以插手具体事件[①]。在发达国家见到的工会在确定“间接工资”方面的作用，在中国似乎由政府来承担了。这也与党的领导定位有关：东西南北中，党是领导一切的，党总揽全局，协调各方。

中国工会的社会中的定位与中国的政治制度关系极大，与西方发达国家迥然有异，不能从西方政治的“冲突——调解——妥协——一致”的惯常模式来理解。在中国，工会通常不是参与社会冲突的一方代表，而是以体现劳工利益为主向党和政府反映劳工看法，协调利益关系的参与者[②]。1978 年改革后，国家为了调动中央与基层的两个积极性，不再抓过细的问题，对基层放权，随着改革的深入，最终要实现该放的权一定要放到位。工会也调整了活动方向，使之更像是一个为国家社团主义服务的组织。对于外企、合资企业与国内私营企业，工会的定位才与西方国家相似一些，每当涉及劳工利益的公司变革，工会就会被征求意见[③]。正如普通商业谈判的情形相似，只要双方的谈判者（而非该谈判者所代表的所有人）对改革方案达成共识，那么这个方案就会被通过。据 Chen（2003）估计，如果工会不能履行自己合理的社会定位，每当企业内部利益有冲突时，就会出现劳工的自发表达利益诉求的行为[④]。

1.1.3 货币

货币被马克思称之为在经济活动中充当“一般等价物”[⑤]，Weber 则称之为“最完美的经济核算手段”[⑥]。货币对经济的日常运作、理解和监测，至关重要。然而，如果国家不能“发挥不断调整货币和信贷供应以避免通货膨胀和通货紧缩双重危险的作用”，货币的至关重要作用可能变得没啥意义[⑦]。

---

① Metcalf D，Li J. Chinese Unions：Nugatory or Transforming? An ‘Alice’ Analysis ［C］// Centre for Economic Performance，LSE，2005.

② Chen F. Between the State and Labour：The Conflict of Chinese Trade Unions’ Double Identity in Market Reform ［J］. China Quarterly，2003，176（176）：1006 – 1028.

③ The Economist. Membership required ［N］. 2008 – 07 – 31. http：//www. economist. com/node/11848496.

④ Chen F. Between the State and Labour：The Conflict of Chinese Trade Unions’ Double Identity in Market Reform ［J］. China Quarterly，2003，176（176）：1006 – 1028.

⑤ Marx K. Grundrisse：Foundations of the Critique of Political Economy（Martin Nicolaus）［M］. New York：Vintage，1973 ［1858］.

⑥ Weber M. Economy and Society：An Outline of Interpretive Sociology ［M］. University of California Press，1978 ［1922］.

⑦ Polanyi K. The Great Transformation：The Political and Economic Origins of Our Time（2nd edition）［M］. Beacon Press，2002 ［1944］.

讨论之前，要牢记一件事：中国拥有世界上最大的商业银行群体，即使进行了股份制改造，成了上市公司，它们国有的身份在本质上没多大变化，因为国家依然处在控股的地位。根据2015年福布斯全球2000，全世界最好的公开上市交易的公司名单，中国四大国有银行中国工商银行、中国建设银行、中国农业银行、中国银行排名前4的名单。这些银行作为货币、信用的供给方都要体现国家政策。与本书主题特别相关的问题有两个：不良贷款（NPLs）和广义上的贷款资格审查。

关于第一个问题——不良贷款，已经有大量的实证研究，结果令人醒目。路透社（2016年）估计，2016年早些时候，中国银行的不良贷款很可能比2015年翻番①。根据中国16家上市商业银行最新（2016年）年报，与2015年的6625.6亿元不良贷款相比，总额上升到9942亿元（折合1650亿美元），其中四大银行占了6893亿元人民币（折合1140亿美元）②。此外，在对中国国内生产总值与中国商业银行2005－2012年不良贷款率进行定量研究的基础上，Xiao（2014）揭示了国有企业客户对中国银行的不良贷款压力持续了数十年，并发现：与国内生产总值增长率与商业银行不良贷款率负相关的理论预测恰恰相反，中国的情况是正相关③。这一结果表明：中国多年来国内生产总值高速增长在很大程度上是基于国内商业银行信贷的快速增长，而信贷的快速增长导致了信贷质量的明显下降。

这些发现得到许多活跃的中国金融市场观察人士的赞同。例如，正如Balding所指出的，不仅中国商业银行一直在滚动贷款，并将未偿还的利息资本化，而且还将未偿还资本化的金额作为利息收入计算。换句话说，拒绝承认不良贷款，将未偿还的贷款金额当成资本计算为更高的收入，而未确认的不良贷款增长④。考虑到中国银行的庞大规模及其不良贷款规模，中国GDP数据的可信度值得探讨。这是一个定量研究的问题，不过，就作者从定性方面的观察

---

① Lian R. Chinese banks' new bad loans more than doubled in 2015: sources [N]. Reuters. 2016－01－12. http://www.reuters.com/article/us－china－banking－npl－idUSKCN0UQ04D20160112.

② 张歆. 上市银行涉房贷款逾16亿元，开发贷首现绝对值负增长 [N]. 证券日报. 2016－05－03. http://finance.ce.cn/rolling/201605/03/t20160503_11118032.shtml. 周纯. 四大行新增不良贷款2261亿元，农行不良率破记录 [N]. 腾讯证券. 2016－03－31. http://stock.qq.com/a/20160331/061314.htm.

③ 肖本华. 后危机时代国际货币政策协调研究：基于金融稳定视角 [M]. 中国财政经济出版社，2014.

④ Balding C. How stressed are major Chinese banks? [R]. 2015. http://www.baldingsworld.com/2015/11/06/how－stressed－are－major－chinese－banks/. Balding C. Unpacking China's financial services industry [R]. 2015. https://thenanfang.com/unpacking－chinas－financial－services－industry/.

来说，中国 GDP 的增长与进出口规模的增长还是彼此验证的，也就是，GDP 有水分也不会太大。

造成这一现象的原因是多方面的，值得深入研究。然而，有一个无可辩驳的事实应该被视为上述问题的最重要原因之一就是：在中国，信贷价格几十年来一直处于低位。Patrick Artus（2008）在他的著作有一章专论“中国经济政策的中心目标：尽可能快速增长”中论证了这一点，例如：2007 年，10 年期（基准）贷款利率约为 8%，而 GDP 的价值（而非数量）增长接近 15%，与经济增长率相比，贷款利率确实有些低（p. 19）①。显然，这引起国家最高领导层的注意，降低经济发展速度的相应的对策也开始摆在人们面前（同上，p. 22）。

第二个问题在很大程度上与第一个问题相关，甚至可以说是第一个问题的一个重要原因。如上所述，信贷规模快速膨胀部分基本上流向国有企业，这些企业根据安排获得贷款，而且，企业的偿债能力没有严格按照标准进行审查②。这种做法在 1970 年代后期以来改革的头二十年中十分普遍（同上），1995 年《商业银行法》的颁布标志着中国政府对银行业大幅降低行政干预，银行在信贷规模控制上有一定自主权，情况才得以改善。

再看，信贷市场化恰逢其时与土地使用权商品化发生谐振，地方政府与地产商，这些地产商大多是排名靠前的国企，成了信贷宽松政策的最大受益者③。最常见的做法是，土地使用者（大部分为地产商）以转让土地使用权作为抵押，取得银行贷款；而事实上，在 21 世纪头十年，按揭土地占土地交易及流转总额的近 90%④。换言之，放松信贷管制转向信贷市场化极大地促进了土地的开发。许多基础设施建设项目通过政府搭建的融资平台融得巨额资金，这种融资平台从省级到市级再到县级广泛存在，银行成了融资平台上最大的信用提供者。凡是带项目进入这个融资平台，得到贷款很容易。银行感觉政府搭建的平台肯定可靠，银行业放松了对通过平台融资的专业审查。这段时间形成

---

① Artus P. 1. L' objectif central de politique économique de la Chine ：cro? tre le plus vite possible [M] // La Chine, ?? Cahiers du Cercle des économistes?? (pp. 19 – 26). Presses Universitaires de France – PUF, 2008.

② Cull R, Xu L C. Who gets credit? The behavior of bureaucrats and state banks in allocating credit to Chinese state – owned enterprises [J]. Journal of Development Economics, 2004, 71 (2): 533 – 559.

③ Ding C. Policy and praxis of land acquisition in China [J]. Land Use Policy, 2007, 24 (1): 1 – 13.

④ Lin G C S, Ho S P S. The State, Land System, and Land Development Processes in Contemporary China [J]. Annals of the Association of American Geographers, 2015, 95 (2): 411 – 436.

了商业银行不良贷款比较突出的问题①。这些土地开发项目大多冠以“工业园”“高科技园区”的名义，其实，园区内的不少企业还是劳动密集型的，这些企业最大的红利来自对廉价劳动力的开发，以及对国内市场份额的占有，园区开发为这些企业提供了地利之便②。

尽管放松信贷管制在现代经济中是一种常见的暂时性做法，尤其当经济衰退的趋势（或在经济低迷时期）的迹象比较明显之时。但近几十年来，中国一直实行信贷相对宽松政策，这促进并加速了对土地和劳动力的不间断开发。

1.2 社会主义市场经济中的“关键角色”

本书前面曾说过，使用批判话语分析法需要识别出与所讨论主题相关话语的关键参与者，并如批判话语分析法理论所认为的那样，这些关键参与者通过话语交流实际参与了话语“对象”的构建。第二章第5.1节介绍了方法架构以及两个关键参与者，即中国农业企业和中国政府。这是本书分析的核心部分。在这一节，范围扩大了，将进一步深入分析。把中国境内的企业作为一个关键参与者，另一个关键参与者中国政府细分为：中央政府与各部委以及地方主要领导。

1.2.1 国家监管机构与异质性企业

在“福布斯”2015“全球最大公司”排行榜上③，2000年全球最大上市公司中，中国（内地和香港）排名第二，仅次于美国。美国拥有579家公司，中国拥有232家公司，首次超过日本的218家。这与中国作为世界第二大经济体排名相一致。在232家公司中，我们可以很容易地看到200多家是这样的：前50家公司建筑业，建筑业的排名却比其他任何行业都高。银行业和多元化金融公司为38家，下一位是材料公司20家，其中许多公司与建筑业有着密切的关系④。另外，除了这些众所周知公开上市的国企之外，还有一些很少为外

① Lu Y, Sun T. Local government financing platforms in China: A fortune or misfortune (IMF Working Paper) [R]. European Department and Monetary and Capital Markets Department, 2013. https://www.imf.org/external/pubs/ft/wp/2013/wp13243.pdf.

② Hsing Y. The Great Urban Transformation: Politics of Land and Property in China [M]. Oxford University Press, 2010.

③ 福布斯网页上查的信息：http://www.forbes.com/Global 2000/，上次查阅时间为：2016年1月30日。

④ Chen L. 2015 Global 2000: The Largest Companies In China [N]. Forbes. 2015-05-06. http://www.forbes.com/sites/liyanchen/2015/05/06/2015-global-2000-the-largest-companies-in-china/.

界所知却在政治与经济领域占位优先的公司，世界不多见①。

对这些具有悠久历史的国企，直至2014年，中国政府首次发布官方统计：中国有超过155000家国企，分布在从银行、旅馆、航空、到炼油等行业，雇佣数千万员工②。虽然，大多数国企由地方政府管理，但有100多个大型国家战略集团的核心，包括世界最大的银行工商银行和世界上最大的石油和天然气公司中石油直接归属国资委③。中国国企占全国企业总数不到1%，却占全国总资产的30%。据各种消息来源估计，国企在中国国内生产总值中所占的份额从40%到75%④。

这些大型国企既是经济蓬勃发展的一大资产，又是国家调整经济结构的对象，经过多年的经济成长，国企结构不合理的现象早已存在多年。习近平主席在2016年全国人民代表大会上进一步阐明："供给侧改革"将是一项重要任务，只有改革才能持续推动经济增长⑤。具体来说，供给侧改革指的是政府降低生产壁垒、优化产业结构、加大科技含量，主要举措就是针对性减税、改善贷款结构、增强政府服务功能，创造条件，吸引社会资本进入高科技行业创造有效的社会供给，给经济成长以新动力。这项改革强调降低门槛、放松管制，市场能解决的问题让市场来解决。此举被外界广泛认为与里根和撒切尔在20世纪80年代的政策相似⑥。那时的美英两国经济在萎靡不振当中，确实获得了新动力，收获了多年的经济增长。当时的英国实行了国退民进，推动国家控股的企业民营。如今中国不是简单克隆美英那时的一揽子政策组合，而是，国不退、民增进，以改进增量为主、调整存量为辅的方案，收效显著，新动能给中国经济带来崭新的局面。在这一轮"调结构"之后，看看"福布斯"排行

---

① Ni Z. China's hidden heavies behind Global 2000 [N]. Forbes. 2015-05-28. http://www.forbes.com/sites/zheyanni/2015/05/28/chinas-hidden-heavies/.

② Zheng Y. SOE reforms to correct wage anomalies [N]. Chinadaily. 2014-09-04. http://usa.chinadaily.com.cn/epaper/2014-09/04/content_18548078.htm.

③ 陶娅洁. 国企家底首次公开：企业户数不到1%资产总额占30% [N]. 中国产经新闻报. 2014-07-31. http://finance.sina.com.cn/china/20140731/002619866660.shtml.

④ Lelyveld M. China lags on SOE reform goal [N]. Radio Free Asia. 2015-12-10. http://www.rfa.org/english/commentaries/energy_watch/china-lags-on-soe-reform-goal-10122015104354.html. 欧阳德. 国进民退中的中国私企 [N]. (L. He, Trans.), FT中文网. 2012-11-13. http://www.ftchinese.com/story/001047453? full=y. Wheeler C. Chinese companies shore up government ties to survive [N]. The Globe and Mail. Beijing. 2012-01-05. http://www.theglobeandmail.com/report-on-business/international-.

⑤ 杨芳. 马葳. 习近平为何九天两提"供给侧结构性改革"？[N]. 人民网-时政频道. 2015-11-19. http://politics.people.com.cn/n/2015/1119/c1001-27834311.html.

⑥ Buckley C. Xi Jinping's remedy for China's economic gloom has echoes of Reagan [N]. The New York Times. 2016-03-04. http://cn.nytimes.com/business/20160304/c04chinaecon/en-us/.

榜，可从一个侧面得到印证。

产能过剩是一枚可能严重影响中国经济持续增长的定时炸弹，这是一个众所周知的问题，国内外媒体对这一“供给侧”的长期隐忧的直接反应是：产能严重过剩的行业是哪些?[①] 在排名中，占据几乎四分之一份额的建筑业国企首当其冲。国务院2013发布的《解决严重产能过剩问题的指导方针》[②] 明确指出：“钢铁、水泥、电解铝、平板玻璃和造船被确定为去过剩产能的重点，对这些行业的投资从严控制，一般不再审批新项目。”。由于被列入去产能行业名单的企业里面有不少是国企，这些国企必须另谋出路，以往罩在企业身上的“特权”与事实上的行业“垄断”也不复存在[③]。20世纪90年代“下岗”潮催生的社会不稳定使中央政府格外审慎，这次是以并产转产为主要特点，并没引发“下岗”潮。“关、停、并、转”四个字，只是“并、转”无望的企业才有一些关停。从历史上这两次“调结构”来看，后一次比前一次成熟多了，没给社会带来多大压力就基本完成。涉及“关、停、并、转”的公司大多不是直接归属国家管理的，而是由地方政府管理，地方政府一定程度上，还存在对GDP的攀比心态，扫尾工作是否能很到位值得观察。

另一方面，在福布斯企业排行榜上，中国最大的公司名单里已有私营企业崭露头角，尤其在2000年之后，有些企业通过在国内外资本市场发行新股获得雄厚的资本加持，一跃而成为行业翘楚，例如：电子商务巨头阿里巴巴集团（Alibaba）在2014获得了纽约证券交易所有史以来最大的首次公开募股，排名第269位[④]。类似阿里巴巴集团，还有一些体量较大的民营企业在激烈的行业竞争中立于鳌头，例如：华为、中兴、小米、腾讯、百度等[⑤]。这些私营企业的崛起与中央的产业升级的构想是一致的，这些企业已经不是劳动密集型了，而是响当当的科技型企业。

与此同时，当习近平主席与主管经济工作的李克强总理谈到供给侧改革

---

① The European Union Chamber of Commerce in China. Overcapacity in China: An impediment to the Party’s reform agenda [R]. 2016. http://www.europeanchamber.com.cn/en/publications-archive/405/Overcapacity_in_China_An_Impediment_to_the_Party_s_Reform_Agenda_.

② 参见官网 http://www.gov.cn/gongbao/content/2013/content_2514934.htm，上次查阅时间为：2016年5月6日。.

③ Buckley C. Xi Jinping’s remedy for China’s economic gloom has echoes of Reagan [N]. The New York Times. 2016-03-04. http://cn.nytimes.com/business/20160304/c04chinaecon/en-us/.

④ Chen L. 2015 Global 2000: The Largest Companies In China [N]. Forbes. 2015-05-06. http://www.forbes.com/sites/liyanchen/2015/05/06/2015-global-2000-the-largest-companies-in-china/.

⑤ Pilling D. Xi will have to yield power to the private sector [N]. Financial Times. 2015-09-23. https://next.ft.com/content/11dc561e-610f-11e5-9846-de406ccb37f2.

时，都强调了经济改革的下一个重点①。2015 年 12 月在中央举办的“中国经济工作专家论坛”上，李总理说：为了推进调结构，供需两侧都需要改革，才能实现长期、稳定、健康发展②。2016 年 3 月他在国务院举办的第一次“创新”专题讲座中进一步解释了他的观点：强调在放松管制和有序竞争的环境下，新技术、新产业和新企业比以往任何时候都更受欢迎③。

事实上，李克强对民营企业的支持可以追溯到 2012 年第五代领导集体接班之初。李克强在媒体上多次露面，表示他对民营企业的支持，特别是对阿里巴巴旗下消费者在线购物网站淘宝网的支持④。另外，中国原国家副主席李源潮与李克强总理在 2016 年达沃斯世界经济论坛上，共同赞扬了他们在淘宝上购买的“价有所值”的商品⑤。

中国高层之所以如此关注一家民营企业，在很大程度上是因为该企业已成为中国经济新动能的代表，不仅重塑了产业链，还蕴含着更多的新希望。2013 年这家民企在中国电子商务总销售额（101000 亿元（折合 15000 美元））中占了 90% 以上。据估计，淘宝的总销售额相当于美、日、英、德、法五国的在线销售总额⑥。除了与现金流相伴的销售的业务外，这个电子商务平台还创造了大量的就业机会，影响遍及制造业、网上店铺、仓储、配送等各个方面。据报道，仅在 2013 年，淘宝在农村形成的“淘宝村”创造的直接就业岗位就超过了 28 万人，创造的间接就业岗位超过 1200 万个⑦。这大大缩短了乡镇企业、数百万个家庭作坊与终端消费者之间的供需联系，甚至建立了过去难以建立的供销关系，通过网店把自己的产品展示给消费者，消费者以网上下单的简便方式，不管路途多遥远，产地多偏僻，就可以放心买到自己心仪的商品。鉴于目

---

① 参见官网：（http：//www. gov. cn/）

② 李克强主持召开经济工作专家座谈会：供需两端发力推进结构性改革 促进经济长期平稳健康发展 . http：//www. gov. cn/guowuyuan/2015 – 12/03/content_ 5019572. htm.

③ 李克强热字之四：新。信息来源见官网：http：//www. gov. cn/xinwen/2016 – 03/01/content_ 5047797. htm

④ 冯悦. 李克强透露自己上淘宝经历，赞店主半夜发货感人 ［N］. 李克强对话马云畅谈电商发展曾上淘宝被店主留言感动. 中国广播网. 2013 – 11 – 09. http：//china. cnr. cn/xwwgf/201311/t20131109_ 514084368. shtml.

⑤ 李英楠. 李源潮穿上 133.8 元淘宝鞋，达沃斯点赞中国质造 ［N］. 新浪科技. 2016 – 01 – 23. http：//tech. sina. com. cn/i/2016 – 01 – 23/doc – ifxnuvxc1760657. shtml.

⑥ Jiang J. China eCommerce Market 2014 – 2018 Forecast and Analysis ［R］. IDC. 2015. http：//www. idc. com/getdoc. jsp？ containerId = CN245431.

⑦ 席佳琳. 中国电商创造就业 ［N］. 金融时报. 2013 – 05 – 14. http：//www. ftchinese. com/story/001050395？ full = y&archive.

前中国就业压力，社会福利尤其重要，甚至可以与以货币计量的交易量相媲美，电商的综合社会贡献在中国凸显①。

事实上，中国民营企业的双重贡献是企业现实社会价值时最重要的筹码，尤其从国家层面。例如：淘宝，尽管没有直接的证据清楚地表明它从国家对其重视中有多大受益，但它吸收了很多城乡闲置劳动力，在边远农村培育了超过200个淘宝网村庄，这些社会贡献活生生摆在那里，成为国家重视的经济新动能好不奇怪，国家对这类企业监管的成本也比较低，很多监管可以通过技术手段实现。网络企业的监管是个新问题，监管手段也在成熟当中。

一旦这些土生土长的“草根巨人”能以社会平均利润率稳定生存并扩大生存空间，只要他们变得足够大和足够重要，对于中国经济结构的改善必然做出贡献，他们的贡献可是在市场导向下实现的，有其内在市场逻辑。国家对企业家精神的倡导也有利于民营企业的做大做强。民企的强大也会产生“鲶鱼效用”，给国企提供比对样板，两相比对，就会产生压力，有利于两者的发展。躺在权力之上，只能使企业弊端丛生。民企的发展也以自身实力改变了政府的看法，政府重视民企发展不再是口头上的，而是实实在在的，因为民企为当地的经济做出了显著的贡献。实力的平衡往往是平等相待的基础，随着民企的壮大，歧视民企肯定会成为一种落后的心态而遭到社会摒弃。

1.2.2 国家的职权与地方官员充当企业家角色

正如本章第1.1.1节在讨论中国土地政策时所述，与第四章第2.2节第2.3节讨论国家生态会计与审计计划（NEAAS）时所述，这两个“所述”都涉及中央与地方的利益冲突。如何协调中央与地方的利益成为越来越引人关注的课题，协调之前离不开对利益冲突缘起的深入了解。我们分析的目的就是进一步理解这些冲突的形成。时间起点应该在1978年以来的财税体制改革，继而是1994年的“分税制”改革。

就在改革开放政策出台之前，中央财政的窘况就像《瞭望》杂志一篇文章所说“在悬崖边上”②。正如前面第1.1.1.2节所提到的那样，邓小平先生谈到国家财政状况时坦承：“中央没有钱”。在深圳特区成立的时候，除了给一些特殊政策之外，中央没有资金支持地方。为了克服经济困难，每个地区都应该主动采取行动，“自己开辟道路”。中央的特殊政策包括批准设立经济特

---

① Ding Y. Riches and risks in ‘Taobao Villages’ [N]. Beijing Review. 2015 - 02 - 16. http://www.bjreview.com.cn/nation/txt/2015 - 02/16/content_669132.htm.

② 赵忆宁.我国分税制决策背景历史回放[J]. 瞭望.2008 - 08 - 04.

区以及土地使用权由地方托管，而且，在税收管理方面也给了相当大的自主权。以广东省为例，根据 1978 年改革之初中央与该省签订的“承诺书”，广东只需向中央上交第一年 227400 万元人民币（折合 37500 万美元），以后每年递增 9%；超过这个约定的部分由地方支配，中央不收缴。此外，中央甚至还允许广东这个自改革开放以来拥有大量国际贸易份额的省份保留全部关税收入，作为对广东省特殊政策的补充（同上）。

这样，从 1978 年到 1994 年再改革之前，地方各级政府在很大程度上只能“自负盈亏”，同时，决策权大规模下放到省级，从出售土地使用权到给新投资者减税等等，地方政府的积极性被充分调动起来了，全力参与经济创收。财政收入大部分留在地方，上缴中央财政的相对较小。

持续了十年的让利于地方，让地方有更多自主权之后，中央发现自己处境不妙，相对于快速增长的 GDP 与地方财政收入的总计，中央财政收入增长一直微不足道，未能与地方财政同比例增长。中央财政面临前所未有的“弱中心”的情况，难以负担用于国防、救灾、基础研究和基础设施建设的开支，尽管中央财政已经负债累累（同上）。这个时候，分税制改革就摆上中央领导的案头，尤其是被邓小平先生称为“很懂经济”的时任总理朱镕基力主分税制。

1994 年分税制改革首次设立增值税，这是 1978 年改革启动以来最大的财政收入来源，以取代大量的间接税。中央在 1994 年的税收改革中对各省的税收和决策权进行了再调整，同时，不可避免地在资金与权力再分配方面出现一定的利益冲突①。从那以后，没人明说，但大家都心知肚明，地方政府比以往更有动机“藏富于地方”，特别是给予企业优惠的银行信贷与其他优惠条件，并从当地企业的‘回报’中获利是多种多样的利益②。从中滋生的弊端逐渐显现，这也成为以后大规模反腐的一大事由③。

中国共产党作为中国唯一的执政党治理着全国如此庞大的土地和劳动力资源，确实够复杂，没有一个科学的治理结构不行，类似于管理一个发达国家的

① 冯禹丁. 张玉洁. 分钱还是分权？重议分税制［N］. 南方周末. 2013－08－15.

② Brink T T. Perspectives on the Development of the Private Business Sector in China［J］. China：An International Journal，2012，10（3）：1－19.

③ Fenby J. China’ s corruption probe bares its teeth［N］. BBC News. 2015－02－20. http：//www.bbc.com/news/world－asia－china－31503967.

跨国公司首先就是治理结构（俄罗斯的情况可能例外）①。正如前面章节一再表明的那样，当遇到财政危机、社会保障和环境问题时，国家总是愿意承担"主要责任"②，无论国家是否愿意或有义务这样做。然而，伴随着1978年的开放和1994年的税制改革，对地方政府来说，他们都培养了一种企业家的心态，出于本位主义考虑，他们在吸引"商业伙伴"方面或与其他"企业家"竞争时，比国家更重视地方利益③。市场机制似乎已经渗透到政治层面，自由主义这种超出经济领域的扩大范围已经挑战了国家职权。总之，所谓的"国家资本主义"在中国不能简单地理解为只有一个"国家资本主义"的存在，或中央权威。相反，它的特点是分散，或更具体地说，地方分权可能在某种程度上取代统一的国家权力，他们在过热的虚拟商品市场互相竞争。

2. 在中国语境下采用可持续性会计框架的意识形态冲突

2.1 反思中国的改革及其根本动机

Grésillon（2015）曾断言，"巨额债务、权力集中、城市烟雾、'低成本'危机、农村污染、社会不平等……"这些中国改革以来出现的消极现象足以动摇所谓的"中国模式"④。Grésillon对中国的担忧有些过分，他并不理解中国政治体制的优势所在，但确实有一批西方学者如此忧虑，这也算得上学界常态，说不定还有一定的广开言路警示认知盲区的作用。他们对以市场为导向的改革开放最终会走向何方，并没形成一致看法。可是，对"市场导向"对于生态环境与社会环境的影响持否定性看法

根据Polanyi（2002［1944］）的著述，现代社会的动态受到双重运动的支配，即市场机制作用范围不断扩大，市场没法解决的诸多问题又引发社会反向制约市场机制。这种社会对市场机制的反向制约体现在现实生活中，就是联邦政府根据国家主权赋予的最高法律地位，采取限制性措施——主要目的是监管

---

① Chang H J. State, institutions and structural change［J］. Structural Change & Economic Dynamics, 1994, 5（2）: 293－313.

② Mauss M. Essai sur le don?: Forme et raison de l' échange dans les sociétés archa? ques［M］. Taylor & Francis e－Library, 2002［1950］.

③ Goodman D S G. Sixty years of the People's Republic: local perspectives on the evolution of the state in China［J］. Pacific Review, 2009, 22（4）: 429－450.

④ Grésillon G. Chine. Le grand bond dans le brouillard［M］. Paris: Stock, 2015.

三类虚拟商品市场，特别是通过土地和资源国有化、实施劳动法（包括最低工资）以及对银行与信贷需求者进行核查审计。在这方面，可以说，国家采取措施一定得显示其合法性，最根本的合法性就是保护人民利益，受到人民拥护。“看得见的手”与“看不见的手”不可偏废，两只手总比一只手要好。市场机制就是那只“看不见的手”，国家“看得见的那只手”本质上就是限制市场机制在正确的轨道上发挥作用。

2012年习近平曾以国家副主席的身份访问美国，在白宫发表演讲时描述了中国面临的这种微妙局面：

“……我们没有先例可循，也没有现成的经验供我们参考。我们只能按照邓小平先生的话去做，‘摸石头过河’……一首中国流行歌曲这样写道：‘我能问一下路在何方吗？就在你脚下’”①。

诚然，在社会主义市场经济体制中建设有中国特色社会主义的前所未有的道路上，邓小平先生作为“总设计师”力主的政策取向，确实代表了中国共产党为人民利益而奋斗的政治方向。中国共产党几十年来一直在寻求符合中国国情的意识形态理论指导，并把这种理论指导体现在制度设计上（例如：土地所有权、劳动力定价和税收计划等）。这些顺应历史潮流的制度设计，改变了中国国运，这也是马克思主义中国化的理论成果。中国不再把“工人阶级的解放”视为与资本主义格格不入，反而成功地利用资本的力量增进人民福祉，国家变得富强了。社会主义国家利用资本主义制度的某些长处发展经济，这样的思想在列宁时代就有，只是因为列宁过早离世，浅尝辄止罢了。社会主义市场经济与资本主义市场经济在市场经济的意义上，是相同的，否则，中国也不可能加入世贸组织；所不同的是：社会主义就是共产党执政，人民当家做主；资本主义就是多党轮流执政，这是他们的历史传统。历史传统不必强求统一。在市场经济的意义上，中国与西方发达国家没有实质的不同。

正如习近平在以上演讲中所说的那样，这条道路充满了不确定性，甚至艰难险阻。然而，困难与机遇并存，把困难转化为机遇中国有较明显的政治优势。

中国的危机之一就是土地、劳动、货币作为虚拟商品的市场过热，几届中央领导集体都予以极大关注，很能说明问题。正如前面章节所分析的那样，如

① The White House, O. of the V. P. Remarks by Vice President Biden and Chinese Vice President Xi at the State Department Luncheon. 2012 - 02 - 14. https://www.whitehouse.gov/the-press-office/2012/02/14/remarks-vice-president-biden-and-chinese-vice-president-xi-state-departm.

今中央已做出多种尝试，旨在逐渐恢复、集中管理、规范这三大经济要素运行状态。这也恰恰是中国必须应对的不可持续发展的环境与社会问题。幸亏中国有“一党执政、多党参政”的政治制度，使国家的领导团队免于西方国家那样因选举而产生的周期性政治不确定性（也就是，4－5 年一次的大选，什么人上台往往谁也说不准）。西方的周期性选举往往使国家领导团队急功近利，不得已而采取短视行为。这种模式难以正确应对长周期性的问题。中国可能是唯一一个有能力进行大规模规划的国家，世界比较罕见，这可能会走向一条强大的可持续发展道路（见第 3.2 节）。

2.2 社会主义市场经济中新自由主义影响下的环境主义建构

在这一阶段，如果回顾一下在中国实施“国际财务报告准则”的成功案例以及在引入可持续性会计方面的相对不成功，我们就会注意到：一套具体制度变革是否成功或失败在很大程度上，取决于改革的目的——是否能解决中央与地方之间利益冲突这一敏感问题，也就是把中央与地方的两个积极性拿捏得恰到好处。换言之，“限制者”的角色是否对既得利益构成了非此即彼的严重挑战，单赢往往没得赢，双赢才是好出路。可持续性会计进入中国并落地扎根势在必行，中央早已认识到这一点，反复强调发展的可持续性，然而，落实的过程实际也是一个博弈的过程，能否设计出一个“双赢”的路子，才是务实之举。在“双赢”的牵引下，最终实现可持续性的理想状态。当变革的时代来临时，可持续性会计的早期遇挫折也不可能阻挡趋势的力量。

当今，环境问题、失业问题和资本市场的不稳定成为大多数中国人的关注重点，这反过来又引来很多国际关注。正如本书前几章所示，在许多学者看来，自然资源和人力资源维护不善一直是中国经济可持续性的主要问题。近几年以来，经济转型已经收到成效，一味追求经济发展速度有所“降温”，在注重数量的同时更注重经济发展的质量。经过 30 多年的比较放任的发展，中央已经意识到三大资源虚拟商品自由化过热带来的潜在危害，采取对策对症下药，但不再像以前那样突如其来“急刹车”，而是因势利导，有条不紊，克服了以前的“一放就活，一活就乱，一统就死”的循环。在科学发展观的指导下，跳出传统的行政主导型思路，就中国的可持续性发展问题广为征求学术界与社会各界的意见，尊重科学规律，形成对可持续性的正确认识，引导企业在追求经济效益的同时不忘企业应该承担的社会责任。尤其通过大规模实施企业社会责任（CSR）报告制度表明：这一从西方“进口”来自全球标准机构的规范，中国争取在不太长的时间内，按照国际标准实施到位。实施的过程也是帮助地方政府与企业有规可循，重塑双方在规矩之下的“自由化”心态。

同样，Liu 等人（2006）也证明了这一点。在两次对中国近期的环保运动进行了实地调查发现：中国的环境价值观首先是在国家层面出现很大的变化，比以前更积极有为了。中央在地方层面实施环保政策在很大程度上，是“通过深入到地方政府的执行力、行政资源、愿景和地方利益等具体环节有的放矢，以求实效”(p. 82)①。中央的这一做法体现了中国共产党行之有效的“传统运作方式”，即：通过建立政策目标控制模式，并向其部署政治、经济和人力资源，尽快实现一个具体的工作目标。这种高效行政运作模式至少在治标上卓有成效，也是颇为称道的。但更显著的一点是：近年来的环保运动表明中央推动环保的努力出现了新特点就是环境价值观与时俱进。除了传统的抓环保项目落实之外，中央已经开始寻求更加制度化的环境保护手段，特别是通过环境立法，健全环保机构，保证环保资金到位（同上）。

环境价值观在中国如同世界其他地方一样也会碰到“可持续性困境”②。虽然，每人都同意可持续发展的理念，这种一致的良好初衷却难以变为行动。在实务中，这些价值观在中国的落实，很大程度上取决于国家主导，特别是上升到法律层面必须是国家主导，而不是民间行为。只要国家科学立法或建章立制，参与经济活动以企业为主的其他主体才会把自己定位于守法实体，而不是在社会上只做宣传的“环保活动家”。再退一步讲，就是地方政府出于本位经济利益的考虑，也不会主动实施可持续性发展理念，因为当他们在由国家开放的“市场”中相互竞争时，他们不会从长计议，而过多为切身利益所驱动，否则，就会吃眼前亏（见第 1.1 节）。这就像 Buhr 和 Reiter（2006）所指出的那样，尽管环境保护主义已经成为一种主流意识形态，所有个人和组织都意识到“我们都在同一条船上”，但并不是所有人都在“朝着同一个方向划船”③。

在考虑国际环境时，中央促进可持续性的动机可以得到合理的理解。中国因为环境问题而承受了不少指责，中国政府积极面对这些指责合理的一面，所以，中国政府在签署环保与人权问题国际协定时表现主动，展现了一个大国也

① Liu Y, Pan W, Shen M, et al. The politics and ethics of going green in China: Air pollution control in Benxi City and wetland preservation in the Sanjiang Plain [M] // Bauer J R. (ed.), Forging Environmentalism: Justice, Livelihood, and Contested Environments. M. E. Sharpe, 2006.

② Adams W M. Green Development: Environment and Sustainability in a Developing World (3rd edition) [M]. London?; New York: Routledge, 2008.

③ Buhr N. Reiter S. Ideology, the environment and one worldview: A discourse analysis of Noranda' s environmental and sustainable development reports [J]. Advances in Environmental Accounting and Management, 2006, 3, 1-48.

是联合国安理会常任理事国负责任的态度[①]。这些举动确实反映了中国政府的立场。中国政府在环境问题上立场也经历过一个演变过程。一开始比较被动，国际压力凸显，不得不面对；后来，随着认识的深入，保护环境成了内生性的国家认识。基于这种认识而采取的行动也非常真诚，受到国内外的广泛认可（见第3.2节）。

关于国家可持续性议程，一个民族国家内不同实体之间的“内部分裂”也可以用Olson's（1965）关于公共物品的理论来解释：由于发展战略的这一变化有利于社会的所有成员，也需要社会成员的投资，但是，除了国家之外，没有任何个人或实体想着真实投入，因为这种投资等于利于他人的‘免费’，投资的肯定吃亏，不投资的坐享其成。所以，在环保问题上国家无论是制定制度，还是资金投入都是没法免责的责任主体[②]。这里的“国家”概念还应进一步细分为中央与地方政府，从利益博弈与取得均衡的角度来看，地方政府也有本位利益要考虑，难免加入利己主义者的阵营。

尽管可持续性观念对中国人来说并不新鲜，无论作为“无为”与“天人合一”的传统道家，还是提倡劳动权利的社会主义人本主义，以及外来的新自由主义资源节约观，随着时间的推移，先后被上升到主流意识形态（虽然有一些不连续性），但是，现在似乎很难被人们或任何参与经济活动的实体实践这些思想，因为全球化浪潮已经无法阻挡把中国从一个曾经有“反发展文化”的国家转变为一个“制造”大国，从而造就过去半个世纪人类历史上最大的经济奇迹[③]。环境价值观的传播或回归“反发展”文化似乎特别困难，因为在中国，市场化已达到前所未有的水平。在这个市场中，地方政府也是经济活动的主要参与者。

3. 经济人类学与可持续性核算

正如前面所讨论的，虽然大家都同意可持续发展的想法，但这种一致的善意很难转化为实际行动。原因可以简单地说：要使经济活动可持续，人类需要

---

① Bauer J R. (ed.), Forging Environmentalism: Justice, Livelihood, and Contested Environments [M]. M. E. Sharpe, 2006.

② Olson M. The logic of collective action: public goods and the theory of groups [M]. Harvard University Press, 1965.

③ Chang H J. Institutions and Economic Development: Theory, Policy and History [J]. Journal of Institutional Economics, 2011, 7 (4): 473-498.

接受一些严肃的权衡；而这正是它的困境所在。如今，整个世界似乎都陷入了这种“可持续性困境”，每个经济体，尤其是国家，似乎都陷入了不同版本的“可持续性困境”，国情不同，各有各的难处①。

正如本书开头的认识论讨论所指出的那样，本书通过对话语（“现实的社会建构”）的分析，研究“理想”模型，即：三重折旧法—重置环境的成本会计的适用性，或者说，为了对三重折旧法—重置环境的成本会计实施机制有一个前瞻性的认识。本书对现状及其内在合理性提出了建设性的看法②。此外，本书不仅寻求理解与解释可持续性在这一建构现实中出现的各种现象，而且还寻求将“理想”模式实施于社会的可能性，以及如何把社会作为一个可持续性的整体来看待，在特定的历史背景和制度背景下，为了实现这一可持续性模式，探求“怎么做”的社会实践③。

3.1 为在中国语境下实现三重折旧法匹配条件

与新自由主义意识形态相反，制度政治经济学学者声称：一个国家可以被视为承担“主要责任”的“企业家”④，尤其当国家成为“一个在重大经济变革之时可以围绕它组织经济活动的‘焦点’”⑤。“从国家的定义来看，国家是整个社会利益的唯一代理人”，换句话说，国家是对“国家利益”的最坚定捍卫者⑥。所以，国家是唯一有能力承担社会上金融、自然和人力资源三种存量管理的代理人。中国“一党执政、多党参政”的政治制度对实施宏观经济可持续性提供了有力的保证，政策的连续性可以系统体现“国家优势”，不会因政府的频繁变更，中断需要长时间周期的可持续性。

第四章的研究结果与此相呼应，表明稳定的中央领导确实有引领作用，并“踏石留印、抓铁有痕”把可持续性框架分解为许多可实施步骤有利于全面推

① Adams W M. Green Development：Environment and Sustainability in a Developing World (3rd edition) [M]. London?; New York：Routledge，2008.

② Kincheloe J L，Mclaren P. Rethinking Critical Theory and Qualitative Research [M] // Key Works in Critical Pedagogy. SensePublishers，2011：285 – 326.

③ Tinker T，Gray R. Beyond a critique of pure reason：From policy to politics to praxis in environmental and social research [J]. Accounting，2003，16 (5)：727 – 761.

④ Mauss M. Essai sur le don?：Forme et raison de l’ échange dans les sociétés archaïques [M]. Taylor & Francis e – Library，2002 [1950].

⑤ Chang H J. State，institutions and structural change [J]. Structural Change & Economic Dynamics，1994，5 (2)：293 – 313.

⑥ Olson M. The logic of collective action：public goods and the theory of groups [M]. Harvard University Press，1965.

进，整体收效。另外，除了在企业中推广企业社会责任报告与改变各级领导干部的盲目追求 GDP 的思想状态之外，中央也确实迫切需要一个规划：对国家的资源存量摸清家底，并对国家面临的环境和社会问题做出全面的判断。尽管在数据采集过程以及在绿色 GDP 与国家生态会计与审计的核算模型中存在一些老问题，但是，开展这类资源定期普查，建立信息交流机制的必要性是不容置疑的。

关于三重折旧法与重置环境成本会计在中国的应用，首先可以肯定的是，中央确实有意像建立重置环境成本会计那样，制定可持续性会计规划。环保问题事关全国，应该把全国当成“一盘棋”统筹规划。假如把全国视为一个超大型企业，作为企业经营者的中央，管理着企业的各个方面，特别是战略层面上的管理行为关系到企业的生存与发展。中央需要一个精心设计的管理和控制系统，整合企业行为有序运行，并对企业整体负责。宏观统筹全国金融、自然和人力三种资源存量，确保我们赖以生存的环境功能处于正常状态，或至少减缓自然环境退化，以及普遍改善人民的社会保障。第二，正如国内学者所特别指出的，当务之急是在国家层面建立可持续性会计体系，以及这个体系赖以运行的技术基础——从不同的地理方位提供精确数据的信息管理系统。的确，在绿色 GDP/国家生态会计与审计框架内可靠的统计数字至关重要。如果信息基础设施建设一时跟不上，也可以有替代方案应急：采用三重折旧法与重置环境成本会计，即使在建立上述信息系统之前，也可以在部门、地区和公司层面实现可持续性会计，因为重置环境成本会计模式可以在公司层面立即操作。现有的账簿系统已经有重置环境成本会计的应用，账面处理时把修复成本计入自然与人力资源存量资产负债表的借方，而不是登记这些存量的消费或虚高价格。这种“自下而上”的可持续性会计框架与信息基础系统的建设并行不悖，将来可以同时运行，如果没有异常结果出现，再转向单一系统稳定运行。这条补充思路很有价值，不失为一种选择。

然而，在操作层面上，仍有几个问题有待进一步解决。

首先，从技术角度看，可持续性指标的货币换算，例如：把一年内消耗的草料总量统计出来之后，留出足以修复所消耗草料的一个量，让草原得以持续其正常生态功能。这需要几个相关学科专家合作，为维持每一项具体的资源存量设定具体的科学阈值。这些阈值的适用将因区域地理特征和部门的具体特点而异。这些阈值都需要从统计数学的角度随着情况的变化进行具体调整。这些工作都是具有开创性的，需要进一步的研究和多层面的合作，先行试点，成熟之后，再推倒面上去。

另外，也得注意到：可持续性会计框架的制度化对中国来说具有一定的开创性，凡是创新都有一定的风险，对可能遭遇的风险事先要有预判。中央对这一举措的担忧是双重的：第一，基于以往的信息披露经验，尤其是2004年绿色GDP披露引发的争论，再就是近期官方披露的空气质量和地下水污染①，我们可以得出一个合理的预测：即使建立了可提供准确数据的信息系统，在宏观层面上采用可持续性会计，试运行期间也只能“内部”使用，主要先满足学术研究的需要，而不是作为制度化的可持续性报告必须定期向社会披露，毕竟这个会计框架的运行结果尚需一个合理的观察期，争论总是难免，通过争论可以充分暴露原先的思维盲区。第二，如前几章所示，自改革开放以来，中国在普遍采用全球标准化倡议（GSI）方面一直持积极态度。无论在采用“国际财务报告准则”方面，还是在与环境和劳工保护有关的立法方面，中国在国家层面与企业层面都有所举措。中央已经选择了企业社会责任报告制度（CSR）和基于社会环境经济会计（SEEA）的国家生态会计与审计规划（NEAAS），这两个框架都被广泛接受。在全球范围内，在国家层面通过一部综合会计法方面没有先例可循，很难想象中央是否能够采取这一举措，并在世界范围内发挥带头作用。面对日益恶化的自然和社会环境，建立这样一个管理和控制体系正是中央在过去十年里一直在刻意寻求的。

至于在现实世界中建立这样一种制度及其意义，我们现在可以回到Polanyi对我国经济的关切，特别是对“获利动机”的关切，或者如Polanyi在写作之初所称的对“经济自由主义的乌托邦式努力，以建立一个自我调节的市场体系”的近似于宗教的热情②。他对“获利动机”的后果提出质疑。我们注意到这里面的一些矛盾：第一，这个术语似乎没有明确的定义；第二，在地方层面似乎没有像在国际层面那样批评追求收益；第三，对收益计算或公司会计模式及其演变在他的著述里并未提及。

Polanyi分析中的矛盾心理让我们不禁要问：他认为的“大转型”中出现的问题是工业革命和国际市场发展造成的，还是一直植根于资源保护的主流意

① 值得注意的是，关于中国官方空气质量读数与美国大使馆空气质量读数差异很大的争论。（*cf.* http：//www. theguardian. com/world/2014/nov/10/apec – china – blocks – access – us – air – pollution – data – beijing，上次查阅时间为：2016年6月3日。公布官方统计数字对地下水井80%以上的水不安全的社会影响（*cf.* http：//www. nytimes. com/2016/04/12/world/asia /china – underground – water – pollution. html，上次查阅时间为：2016年6月3日。

② Polanyi K. The Great Transformation：The Political and Economic Origins of Our Time（2nd edition）［M］. Beacon Press，2002［1944］.

识形态造成的?

正如许多会计学家所认为的那样，正是后者取得了进展。事实上，正是主流资本主义会计模式的演变才能证明 Polanyi 的观点。作为一套中立的规则或法律，资本主义发展的各个阶段所使用的会计模型在调节经济体系方面发挥了重要作用，这是不证自明的事实。自由市场绝没有与生俱来的“自我调节”，正是这些会计准则界定了“资本”和“利润”等概念，并无情地管理了市场①。

采用三重折旧法与重置环境成本会计模式实际上是，为了解决 Polanyi 提出的问题，超越了他的写作范围，并在计算收益（利润）和资本概念的定义方面做了一些更根本性的修改（见本书第一章第 2.1 节）。在本书前面进行的分析中，我们可以就当前的环境和社会问题得出类似的推论：西方和中国采用的经济核算办法基本上是一样的，但在中国“社会主义市场经济”中，对所有资源存量的“营利”比在西方更彻底，也就是经济发展的资源密集型与劳动密集型，这与国情有关，是发展中难以避免的一个初级阶段，经过近四十年的积累，现在中国已经走出了发展的初级阶段。换言之，在经济核算方面资本主义会计的拟议变化在原则上没有很大差别。然而，这些拟议变化在现实世界中的应用会因国度不同而有很大差异。据本书的分析，鉴于中国社会的威权性以及政府推行财务报告与国际接轨的坚定意志，在中国环境会计中应用三重折旧法的可行性要比在西方国家大得多。因为，推行这样的制度性变化毕竟需要一个强势的政府。

3.2 通过国家价值观促进强式可持续性的建议

在前面章节所在的调查，我们认为：对于可持续性的不同定义都超越了资源保护中的可替代性概念的内涵，可持续性远远大于可替代性，可替代性不足以保护生态环境②。最重要的是，要搞明白众所周知的“可持续发展”概念究竟是增长的可持续性，还是生存的可持续性，还是两者折中协调兼而有之。本质上可持续发展与强式可持续性是同义词。在这个理念所框定的范围内，各种资源存量都得到仔细维护，并在可能的情况下保持完整。地球上并不存在以前所说的“取之不尽，用之不尽”的资源，可循环利用的资源也是有限度的，只是限度比较宽泛，不容易进入枯竭状态罢了。在这个问题上，东西方古老哲

① Arnold P J. The limits of postmodernism in accounting history: The Decatur experience [J]. Accounting Organizations & Society, 1998, 23 (7): 665 -684.

② Neumayer E. Weak Versus Strong Sustainability - Exploring the Limits of Two Opposing Paradigms [M]. Edward Elgar, 2003.

学都相对完整的看法，或“天人合一”的人与自然和谐相处，或尊崇“无为”的自然法则使生态功能长期延续。这些观念流传至今很有价值[①]，我们这个时代科技与经济已经高度发达了，发达带来最大消极面就是生态恶化，这也到了重新唤醒人类选择与大自然的和谐相处的时候。言必行，行必果，坚持不懈行动，争取有更多的绿色成果。这种完全符合自然选择所设定的“最大能量流原则”的含义，使人类在有机世界的进化中得以茁壮成长[②]；而对那些与自然不友好行为的放纵将导致人类社会走向“末路”[③]。

回顾过去，对于增长的可持续性和生存的可持续性，这两种形同对立的意识形态确实引导人们以不同的方式行事。一些人认为，古代的“反发展”文化植根于原始宗教崇拜，导致了科学技术的不发达；而在我们这个时代，情形则不相同，现在科技已经非常发达了。如下所示，通过这些模式，古老的意识形态对可持续发展依然有很大影响。从人与自然的关系来讲，直至今天人类社会的存在也是以自然生态为依托的，这一点没有根本性的变化，也不会有根本性的变化。无论在古代，人类改变世界的能力极其有限，还是在现代，科学技术的发展使这些能力得到了极大的提高。这也是为什么在本书的这一部分，从意识形态的角度，对可持续性持之以恒的原因。强式可持续性有些“宗教化”的情绪，起因在于目睹现状，为创造对人类有利的生存条件而大声疾呼——提议通过三重折旧法与重置环境历史成本法来实施强式可持续性。

关于实现这种增长可持续性的途径，Veblen（2012［1899］）在他代表所在院所进行的经济研究中写道：

“……说到对社会经济效益的关注，本人情感至诚，所形成的用语习惯，也是一种对持续生存希望的表达。单纯关注经济效益不利于实际发展，阻碍了人类运用制度性工具对现有状况做充分调整。最适合于和平的工业共同体的思想，就是实事求是地承认对事实的价值取向及其对后果的不甚明了。不可只凭感觉把事情归为神灵作祟或把困惑归结为超自然力量使然，或者由看不见的手

① Reynolds B K. Lao Tzu：Persuasion through inaction and non - speaking［J］. 1969，17（1）：23 –25. Lao Tzu. Tao Te Ching.（S. Addiss & S. Lombardo，Trans.）. Indianapolis：Hackett Publishing Co，Inc，1993［About 571 BC – 471 BC］. Aristotle. The Complete Works of Aristotle：The Revised Oxford Translation，One – Volume Digital Edition.（J. Barnes，ed.）［M］. Princeton University Press，2014［About 335 BC – 323 BC］.

② Lotka A J. Contribution to the Energetics of Evolution［J］. Proceedings of the National Academy of Sciences of the United States of America，1922，8（6），147 –151.

③ GeorgesÇu – Roegen N. The entropy law and the economic process［M］. Harvard University Press，1971.

从中起作用。在现代条件下，为满足对经济高效益的追求，世界都应该习惯运用量化、客观的因果联系来思考问题”（p. 185）①。

Veblen 的“和平的工业共同体”对应增长可持续性的主流概念，即效率、盈利、经济增长等被添加到纯粹而简单的自我维持理念中，所有这些都被视为人类社会存在的先决条件。他认为，人类的“情感”，尤其是在诉诸“不科学”解释事物时，与可持续性是对立的，不可接受。他主张：绝对相信“物质事实”和“机械顺序”，以及完全依赖“量化、理性和顺序”，或者更简单地说，是对科学和理性主义的完全依赖。这基本上是科学（包括对经济学的数量关系）指导当今人类社会的方式。称之为科学的宗教化亦不过分：无条件的信仰和依赖恰恰代表了广义上我们所称的“宗教”（见下文）。

特别值得注意的是，在这一宗教化过程中，在提供解释与展望时，科学中的“定量、理性和顺序”在常见宗教中发挥着教义和信条的作用。因此，当谈到可持续性的宗教信仰时，无论是为了增长还是为了生存，是相应的经济计算，尤其是可持续性核算，扮演了重要的角色②。

无论我们追求什么样的可持续性，都意味着社会要进行重大的制度性变革。强式可持续性（这是本书的重点）与增长的可持续性的区别在于：为了达到这一状态，世界必须经历某种“紧缩”，当前的边际主义意识形态和做法将彻底改变。面对日益恶化的环境与社会问题，除了制度性变革之外，还需要由国家来主导某些限制性政策与立法并采取鼓励性的措施。

就像 Bauer（2006）所主张，以及 Napoli（2012）和 Olson（1965）措辞委婉但含义明确所指出的那样：为了在某个区域（特别是一个国家，或范围更为广泛，乃至全世界）内，采取集体行动推行大规模的环境行动方案，关键点就是找出把人们凝聚起来共同承担社会责任的经济价值和非经济价值③。在这个问题上，形成统一的由社会成员共同分享的环境主义理念至关重要，因为实现可持续性需要集体的努力，能把大家团结在一起的信仰也可称为宗教化理念。

---

① Veblen T. The Theory of the Leisure Class［M］. Courier Corporation, 2012［1899］.

② Crozier M, Friedberg E. L' Acteur et le Système?: Les Contraintes de l' Action Collective［M］. éditions du Seuil, 1977. Suzuki T. The accounting figuration of business statistics as a foundation for the spread of economic ideas［J］. Accounting Organizations & Society, 2003, 28（1）: 65 -95.

③ Bauer J R.（ed.）, Forging Environmentalism: Justice, Livelihood, and Contested Environments［M］. M. E. Sharpe, 2006. Napoli P. Le droit, l' histoire, la comparaison［M］// Remaud O, Schaub J - F, Thireau I.（eds.）, Faire des sciences sociales: Comparer. éditions de l' EHESS, 2012. Olson M. The logic of collective action: public goods and the theory of groups［M］. Harvard University Press, 1965.

从词源上看，名词“宗教”来源于拉丁文单词 Religare，该动词的意思是“捆绑”或“结合在一起”。在法语中，这个动词被写成了“可靠性”，而作为名词的“宗教”与动词的具有相同的词根。关于这个词的词源，法国哲学家 Auguste Comte（2002［1854］）的著作提供了一些有意思的见解：

“任何宗教状态都需要两种自发影响的不断共存：一种是客观的，本质上是知识分子的；另一种是主观的，纯粹是道德的。这两种自发影响的过程体现了宗教如何与逻辑和情感联系在一起。无论这种联系是个人之间的还是集体的，这两种联系中的单独任何一种都是不可能形成团结。一方面，我们需要智慧来描绘在我们之外的一个强大的客观存在，它的力量足以使我们相信永恒；另一方面，我们也感受到内心情感驱使我们团结在一起。……这个令人崇敬的词（“宗教” - 作者注）的组成本身就可以概括上述理论：宗教是我们感受到通过两个联系形成命运共同体的主因，它把‘外部性’与‘内部性’联系在一起，这是一个主体与所处的环境之间，或者是人与世界之间，甚至是人类与地球之间的普遍积极二元论的最终结果。”（pp. 29 - 30）①

Veblen 认为情感与通过有效思想见诸行动的模式相对立，德国古典哲学家康德与他大不相同。康德在事情上既重视情感，又重视理性。根据康德的结论，人类的“客观”“智力”、科学和理性的思考需要与“主观”“道德”（或“情感”）结合起来（同上，p. 31）。为了指导人类对环境的“行为”，包括自然环境以及其他人类和生物，‘宗教’可以被看作是一种使人们团结在一起的力量，正如这个词的词源所揭示的，而一种思想的‘宗教化’首先包括将观念转化为一种使人们诉诸实践的动力。

宗教的力量首先是参照 lévi - Strauss（1987）的理论来解释的：一般来说，任何一种认识方式，包括科学和一般宗教，都是一个用“已知”来解释“未知”，将特定的“意符”分配给特定的“所指”的持续不断过程，试图通过合理化和标准化来消除歧见。无论处于什么历史阶段，对人类生存来说，最实质与最根本的问题是：开发利用自然资源与人力资源，并将这种开发与利用永远置于知识的指导之下。这必然表现为许许多多的准许作为与不准许作为。这些知识的构建需要为所指的事物分配充足的符号，这些符号代表环境中的物品和受开发利用的人们的归属②。

---

① Comte，A. Système de Politique Positive：Extraits des tomes II et III publiés entre 1851 et 1854［M］. 2002［1854］. http：//anthropomada. com/bibliotheque/COMTE - auguste - Systeme - de - politique - positive. pdf.

② Lévi - Strauss，C. Introduction to the Work of Marcel Mauss［M］. Routlege & Kegan Paul，1987.

在原始社会，人们没有有效的知识来指导他们的开发，酋长们还是会用模糊的术语（例如“法力”）来构造施特劳斯所说的“浮动符号”，以达到利己的目的。原始社会的首领会利用这些符号来维持人们对他的敬畏，从而保持权力（同上）。首领减少关于“浮动符号”知识的使用（例如，魔法现象因果关系），以指导环境和属下人力的开发，因为这种知识很有可能被证明是错误的。如果这种情况发生，酋长的可信度及其制定规则将受到质疑。因此，即使有某种不情愿，环境和人力归属也将基本保持不变。

当今，科学被用来作为创造知识的标志，人类的认知和行动得到了更有效的指导，这意味着自然和人力资源存量的开发变得越来越有效。这也是 Veblen 对于人类理性与科学信心的回声。随着时间的推移，原始社会中直接为生存而从事的收集、生产或积累的冲动已经转为今天所谓的资本主义。由于科技发展及其指导下的资本主义开发利用方式十分有效，原始社会那种集体性的不愿意探索与开发环境和人力资源的现象几乎完全消失，因此，在现代背景下，原始人类出于大自然的恐惧而“清静无为”不再可能。

在这一点上，这个看似“僵局”的问题可能的“出路”之一就是“净化”新法力，换言之，即“对可持续性的宗教化”。这个新的法力应包括一系列与人类生存有关的关键概念的再定义，尤其那些积极意义的概念，比如“幸福”和“价值”，或许更重要的是某些禁忌，包括“环境和社会危机”“末日”等。

这种对关键概念的重新定义可以被看作是对浮点符号的重新使用，而这些符号是酋长们在原始社会中使用的，人们期望它的作用与古代的“法力”一样。关于这一点，一个直接的观察是，随着科学技术的不断发展，以及相应的人类认知能力的进化，可持续性导向、“行为守则”和因恐惧而无所作为不再可能通过对某些“浮动符号”未指明或空洞的意义进行布道。然而，我们试图构建的关键概念的重新定义并不是指现代世界中任何现存的宗教，也不是指任何巫术、“纯粹的”魔法或欺骗。相反，这种重新定义只包括所指—可指—的重新分配，而且这种重新分配首先应该是有科学依据的。这一说法使我们重新认识到可持续性会计在可持续发展的宗教化中所起的作用。更具体地说，在可持续生存宗教化的情况下，这些新定义的概念将能够解释环境开发的局限性，并事先预见困境以及尽可能地‘避免’。倡导质朴的生活方式避免过分的奢华与挥霍等等。所有这些观念都将建立在核算阈值基础上。即使有不确定性，这些不确定性也基于概率论与统计学的结果是量化的、有据可循。简而言之，需要做的是使用科学术语来形成宗教话语。

在描述了我们生活的“现代尼尼微”① 之后，Daly（2008）指出，在这种宗教的启示与推理下，我们可能应该“忏悔”，然后他指出了这些行动的无用之处，并指出：

“如果我们把我们的科学论点和证据比作我们先知想要用来推动世界的杠杆，而进一步的论证和证据则是杠杆的延伸，那么我们仍然需要一个支点，一个固定的价值点或正确的目的，以使科学的杠杆转动，否则世界就不会被移动。”(p. 174)②

显然，对于 Daly 来说，由于缺乏“支点”，可持续性的宗教化似乎并没有对人类活动产生真正的影响。在本论文中，这个支点，或可持续性导向的意识形态的实际推广，指的是社会中一种强大的制度化，因为它提供了知识，使集体相信个人的自我利益性质，进而推动个人真正实践可持续性。换句话说，将强势可持续性作为一个经济会计法则的制度化，正是实现可持续生存的宗教化的途径，也是这种新的“宗教”能够在现实世界中发生一些根本性变化的途径。国家可以被看作是最有能力完成这项任务的有机体，因为它拥有最有力的支持，这些支持来自非经济动机的爱国主义或其他共同的意识形态，如：民主和共产主义，或共同历史传统，如：宗教、语言和民族文化；也因为国家是提供法律秩序以及相关强制执行的有机体。

关于人类社会在环境保护方面所做的进一步努力，Balandier's（1992）的观点可能特别重要。他在回顾了古代向人们传送训导与禁令的“旧方式”“仪式”与“传说”之后，指出：

“政治的理性化并没有完全抹去旧的方式，所有严重危机都在挑战当时的统治秩序，以至于引发了一种新的自然理论（包括人类和自然环境）的形成。……如今，现代社会已经认识到原材料和能源的重要性，因而，涉足一场旷日持久的经济战争。人们感觉到，并且不同程度承认：人们对生态退化、环境污染所犯的过失。……政治权力与保护自然两者之间的关联频频显现在我们日常生活中。……在大自然与社会的双重抗议下，不少人为抵御工业污染而奋起抗争，超级大城市是人类建造的怪物，本身就是反自然的。环保运动的首先应该重新定义经济（如人与自然的关系）、社会关系以及表达这些关系中所蕴

---

① 尼尼微：亚述帝国的一座古城，位于底格里斯河沿岸，与今天伊拉克境内的摩苏尔城相结。曾为亚述帝国的首都，在当时影响极大且极其兴盛，尤其是在西拿基立和阿叔巴尼帕统治时期（公元？7世纪）。该城在 公元前 612 年被巴比伦尼亚及其盟国占领并毁坏。

② Daly H E. Ecological Economics and Sustainable Development, Selected Essays of Herman Daly [M]. Cheltenham: Edward Elgar Publishing Ltd., 2008.

含思想与政治制度。”(pp. 29 – 30)[1]

同样，如果说我们目前正在经历或即将经历多重环境和社会危机，那么我们就可能挑战社会的现有“秩序”，这也意味着“一种新的自然理论”必然形成。用来指导人类社会经济发展“技术理性”（*ibid.*，p. 30）既给人类社会带来一丝自豪，也带来了“持久的经济战争”和随之而来的对这场战争的“罪恶感”。因此，这一旧秩序即将受到挑战，取而代之，必须建立新秩序。

如前所述，关于中国的城市化，总起来说，在中国与法国或其他欧盟国家的政治决策过程有很大的不同。在大多数情况下，中国的决策与决策之后的实施都是自上而下的，体现为集中化。这在效率上可能是一种优势，但这种集中化“缩短”了民主过程，可能还未形成社会共识就开始执行了，容易引发民众不满或者困惑。即使人类进入了信息化社会，借助互联网提供的社交平台，形成不稳定的舆情，甚至变成舆论压力。但在国外曾发生过政府故意削弱公民社会的呼声，中国官方舆论的传播特点是把政府的政策送给老百姓，同时也倾听百姓的声音。这种差异反过来使中国的生态保卫战与西方的有很大的不同：在西方是环保积极分子、压力集团，以及议会游说者去说服政治家采取措施，去为环境为劳工为市民立法；在中国，环境和社会问题必须依靠政府诚实履行自己的职责。因此，环保问题基于“政治合理化”的“权力博弈”在西方和中国将截然不同。从这个意义上说，与西方相比，中国似乎更有可能建立起“新秩序”，即强式可持续性。

4. 本章总结

基于上述对中国为实现可持续发展而面临政策选择的社会背景的调查，我们发现：中国的社会主义市场经济首先意味着国家对看似自律的市场进行了强有力的干预。但这种干预，特别是政府对虚拟商品市场的干预，已见成效，但还没进入常态自调节运行。虚拟商品在中国的流通是在行政力量的推动下进行的，或者说，地方政府积极参与这一流通，目的是为了促进经济发展。这正是中国今天面临环境问题的原因之一。此外，与中国经济性质相关联的意识形态也有些不到位，理顺认识，达成共识，对于中国未来的可持续性变革大有裨益。

为了追求强式可持续性，或者说是生存的可持续性，而不是增长的可持续

---

① Balandier G. Le Pouvoir sur Scènes [M]. Balland, 1992.

性，这种可持续性的宗教化，以及对经济、社会关系和政治体制的重新定义是必要的。在这方面，由于中国是一党执政的国家，与其他西方国家相比，决策过程更加集中并有效率，这种宗教化似乎是有希望的，尽管这种宗教化存在着多重不确定性。

第六章 总结论

如 Polanyi（1957）一语道破的那样，“经济的含义来自人类对自然和他的同伴的依赖，它指的是与自然和社会环境的交融，因为这些为社会成员提供了物质上的满足的手段”（p. 243）。由于与可持续性概念密切相关，这一含义显然与现代主流经济学所依据的自由主义意识形态及其后续释义没有任何共同之处，Polanyi 强调后者“来自逻辑，前者来自事实”（p. 243）①。

一般来说，“economy”是单数，指的是经济；如果是复数（economics），指的就是经济学。从学科概念的定义引申，必然涉及基本概念之间的所有关系。会计应该说明人类活动中有经济意义的事项，或简而言之，说明存在的可持续性。就像可持续性会计领域 Hawken *et al.*（2013）等学者总是念念不忘这些基本问题。

“如果我们的经济完全重视所有形式的资源，包括人力资源和自然资源，它会是什么样子？如果我们的经济不是围绕着新古典经济学和会计的毫无生气的抽象概念，而是围绕着自然的生物现实而组织起来的，那又会是什么样子呢？如果被普遍接受的会计惯例记录了自然资源和人力资源存量，而不是作为一个取之不尽、用之不竭免费源泉，而是一个有限和完整的有价值的自然生态。如果在没有严格的会计方法的情况下，公司开始表现得好像这些原则已经生效了呢？”（2013，p. 9）②

上述作者所称的“自然资本主义”的这些可能性，为我们，包括本书作者，探索可持续性会计框架在现实世界中应用提供了巨大的动力。

本书的研究实质上是一项语言学与管理学相结合的多学科研究，通过一系列的批判性话语分析，考察了社会环境会计制度在中国农业中的适应性，即在

---

① Polanyi K. The economy as instituted process ［M］// Polanyi K. Arensberg C. Pearson H. （eds.）, Trade and Market in the Early Empires: Economies in History and Theory. The Free Press, 1957.

② Hawken P, Lovins A B, Lovins L H. Natural Capitalism: The Next Industrial Revolution ［M］. Routledge, 2013.

“三重折旧发”的原则下，主张对自然资源、人力资源和金融资本进行“强式”维护。

本研究课题的灵感，首先来自关于不同资源存量的控制和核算的各种模型的文献，以及宏观和微观层面对可持续性产生影响的社会与环境因素。在对不同的模型进行深入研究后，发现：不同的“可持续性”是这些模型考虑资源的不同方式所致。根据这些文献，“弱式”和“强式”可持续性的区别首先在于可替代性的标准，或者说得切近实质，就是我们是否容忍以自然资源与人力资源的贬损来换取金融资本的增值。

第二，本书的研究策略是以会计政治经济学和制度变迁的文献为启迪，社会经济背景、会计原则的制度化及其演变是核心问题。在解释会计制度的设置时，本质上有两种学派：当前的主流强调市场的力量和会计制度下的行为。个人或制度主义政治经济学会计学把重点放在统治个人或群体的权力，即资本家，权威，或这两个联盟，甚至合并。这个学派被视为经济人类学的一部分，建立在权力和人际关系的基础上。

第三，话语所表现的社会现实建构和权力关系的文献，为本书的认识论和方法论框架奠定了基础，分别是建构主义视角以及对公共话语的批判分析。

最后，大量有关可持续发展会计的文献也对作者选择中国农业部门作为研究领域的决策起到了重要作用。

本书首先探讨了本研究的核心问题，即在中国制度背景下，建立强式可持续性会计系统——采用三重折旧法所需的必要条件和可能的阻力是什么？并且，“基于这一分析，我们对中国可持续性会计发展前景有什么期待？”本书从三个具体案例或三个方面展开研究，也可称为：现在仍在进行的三项制度性变革，即中国会计准则与“国际财务报告准则”的趋同、国家生态会计与审计体制的建立，以及农业企业社会责任报告的制度化。作者选择审视这三大案例的具体原因出于研究策略，即承认并收集过去到现在正在发生事件中的工具因素，以便更好地理解中国采用这一套“新规则”的发生机制，并深入探讨采用三重折旧法原则的可能性。在这方面，对“国际财务报告准则”趋同的研究使我们了解中国环境下如何采用一套会计规则，以及这套规则所依据的国家生态会计与审计机制（NEAAS）企业社会责任报告如何发挥作用。由此使我们了解了在国家层面与企业层面建立可持续性会计系统的过程。

对上述案例的三组批判性话语分析一并简要介绍如下：

第一件事是中国会计准则的演变及其与国际会计准则的趋同。在本部分，重点是探讨在当地环境中引入新的会计法规或一套公认的新会计原则的机制，这正是三重折旧法（TDL）原则的应用所需要的。本书特别注重“国际财务报告准则”与中国会计体系的趋同对中国未来会计走向的影响，尤其对农业领域环境会计有所侧重。本书首先认识到：提供环境保护服务的资产价值，并在讨论生物资产会计方法的部分增加了一个新的会计科目，称之为“公益生物资产”。

具体而言，本书分析了国际和国内会计权威部门的话语，以及国内外会计学者的话语，他们是中外会计准则趋同过程中的两个关键参与者。在这一话题上，两个关键参与者都作了充分的表达。首先，依据中国高层官员和国际组织高官的论述，我们可以看到，这两组话语所表达的精神极其一致。他们不仅肯定了现阶段所取得的趋同成果，鼓励了进一步的努力，并描绘了一个充满希望的未来，而且还一再强调完全趋同的必要性以及完全趋同的益处。“国际财务报告准则”在国际间被视为一套具有中立性与科学性的标准，现在中国政府权威部门也持同样的看法，并进一步指出：这些准则可以适用任何市场经济体制，包括社会主义市场经济，这些标准应该中外一致。

在学术论文方面，选择了两个知名的学术期刊：《国际会计杂志》与中国本土期刊《会计研究》，以此作为学术界对中国会计准则与国际财务报告准则趋同论文的样本。两刊对比发现：《国际会计杂志》上的观点比较丰富，既有赞同的，又有质疑的，还有反对的，甚至还有人反对公允价值；《会计研究》上研究“趋同”的文章观点自身还很趋同，不但学者的看法一致，也与政府权威部门的精神一致。外刊观点分歧很可能与语言障碍有关，由于出版语言是英语，非英语母语的学者可能出现对同一词汇理解的偏差，引发争议，再就是学者的地域广泛，文化背景不同也容易引发争议。以汉语为母语的学者大多来自同一文化背景，教育背景相近，大多生活在国内，再就是身兼二职，既是政府官员，也是学者，这也是造成观点相近的原因。

特别是在农业采用国际财务报告准则的问题上，学术界公众话语凸显三个问题：第一个问题是中国农业活动管理的历史遗留问题，由于长期以来缺乏配套的制度化的农业活动会计准则，中国农业采用“国际财务报告准则”绝非“趋同”，而是一次“跃进”。趋同有些表面化的意思，并未触及实质。第二问题有关公允价值的含义以及其会计实务，与“国际财务报告准则”相比，农业评估在应用公允价值方面似乎表现出更谨慎的态度。但据中国专家说，这种谨慎当然与拒绝、批评或迟疑的态度不可同日而语，这里的审慎却是一种看重，深入到诸多细节，接触了具体问题。对公允价值的应用前景比较看好。但目前由于中国农业部门比较落后、管理水平不高，公允价值马上用于账面处理还不太现实。第三个问题是“公益生物资产”概念的含义及其相关的实务。我们注意到，设立这一科目似乎并不是单纯为了维持自然资源存量，而是出于一些务实的原因——往往是为了登记难以做出适当会计处理的资产，因为这些资产的产权缺乏明确性。

在这些分析中出现几个有趣的观点。正如公共话语所表达的那样，会计准则是由权威部门构建的一个具有科学性、中立性、技术性对社会经济活动进行基本计量与核算制度体系。会计准则要反映中国的主流意识形态，其中“信任”或对科学技术的信仰起着重要作用。另外，我们也注意到：政府官员与国内学者之间存在着密切的关系，首因是政府官员的选拔过程中高学历的人容易名列前甲，次因是中国大学有“在职研究生学位”，使得很多干部可以在职拿到学位。再者，通过与国际财务报告准则接轨，中国选择采用世界公认会计惯例，但现阶段对会计实务的影响还不能说是全面的，有些环节还得考虑中国具体国情。必须一提的是农业会计，例如：农村土地的确权等历史遗留问题，采用新一套会计准则时，不得不考虑这些绕不开的问题。

第二件事就是推行国家生态会计与审计计划。正如中央文件所说，这一计划应包括建立自然资源资产负债表、对自然资源的审计等内容在内。然而，从文件来看，分析这些话语的意义，国家生态会计与审计体制的建立重在：监督各级干部，主要是领导干部，扎牢制度的篱笆，以防干部在资源利用方面出现渎职甚至贪污腐败，贻害未来。通过制度，警钟长鸣，巩固廉政效果。

中国共产党领导中国的政治大方向，管国家大事，具体行政事务则由各级政府负责。我们注意到，这些讨论中提到的关于国家层面环境保护的具体措施可分为两类：第一类主要涉及物料资源的管理；第二类则聚焦在责任的分配。中央强调第二类，正如习近平主席谈到该计划时说的，责任分配应包括下列内容：先摸清一个地区（大多数情况下，指的是省级）的自然资源存量，中央主管部门能够监控到这一地区政府批准的具体建设项目的资源使用情况。第一责任人就是这个地区任职的主要领导。

在对主流媒体和学术论文进行同样的分析时，我们可以注意到，大多数与此主题相关的媒体话语不是直接讨论环境问题，而是集中在当前的干部评价体系上，在这一体系中，GDP 被视为评价一个地区经济绩效与干部表现的重要标准。另一方面，学术界的讨论主要集中在技术方面，特别是联合国提出的环境经济核算体系（2012）框架的使用。事实上，中国国内学者一致提出了社会环境经济会计 SEEA（2012）作为采纳的框架，因为它象征着主流理论，代表了国际上最广泛接受的惯例。

通过上述三个机构所发表的极为一致的论述，可见国家生态会计与审计计划（NEAAS）代表了一场革命性的政治变革，这既映射出中央的决心，也代表了世界知名研究机构的最新研究成果。如果我们对这个计划的理解不限于计划的本身，而着眼于它所产生的广泛社会背景，就会发现它的更多意义，反过来，也会促进对计划本身有更好的了解。

其实，“我们不走‘先污染，后治理’西方发展的老路”，早在1978年就由中央提出来了，但在经济增长与环境保护的兼顾上，或是对经济增长关注得更多一些，也许是中国急于告别贫穷使然。直到2002年“第四代领导层”接班后，才以“绿色GDP”的名义，再次将环境方面的系统管理和控制方案提上议事日程。然而，2004年方案公布后，中央又撤回了方案，因为一些数字令人吃惊，不仅百姓吃惊，就连政府也吃惊。持续多年的积累，环境问题压力凸显，正是在这种背景下，中共第五代领导集体痛下决心解决干部考核体系中持续存在的问题，尤其是以GDP为中心的绩效评估，采纳可持续性会计似乎成为一个战略选项。同时解决的另一个突出的问题是党政领导层集中党政二元论。在中国，每个行政单位都有党政两名正职，一人是书记，另一人是政府首长，在环保问题上难以准确分工；一旦现任领导调离岗位似乎无须对其任内的环保责任在担责。在很多情况下，前任领导享受了经济发展速度带来的职务升迁，后发的环保问题却由新到任的领导负责，责任错位是症结之所在。

从这一分析过程，不难发现：国家生态会计与审计计划（NEAAS）在改进干部考核制度方面起了很大作用，解决了责任错位的问题。通过生态资产负债表引入重要的环境指标建立了干部对生态负责的量化指标体系，以此取代过去的GDP为中心的考核制度，从而激励干部“为官一任，造福一方”，生态环境成为造福的重要一项，所有经济决策都必须考虑可持续性。然而，这项计划也存在一些内在的问题：首先，有可能在指标激励下，有的干部不顾本地特点，盲目引进对本地不合适的所谓“环境友好型”项目；其次，为适应这一计划而进行的“调结构”很可能出现失业率增高，如果配套措施不到位，一旦成为当务之急，肯定挤压保护环境的积极性。再者，国家生态会计与审计计划的核算方法与现有的国民经济核算体系关系密切，目前这一体系自身还不够完善。

调查的第三件事是中国农业企业社会责任报告的实务。这次调研选择的企业样本是两家大型农业公司。A公司的情况比较普通，是一家1982年建立的民营公司，也是中国最大的畜牧业上市公司。旗下有数千家子公司与数百万农户。B公司则具有双重身份，既是中国最大的农业上市公司，也是农业部直接管理的最大的国有农场。它的另一个特点就是：B公司的产业链比较短，产业链上的每一环都在集团公司内，每家农户都是公司的一员。

这两家公司都编写了社会责任报告（CSR）报告，从中可以看到，两家公司面临社会的主要问题为同一个，即“食品安全”。A公司强调：公司致力于管理这条漫长、分散又复杂的产业链，这个管理特点无异于把公司置于一个相当卑微和无助的“服务员”地位，很难每个细节都管理到位，而公司产业链的上游对其产品安全没有直接面向社会的责任压力，产品传导到下游，几乎所有的产品安全责任都压在公司之上。与之相比，B公司管理控制权集中，作为一家国有农场，B公司的确在其活动的各个领域都能实现集中控制，所以，他们的产品安全责任就没有那么大的压力。对于第二个热门主题“环境与自然资源”，这两组系列报告没有多大区别，它们都对环保项目的投资披露了具体数据，并作了充分的说明。再一个主题就是“社会方面”，对公司定位于社会福利问题，两组报告的视角非常不同。B公司只侧重员工福利，A公司似乎已经意识到要对范围广泛各种利益团体或利益相关者负责。两家公司报告中的差别，大多可以从两家公司的性质不同得以解释。

把目光投向那些广为引人关注的中国食品安全问题，经由大众传媒曝光，其中一些事件在人们心里留下了久久难以消散的忧虑。“三聚氰胺”事件中那些电视画面上可怜的儿童一生的命运就此逆转，在牛奶中非法添加物造成他们的人生悲剧。由此引发公众对食品安全强烈关注也在情理之中。在巨大的社会压力下，加强食品安全监管成为众口一词的呼声，政府立即采取严厉的排查，并对早已存在的监管漏洞亡羊补牢。从那以后，我们注意到，公布企业社会责任报告的上市公司多了起来，企业社会责任报告制度化已成趋势。这很符合灾难——补救——消除隐患的模式。接受调研的这两家公中规中矩，按期公布企业社会责任报告做法是一种合规行为。换言之，通过这种由重大事件引发的制度变革，中央希望政府相关部门严格履行行政监管，同时，也让社会充分了解政府不是万能的。如果仅仅依靠政府的监管，产品质量控制、自然环境保护和社会保障方面的问题难以圆满解决；社会，特别是企业，必须承担起自己的责任，向社会报告如何承担责任，或工作中的欠缺，接受社会舆论监督。然而，这种责任对于民营农业企业来说尤其难以承担，因为它们缺乏对产业链的控制能力，这是由于一些体制因素造成的。

对这三件事的调研特别是现场采集的访谈资料加以仔细整理分析，我们注意到：首先，与地方政府相比，中央抓全局，管战略，更关心自然环境和对社会有重大影响的问题。第二，与其他部门相比，农业部门更深入地关注保护自然和人力资源。因此，农业综合企业，以及社会保障计划覆盖不足的农民，以及管理自己租来的土地耕种的农民，在这方面是最敏感的群体。第三，由于中国环境与社会问题随着改革进入深水区，综合治理的难度也加大了。鉴于国家和人民都强烈关心这些问题，国家在调研的基础上，集思广益，听取各界，尤其是学术界的意见，综合施策的力度越来越大，局面为之改观已见成效，并有望持续好转。然而，考虑到历史和体制方面的原因，建立可持续性会计的制度变革，面临的困难也不小。“千里之行始于足下”，有了重要的起点，也就是国际财务报告准则和国际惯例的成功对接，国家生态会计与审计计划业已启动，再接再厉，攻坚克难，在国家层面与企业层面持之以恒，不断完善，可持续性会计必将牢牢扎根，革新我们看待经济发展的视角。对于贯彻中存在的问题或正在发生的问题，我们应该从学术界具有广泛共识的理论框架下，探讨问题的原因。

本书以“制度主义政治经济学”为理论框架，以“制度主义政治经济学”为主要参照系，重新思考中国政治经济中的可持续性困境。这一制度主义政治经济学主要是以 Polanyi 和 Chang Ha－joon 的观点为基础的，并赋予了几个维度：第一，它区分了经济一词的“形式”和“实质”含义，而前者则符合对这一概念的通常理解，对自由市场而言，后者恰恰与可持续性的概念相对应。第二，批评虚拟商品（包括土地、劳动力和货币）在自由市场上的流通，因为它们本质上是自然的，而不应该是生产出来的，流通属性与普通商品的流通属性有所区别。第三，该派观点认为国家应该进行干预，以限制这种流通，并在必要时为此目的启动制度改革，因为国家可能是最合适和最有能力承担在一定范围内维持各种资源存量的责任单位。

从第五章的分析可以看出，中国近几十年的发展历程表明，国家为促进经济不遗余力，这恰恰与“把党的工作中心转到以经济建设上来”合辙，中国已经走过了发展的粗放阶段，现在国家有能力也有财力解决经济建设中积累起来的环境问题，两头并举，做到发展经济与保护环境相辅相成。1970 年代开始的改革，在社会主义和资本主义之间造成了意识形态上的迷思，这是社会大变革中常见的历史现象。对于发展经济与保护环境的关系认识不足，出现的问题促使我们面对，也为思想观念的与时俱进提供了现实条件。对各级政府在经济建设中角色的定位回归常态，从全局来看，保护环境的国家责任日渐明确。政出多门，责任不明确曾一度成为构建“强式”可持续性观念维护自然环境和社会核算体系的主要制约因素。案例观察表明：国家在扮演“限制者”的角色时，面对虚拟商品的自由流通，出现越位运行，必须采取措施，而且，是唯一能采取有效措施的责任主体；前一段时间，侧重抓经济，忽略了与生态环境的统筹兼顾，出现的问题也从反面论证了环保问题上政府责任不可缺位。

管理体制改革，包括根据科学阈值确定检测自然与人力资源存量的工具，迫在眉睫，这是基础性的工作。没有基础，盖不起来大楼。然而，正如德国哲学家尼采所指出的，“科学问题不能以科学为基础来理解”（p. 4）[①]，也就是说科学很能，但不可能万能。这就是为什么本书最后两节要讨论采用一套具体的可持续性管理工具与特定社会的意识形态之间关系的原因。其核心思想是，使用一套基于科学阈值的管理工具，如果不是唯一的办法，也是对当前社会主流意识形态进行一些根本性变革的有力途径；只有当主导意识形态发生变化时，人类活动才能重新面向可持续发展，以求长久生存。简而言之，追求可持续性的实践和意识形态是一个“不可分割的整体”。我们谈到其中任何一个而不提及另一个都免不了重大疏忽；我们不能在不涉及社会主导意识形态的情况下，谈论一套可持续发展的管理工具及其实施。根据这一概念，提出了一个关于可持续性的“宗教化”的人类学观点。

如果我们回到导言中所述的前提，即追求物质利益以生存为人类行为的最终动机，我们就会发现，无论是在古代还是今天，对自然资源和人力资源的开发和过度开发一直是人类社会的奋斗原则[②]。这种开发总是在知识的指导下进行的。在知识的指导下，一系列的指示和禁止应该明确，特别是后者用今天常用的话来说，就是划出“底线”或者“红线”。在原始社会中，古老的知识大部分时间是以“魔法”或其他各种宗教解释为主，不允许社会成员对其生存环境和人类附属功能进行无节制的开发。在这个意义上，我们可以说，宗教力量建立一种“利用环境但不过度”的社会秩序。

人类历史上数千多年来，科学技术的发展逐渐“幻灭”了这个社会秩序中的人们，在不断发展的科学技术知识的指导下，人类在开发活动中变得越来越有能力和“自由”，也越来越沉迷于越增长越好的迷思之中，没人去思考发展的极限在哪里。

为了促进“生存可持续性”而非“增长可持续性”的环保思想，需要通过对前者进行宗教化，或者更深入地说，就是一种主张“强有力”维持资源存量的可持续性的环保主义者的“宗教”信念来实现。科学家，包括那些专攻硬科学和经济学与管理学的科学家，这个信念对他们都有价值。在这一过程

---

① Nietzsche F. La Naissance de la tragédie, ou Hellénisme et Pessimisme [M]. Fritzsch, 2008 [1872].

② Lotka A J. Elements of Physical Biology [M]. Williams and Wilkins, 1925. https://ia802708.us.archive.org/17/items/elementsofphysic017171mbp/elementsofphysic017171mbp.pdf.

中，通过使用科学术语（例如基于生态阈值）来形成宗教表达方式。科学共同体与政府应承担责任，引导公共讨论，形成社会合意。

本书开头从个人行为和反应的前提出发，认为主导意识形态对社会前景有很大影响。在中国语境下，所考察的三件事，以及对"社会主义市场经济"的一般分析表明：影响中国主流意识形态的观念支撑比较单一。几十年都是邓小平先生的名言"科学技术是第一生产力"，其中突出了科技力量和经济发展的最高目标两个要素。在本书的实证部分，我们看到这种主流意识形态在中国社会中的多种运作方式。根据这一观察，第五章的最后两节建议重新定位这一主流意识形态，特别是强调更多前一要素——科学。这可以通过大量知识将形而上学观念方面与可持续性的物理方面结合起来来实现。在这个过程中，一系列关键的生活概念被重新定义，使用一套基于科学阈值的管理工具。当集体信念与个人和组织的物质利益相一致时，我们可能会期待一些真正的改变。

至于人类社会在各个层面上的生态运动，似乎主要的想法是"拯救地球"。然而，"拯救地球"本身是一个错误的命题，因为地球现在和将来都在那里，灭绝的只能是违背地球规则的人类[①]。从这个意义上讲，可持续性不应被表述为一种充满同情的伦理意识形态；相反，它是人类能够免于痛苦甚至灭绝的唯一途径。换句话说，"可持续性"应该而且只能是存在的，正如 Gray and Milne（2004）所指出的：

"可持续性是一个系统而不是一个组织的概念。我们目前的金融和经济组织体系引导我们尝试把所有重要的事情与现有组织的水平联系起来，因为在可持续性上权力和决策似乎是不成立的。自然和生态对我们的公司和机构一无所知。如果我们要回到与我们的生态根源和谐的概念上，我们就需要重新认识我们决策的意义，可能在这个方面还有我们的机构和组织，生态显然不会按照我们的现代制度来重新配置。"（p. 79）[②]

同样，在谈到社会不同层面的可持续性时，也没有必要提倡"拯救国家"或"拯救产业"的概念，因为毕竟"政府"与"国家"，以及"企业"与"产业"并不是同一纬度的概念——一个企业如果未能履行其维持自然、社会和金融资本存量的使命，其退出历史舞台就无可厚非；而"国家"和"产业"会一直存在下去，并一直沿着生态和谐的方向发展。

---

① Norton B G. Toward Unity Among Environmentalists［M］. Oxford University Press USA，1991.

② Gray R，Milne M. Towards reporting on the triple bottom line：mirages，methods and myths［M］// Henriques A，Richardson J.（eds.），The Triple Bottom Line，Does it All Add Up? Assessing the Sustainability of Business and CSR（pp. 70 –80）. London，UK：Earthscan，2004.

参考文献

英文和法文文献

[1] Adams C A. A critique of reporting on ethical, social and environmental issues: the case of ICI [C] // Third Asia Pacific Interdisciplinary Research in Accounting Conference, Adelaide, Australia, 2001.

[2] Adams C, Frost G, Webber W. Triple bottom line: A review of the literature [M] // Adrian H. Richardson J. (eds.). The Triple Bottom Line: Does It All Add Up. Earthscan, 2004.

[3] Adams M B. Agency Theory and the Internal Audit [J]. Managerial Auditing Journal, 2013, 9 (8): 8 –12.

[4] Adams W M. Green Development: Environment and Sustainability in a Developing World (3rd edition) [M]. London; New York: Routledge, 2008.

[5] Adnan H. Planters concerned over new accounting standard [N]. The Star Online, August 9, 2010.

[6] Ahmad Y J. El Serafy S. Lutz E. (eds.). Environmental Accounting for Sustainable Development [M]. The World Bank, 1989.

[7] Alvesson M. Kärreman D. Varieties of discourse: on the study of organizations through discourse analysis [J], 2000, 53, 1125 –1149.

[8] Antheaume N. Teller R. Quel regard vers d' autres formes de comptabilité : comptabilité sociétale et environnementale [M] // Dumontier P. Teller R. (eds.), Faire de la Recherche en Comptabilité Financière. Vuibert, 2001.

[9] Aoki M. Endogenizing institutions and institutional changes [J]. Journal of Institutional Economics, 2007, 3 (1): 1 –31.

[10] Aristotle. The Complete Works of Aristotle: The Revised Oxford Translation, One –Volume Digital Edition. (J. Barnes, ed.) [M]. Princeton University

Press, 2014 [About 335 BC - 323 BC].

[11] Arnold P J. The limits of postmodernism in accounting history: The Decatur experience [J]. Accounting Organizations & Society, 1998, 23 (7): 665 - 684.

[12] Arrighi G. Adam Smith in Beijing: Lineages of the 21st Century [M]. Verso, 2007.

[13] Artus P. 1. L' objectif central de politique économique de la Chine: croître le plus vite possible [M] // La Chine, 《Cahiers du Cercle des économistes》 (pp. 19 - 26). Presses Universitaires de France - PUF, 2008.

[14] Aspinall R, Austen M, Bardgett R D, et al. UK National Ecosystem Assessment: Synthesis of Key Findings [M] // The New International Law. Brill, 2011: 15 - 32.

[15] Auer P. From Context to Contextualization [J]. Links & Letters, 1996: 11 - 28.

[16] Bailey D. Accounting in transition in the transitional economy [J]. European Accounting Review, 1995, 4 (4), 595 - 623.

[17] Balandier G. Le Pouvoir sur Scènes [M]. Balland, 1992.

[18] Balding C. How stressed are major Chinese banks? [R]. 2015. http: //www.baldingsworld. com/2015/11/06/how - stressed - are - major - chinese - banks/.

[19] Balding C. Unpacking China' s financial services industry [R]. 2015. https: //thenanfang. com/unpacking - chinas - financial - services - industry/.

[20] Barclays corp. UK agriculture, sector outlook, third quarter 2012 [R]. 2012.

[21] Bauer J R. (ed.), Forging Environmentalism: Justice, Livelihood, and Contested Environments [M]. M. E. Sharpe, 2006.

[22] Bebbington J. Gray R. Hibbitt C. Kirk E. Full Cost Accounting: an Agenda for Action [M]. London Certified Accountants Educational Trust, 2001.

[23] Bell D. Li E. In defence of how China picks its leaders [N]. Financial Times, 2012, November 11.

[24] Berger P L. Luckmann T. The Social Construction of Reality: A Treatise in the Sociology of Knowledge [M]. Penguin, 1991 [1966].

[25] Bergère M - C. Capitalismes et Capitalistes en Chine [M]. Perrin, 2007.

[26] Bertalanffy, L. von. Théorie générale des systèmes [M]. Dunod, 1973.

[27] Bhakir M I T. Applying IAS 41 in Malaysia [N]. Accountants Today, March 2010. http://www.mia.org.my/at/at/2010/03/06.pdf

[28] Björk B C, Solomon D. The publishing delay in scholarly peer – reviewed journals [J]. Journal of Informetrics, 2013, 7 (4): 914 –923.

[29] Blommaert J. Discourse: Key Topics in Sociolinguistics [M]. Cambridge University Press, 2005.

[30] Boden J. The Wall Behind China' s Open Door: Towards Efficient Intercultural Management in China [M]. Asp, 2008.

[31] Bourdieu P. Les modes de domination [J]. Actes de la recherche en sciences sociales, 1976, 2 (2), 122 –132.

[32] Bourdieu P. Language and Symbolic Power [M]. Polity Press, in association with Basil Blackwell, 1991.

[33] Bowlus A J, Sicular T. Moving toward markets? Labor allocation in rural China [J]. Journal of Development Economics, 2004, 71 (2): 561 –583.

[34] Braudel F. Civilization and Capitalism, 15th – 18th Century: The wheels of commerce [M]. University of California Press, 1982.

[35] Braudel F. La Dynamique du Capitalisme [M]. Flammarion, 1985.

[36] Brady A M. Guiding Hand: The Role of the CCP Central Propaganda Department in the Current Era [J]. Westminster Papers in Communication & Culture, 2006, 9 (9): 100 –110.

[37] Brahm L. Bigger vs. Better: How China Is Rebalancing Its Growth [N]. 2016 –03 –04. http://www.institutionalinvestor.com/blogarticle/3534744/blog/ bigger – vs – better – how – china – is – rebalancing – its – growth.html.

[38] Brink T T. Perspectives on the Development of the Private Business Sector in China [J]. China: An International Journal, 2012, 10 (3): 1 –19.

[39] Bryd W A, Lin Q S. China's rural industry: structure, development and reform. [J]. Proceedings of the Institution of Mechanical Engineers Part L Journal of Materials Design & Applications, 1990, 225 (1): 11 –21.

[40] Buckley C. Xi Jinping' s remedy for China' s economic gloom has echoes of Reagan [N]. The New York Times. 2016 – 03 – 04. http://cn.nytimes.com/business/20160304/c04chinaecon/en – us/.

[41] Buhr N. Reiter S. Ideology, the environment and one worldview: A discourse

analysis of Noranda's environmental and sustainable development reports [J]. Advances in Environmental Accounting and Management, 2006, 3, 1 -48.

[42] Burkitt L. Aging workers, slowing productivity: China's changing demographics [N]. The Wall Street Journal. 2016 -03 -01. http://blogs.wsj.com/chinarealtime/2016/03/01/aging - workers - slowing - productivity - chinas - changing - demographics/.

[43] Burlamaqui L. Castro A C. Chang H - J. Institutions and the Role of the State [M]. Edward Elgar Publishing, 2000.

[44] Cameron D. Working with Spoken Discourse [M]. SAGE Publications, 2001.

[45] Catchpowle L, Cooper C, Wright A. Capitalism, states and ac - counting [J]. Critical Perspectives on Accounting, 2004, 15 (8): 1037 -1058.

[46] Chan C K - C, Hui E S - I. The dynamics and dilemma of workplace trade union reform in China: The case of the Honda workers' strike [J]. Journal of Industrial Relations, 2012, 54 (5), 653 -668.

[47] Chan K C, Ngai P, Chan J. The Role of the State, Labour Policy and Migrant Workers' Struggles in Globalized China [M] // Globalization and Labour in China and India. Palgrave Macmillan UK, 2010: 132 -151.

[48] Chan K W, Zhang L. The "hukou" system and rural - urban migration in China: processes and changes [J]. China Quarterly, 1999, 160 (1): 818 -855.

[49] Chan N. Land acquisition compensation in China - Problems & answers [J]. International Real Estate Review, 2003, 6 (1), 136 -152.

[50] Chang C, Wang Y. The Nature of the Township - Village Enterprise [J]. Journal of Comparative Economics, 2004, 19 (3): 434 -452.

[51] Chang H, Dong X Y, Macphail F. Labor Migration and Time Use Patterns of the Left - behind Children and Elderly in Rural China [J]. World Development, 2011, 39 (12): 2199 -2210.

[52] Chang H J. State, institutions and structural change [J]. Structural Change & Economic Dynamics, 1994, 5 (2): 293 -313.

[53] Chang H J. Institutions and Economic Development: Theory, Policy and History [J]. Journal of Institutional Economics, 2011, 7 (4): 473 -498.

[54] Chapman C S. Cooper D J. Miller P B. (eds.). Accounting, Organizations, and Institutions: Essays in Honour of Anthony Hopwood [M]. Oxford University Press, 2009.

[55] Charmes é. La Ville Emiettée: Essai sur la Clubbisation de la Vie Urbaine [M]. Presses Universitaires de France – PUF, 2011.

[56] Chen C J P, Ding Y, Xu B. Convergence of accounting standards and foreign direct investment [J]. International Journal of Accounting, 2014, 49 (1): 53 – 86.

[57] Chen F. Between the State and Labour: The Conflict of Chinese Trade Unions' Double Identity in Market Reform [J]. China Quarterly, 2003, 176 (176): 1006 – 1028.

[58] Chen F. Industrial Restructuring and Workers' Resistance in China [J]. Modern China, 2003, 29 (2): 237 – 262.

[59] Chen F, Lin Z J. Asian financial crisis and accounting reforms in China [J]. Managerial Finance, 2000, 26 (5): 63 – 79.

[60] Chen L. 2015 Global 2000: The Largest Companies In China [N]. Forbes. 2015 – 05 – 06. http: //www. forbes. com/sites/liyanchen/2015/05/06/2015 – global – 2000 – the – largest – companies – in – china/.

[61] Chen Y. 'Chinese English' and its implication on C – E translation of Chinese specific expressions [J]. Journal of Language Teaching and Research, 2010, 1 (4), 480 – 484.

[62] Chen Z, Ge Y, Lai H. Foreign Direct Investment and Wage Inequality: Evidence from China [J]. World Development, 2011, 39 (8): 1322 – 1332.

[63] Chiapello E. Les normes comptables comme institution du capitalisme: Une analyse du passage aux normes IFRS en Europe à partir de 2005 [J]. Sociologie Du Travail, 2005, 47 (3), 362 – 382.

[64] Christophe B, Bebbington J. The French Bilan social—A pragmatic model for the development of accounting for the environment? A research note [J]. British Accounting Review, 1992, 24 (3): 281 – 290.

[65] Cho C H, Laine M, Roberts R W, et al. Organized hypocrisy, organizational façades, and sustainability reporting [J]. Accounting Organizations & Society, 2015, 40 (40): 78 – 94.

[66] Cho C H, Patten D M. The role of environmental disclosures as tools of legiti-

macy: A research note [J]. Accounting Organizations & Society, 2007, 32 (7): 639 - 647.

[67] Cho C H, Roberts R W, Patten D M. The language of US corporate environmental disclosure [J]. Accounting Organizations & Society, 2010, 35 (4): 431 - 443.

[68] Chow L M. Chau G K. Gray S J. Accounting reforms in China: cultural constraints on implementation and development [J]. Accounting and Business Research, 1995, 26 (1), 29 - 49.

[69] Ciriacy - Wantrup S V. Resource Conservation: Economics and Policies [M]. University of California Press, 1952.

[70] Coase R H. The Nature of the Firm [J]. Economica, 1937, 4 (16), 386 - 405.

[71] Coase R H. The Problem of Social Cost [J]. Journal of Law & Economics, 1960, 3 (4): 1 - 44.

[72] Coase R H. Wang N. How China Became Capitalist (2012 edition) [M]. Palgrave Macmillan, 2012.

[73] Colasse B. Lesage C. Introduction à la Comptabilité (10e édition) [M]. Economia, 2007.

[74] Colleoni E. CSR communication strategies for organizational legitimacy in social media [J]. Corporate Communications, 2013, 18 (2): 228 - 248.

[75] Comte, A. Système de Politique Positive: Extraits des tomes II et III publiés entre 1851 et 1854 [M]. 2002 [1854]. http: //anthropomada. com/bibliotheque/COMTE - auguste - Systeme - de - politique - positive. pdf.

[76] Cooper D. Discussion of towards a political economy of accounting [J]. Accounting Organizations & Society, 1980, 5 (1): 161 - 166.

[77] Cooper D J, Hopper T M. Critical studies in accounting [J]. Accounting Organizations & Society, 1987, 12 (5): 407 - 414.

[78] Cooper D J, Sherer M J. The value of corporate accounting reports: Arguments for a political economy of accounting [J]. Accounting Organizations & Society, 1984, 9 (3): 207 - 232.

[79] Crowards T. Nonuse values and economic valuation of the environment: A review [J]. CSERGE working paper GEC, 1995, 95 - 26.

[80] Cull R, Xu L C. Who gets credit? The behavior of bureaucrats and state

banks in allocating credit to Chinese state – owned enterprises [J]. Journal of Development Economics, 2004, 71 (2): 533 – 559.

[81] Daly H E. Steady – State Economics: Second Edition with New Essays [J]. Handbook of Environmental & Resource Economics, 1992 (2).

[82] Daly H E. Ecological Economics and Sustainable Development, Selected Essays of Herman Daly [M]. Cheltenham: Edward Elgar Publishing Ltd., 2008.

[83] Demsetz H. Toward a Theory of Property Rights [J]. American Economic Review, 1967, 57 (2): 347 – 359.

[84] Denzin N K. Triangulation 2.0. [J]. Journal of Mixed Methods Research, 2012, 6 (2): 80 – 88.

[85] Deng X, Huang J, Rozelle S, et al. Economic Growth and the Expansion of Urban Land in China [J]. Urban Studies, 2014, 47 (4): 813 – 843.

[86] Deng X, Huang J, Rozelle S, et al. Impact of urbanization on cultivated land changes in China [J]. Land Use Policy, 2015, 45 (45): 1 – 7.

[87] Desjeux D. Les Sciences Sociales [M]. Presses Universitaires de France – PUF, 2004.

[88] Dietz S, Neumayer E. Weak and strong sustainability in the SEEA: Concepts and measurement [J]. Ecological Economics, 2007, 61 (4): 617 – 626.

[89] Dijk T A van. Discourse Studies: A Multidisciplinary Introduction (2nd edition) [M]. SAGE Publications, 2011.

[90] Ding C. Land policy reform in China: assessment and prospects [J]. Land Use Policy, 2003, 20 (2): 109 – 120.

[91] Ding C. Policy and praxis of land acquisition in China [J]. Land Use Policy, 2007, 24 (1): 1 – 13.

[92] Ding D Z, Goodall K, Warner M. The impact of economic reform on the role of trade unions in Chinese enterprises [J]. The International Journal of Human Resource Management, 2002, 13 (3), 431 – 449.

[93] Ding S, Graham C. Accounting and the reduction of state – owned stock in China [J]. Critical Perspectives on Accounting, 2007, 18 (5): 559 – 580.

[94] Ding Y. Harmonisation trends in Chinese accounting and remaining problems [J]. Managerial Finance, 2000, 26 (5), 31 – 40.

[95] Ding Y, Su X. Implementation of IFRS in a regulated market [J]. Journal of Accounting & Public Policy, 2008, 27 (6): 474 – 479.

[96] Ding Y. Riches and risks in 'Taobao Villages' [N]. Beijing Review. 2015 – 02 – 16. http: //www. bjreview. com. cn/nation/txt/2015 – 02/16/content_669132. htm.

[97] Domergue M. L' agriculture grignotée par la ville [J]. Alternatives Economiques, 2012, 314. http: //www. alternatives – economiques. fr/l – agriculture – grignotee – par – la – ville_ fr_ art_ 1149_ 59046. html.

[98] Dong M. Discussion of 'Convergence of accounting standards and foreign direct investment' [J]. International Journal of Accounting, 2014, 49 (1): 87 – 96.

[99] Du J, Peiser R B. Land supply, pricing and local governments' land hoarding in China [J]. Regional Science & Urban Economics, 2014, 48 (C): 180 – 189.

[100] Eagleton T. Ideology: an introduction [M]. Verso, 1991.

[101] Eccher E A, Healy P M. The Role of International Accounting Standards in Transitional Economies: A Study of the People's Republic of China [J]. Ssrn Electronic Journal, 2000.

[102] Ekins P, Simon S, Deutsch L, et al. A framework for the practical application of the concepts of critical natural capital and strong sustainability [J]. Ecological Economics, 2003, 44 (2): 165 – 185.

[103] Elad C. Fair value accounting and fair trade: an analysis of the role of International Accounting Standard No. 41 in social conflict [J]. Socio – Economic Review, 2007 (4): 755 – 777.

[104] Elkington J. Towards a Sustainable Corporation: Win – Win – Win Business Strategies for Sustainable Development [J]. California Management Review, 1994, 36 (2): 90 – 100.

[105] Elkington J. Cannibals with Forks: The Triple Bottom Line of 21st Century Business [M]. Capstone Publishing, 1997.

[106] Ellickson R C. Property in Land [M] // Economic Analysis of the Law: Selected Readings. Blackwell Publishing Ltd, 2007: 286 – 305.

[107] Farache F, Perks K J. CSR advertisements: a legitimacy tool? [J]. Corporate Communications An International Journal, 2010, 15 (3): 235 – 248.

[108] Fairclough N. Discourse and Social Change [M]. Polity Press, 1992.

[109] Fairclough N. Critical Discourse Analysis [M]. Longman, 1995.

[110] Fenby J. China' s corruption probe bares its teeth [N]. BBC News. 2015 - 02 - 20. http://www.bbc.com/news/world - asia - china - 31503967.

[111] Firth M. The diffusion of managerial accounting procedures in the People' s Republic of China and the influence of foreign partnered joint ventures [J]. Accounting Organizations & Society, 1996, 21 (7 - 8): 629 - 654.

[112] Fitzgerald I. Working in the UK: Polish migrant worker routes into employment in the north east and north west construction and food processing sectors [R]. London: Trades Union Congress, 2007.

[113] Foucault M. L' Ordre du discours [M]. Inaugural lecture at the Collège de France, 1970.

[114] Freeman R E. Strategic Management: A Stakeholder Approach [M]. Cambridge University Press, 2010 [1984].

[115] Friedman M. The Social Responsibility of Business is to Increase its Profits [N]. The New York Times Magazine, September 13, 1970.

[116] Friedman M. Nobel Lecture: Inflation and Unemployment [J]. Journal of Political Economy, 1977, 85 (3): 451 - 472.

[117] Fisher I. The Nature of Capital and Income [M]. Macmillan, 1906.

[118] Gao J, Wei Y D, Chen W, et al. Urban Land Expansion and Structural Change in the Yangtze River Delta, China [J]. Sustainability, 2015, 7 (8): 10281 - 10307.

[119] Gao Y, Zheng J, Bu M. Rural - urban income gap and agricultural growth in China [J]. China Agricultural Economic Review, 2014, 6 (1): 92 - 107.

[120] Georgesçu - Roegen N. The entropy law and the economic process [M]. Harvard University Press, 1971.

[121] Glover S M, Prawitt D F, Wood D A. Publication Records of Faculty Promoted at the Top 75 Accounting Research Programs [J]. Social Science Electronic Publishing, 2006, 21 (3).

[122] Goldman M. Sowing the Seeds of Democracy in China: Political Reform in the Deng Xiaoping Era [M]. Harvard University Press, 1994.

[123] Goodland R. The Concept of Environmental Sustainability [J]. Annual Re-

view of Ecology & Systematics, 1995, 26 (1): 1-24.

[124] Goodman D S G. Sixty years of the People's Republic: local perspectives on the evolution of the state in China [J]. Pacific Review, 2009, 22 (4): 429-450.

[125] Gray K. Gray S F. The Idea of property in land [M] // Bright S. Dewar J K. (eds.), Land Law: Themes and Perspectives (pp. 15-51). Oxford University Press, 1998.

[126] Gray R. Taking a long view on what we now know about social and environmental accountability and reporting [J]. Issues in Social and Environmental Accounting, 2007, 1 (2), 169-198.

[127] Gray R. Is Accounting for Sustainability Actually Accounting for Sustainability …and How Would We Know? An Exploration of Narratives of Organisations and the Planet [J]. Accounting Organizations & Society, 2010, 35 (1): 47-62.

[128] Gray R. Bebbington J. Accounting for the Environment: Second Edition [M]. Thousand Oaks, 2001.

[129] Gray R, Milne M. Towards reporting on the triple bottom line: mirages, methods and myths [M] // Henriques A, Richardson J. (eds.), The Triple Bottom Line, Does it All Add Up? Assessing the Sustainability of Business and CSR (pp. 70-80). London, UK: Earthscan, 2004.

[130] Gray R, Walters D, Bebbington J, et al. The Greening of Enterprise: An Exploration of the (non) Role of Environmental Accounting and Environmental Accountants in Organizational Change [J]. Critical Perspectives on Accounting, 1995, 6 (3), 211-239.

[131] Grésillon G. Chine. Le grand bond dans le brouillard [M]. Stock, 2015.

[132] Griffith K L. U. S. Migrant Worker Law: The Interstices of Immigration Law and Labor and Employment Law [J]. Social Science Electronic Publishing, 2009, 31: 125-161.

[133] Gu E X. From permanent employment to massive lay-offs: the political economy of 'transitional unemployment' in urban China (1993-8) [J]. Economy & Society, 1999, 28 (2): 281-299.

[134] Guo L, Yang Y. Study on measurement attributes of biological assets in Chinese agribusiness [M] // Du W. (ed.), Informatics and Management

Science IV (pp. 323 - 328). Springer London, 2013.

[135] Harris R. China' s policy directions under the 5th - generation leadership [N]. China Daily (HK Edition), December 22, 2012. http: //www. chinadaily. com. cn/hkedition/2012 - 12/22/content_ 16041013. htm.

[136] Hartwick J M. Intergenerational Equity and the Investing of Rents from Exhaustible Resources [J]. American Economic Review, 1977, 67 (5): 972 - 974.

[137] Hawken P. Lovins A B. Lovins L H. Natural Capitalism: The Next Industrial Revolution [M]. Routledge, 2013.

[138] Hayek F A. Denationalization of Money: An Analysis of the Theory and Practice of Concurrent Currencies [M]. The Institute of Economic Affairs, 1977.

[139] Hediger W. Weak and Strong Sustainability, Environmental Conservation and Economic Growth [J]. Natural Resource Modeling, 2010, 19 (3): 359 - 394.

[140] Hicks J. Value and Capital: An Inquiry into Some Fundamental Principles of Economic Theory [M]. Clarendon Press, 1946.

[141] Hill C W L. Jones T M. Stakeholder - Agency Theory [J]. Journal of Management Studies, 1992, 29 (2), 131 - 154.

[142] Hilmy J. Communists Among Us in a Market Economy: Accountancy in the People' s Republic of China [J]. International Journal of Accounting, 1999, 34 (4): 491 - 515.

[143] Ho P. Who Owns China's Land? Policies, Property Rights and Deliberate Institutional Ambiguity [J]. China Quarterly, 2001, 166 (166): 394 - 421.

[144] Ho P. Myths of tenure security and titling: Endogenous, institutional change in China's development [J]. Land Use Policy, 2015, 47: 352 - 364.

[145] Ho S P S, Lin G C S. Emerging Land Markets in Rural and Urban China: Policies and Practices [J]. China Quarterly, 2003, 175 (175): 681 - 707.

[146] Hopwood A G. (ed.). International Pressures for Accounting Change [M]. Prentice Hall Internation (UK) Ltd., 1989.

[147] Hopwood A G. Miller P. (eds.). Accounting as Social and Institutional Practice [M]. Cambridge University Press, 1994.

[148] Hsing Y. The Great Urban Transformation: Politics of Land and Property in

China [M]. Oxford University Press, 2010.

[149] Hu W. Household land tenure reform in China: Its impact on farming land use and agro – environment [J]. Land Use Policy, 1997, 14 (14): 175 – 186.

[150] Hueting R. The Brundtland report: A matter of conflicting goals [J]. Ecological Economics, 2005, 2 (2): 109 – 117.

[151] Hueting R, Reijnders L. Sustainability is an objective concept [J]. Ecological Economics, 1998, 27 (2): 139 – 147.

[152] Hueting R, Reijnders L, Boer B D, et al. The concept of environmental function and its valuation [J]. Ecological Economics, 2004, 25 (1): 31 – 35.

[153] International Integrated Reporting Council (IIRC). International Integrated Reporting Framework, 2013.

[154] Islam M, Kantor J. The development of quality management accounting practices in China [J]. Managerial Auditing Journal, 2005, 20 (7): 707 – 724.

[155] Jackson P M. The Political Economy of Bureaucracy [M]. Philip Allan, 1982.

[156] Jiang D, Chen J J, Isaac D. The Effect of Foreign Investment on the Real Estate Industry in China [J]. Urban Studies, 1998, 35 (11): 2101 – 2110.

[157] Jiang D. Lu Y. Li F. et al. Green Accounting Practice in China [R]. UNEP – Tongji Institute of Environment for Sustainable Development, College of Environmental Science and Engineering Tongji Univwersity, United Nations Environment Programme Regional Office for Asia and the Pacific, 2008.

[158] Jiang J. China eCommerce Market 2014 – 2018 Forecast and Analysis [R]. IDC. 2015. http://www.idc.com/getdoc.jsp? containerId = CN245431.

[159] Kahn J. Yardley J. Choking on growth: As China roars, pollution reaches deadly extremes [N]. The New York Times, 2007 – 08 – 26.

[160] Keohane D. Reform vs seasonality in Chinese GDP stats [N]. Financial Times Alphaville, 2014. http://ftalphaville.ft.com/2014/08/19/1936122/.

[161] Keynes J M. A Tract on Monetary Reform [M]. Macmillan, 1923.

[162] Kincheloe J L, Mclaren P. Rethinking Critical Theory and Qualitative Research [M] // Key Works in Critical Pedagogy. SensePublishers, 2011:

285 – 326.

[163] KPMG. The State of Sustainability Reporting in Australia 2005 [R]. 2005.

[164] Krutilla J V. Conservation Reconsidered [J]. American Economic Review, 1967, 57 (4): 777 – 786.

[165] Kung K S, Lin Y M. The Decline of Township – and – Village Enterprises in China' s Economic Transition [J]. World Development, 2007, 35 (4): 569 – 584.

[166] Lampton D M. Policy Implementation in Post – Mao China [M]. University of California Press, 1987.

[167] Lao Tzu. Tao Te Ching. (S. Addiss & S. Lombardo, Trans.). Indianapolis: Hackett Publishing Co, Inc, 1993 [About 571 BC – 471 BC].

[168] Lardy N R. Foreign Trade and Economic Reform in China [M]. Cambridge University Press, 1991.

[169] Lardy N R. Agriculture in China' s Modern Economic Development [M]. Cambridge University Press, 2008 [1985].

[170] Lee E. Walker M. Zeng C. Does IFRS Convergence Affect Financial Reporting Quality in China? (No. Rresearch report 131) [R]. Certified Accountants Educational Trust, 2013.

[171] Lee H Y. From Revolutionary Cadres to Party Technocrats in Socialist China [M]. University of California Press, 1991.

[172] Lehman C R. Accounting' s Changing Roles in Social Conflict [M]. Markus Wiener Publishing, Inc., 1992.

[173] Leitch S, Palmer I. Analysing Texts in Context: Current Practices and New Protocols for Critical Discourse Analysis in Organization Studies [J]. Journal of Management Studies, 2010, 47 (6): 1194 – 1212.

[174] Lelyveld M. China lags on SOE reform goal [N]. Radio Free Asia. 2015 – 12 – 10. http://www.rfa.org/english/commentaries/energy_ watch/china – lags – on – soe – reform – goal – 10122015104354.html.

[175] Leung J C B. Social security reforms in China: issues and prospects [J]. International Journal of Social Welfare, 2010, 12 (2): 73 – 85.

[176] Lévi – Strauss C. Structural Anthropology [M]. Basic Books, 2008 [1963].

[177] Lévi – Strauss, C. Introduction to the Work of Marcel Mauss [M]. Routlege

& Kegan Paul, 1987.

[178] Levrel H. Hay J. Bas A. Gastineau P. Pioch S. Coût d' opportunité versus coût du maintien des potentialités écologiques: deux indicateurs économiques pour mesurer les coûts de l' érosion de la biodiversité [J]. Natures, Sciences, Sociétés, 2012, 20 (1), 16 – 29.

[179] Lewis W A. Economic Development with Unlimited Supplies of Labour [J]. Manchester School, 2010, 22 (2): 139 – 191.

[180] Li, C. China' s Changing Political Landscape: Prospects for Democracy [M]. Brookings Institution Press, 2009.

[181] Li X. Wen upbeat on US relations despite strains [N]. China Daily, 2010 – 03 – 23. http: //www. chinadaily. com. cn/china/2010 – 03/23/content_9625455. htm.

[182] Lian R. Chinese banks' new bad loans more than doubled in 2015: sources [N]. Reuters. 2016 – 01 – 12. http: //www. reuters. com/article/us – china – banking – npl – idUSKCN0UQ04D20160112.

[183] Lin G C S, Ho S P S. The State, Land System, and Land Development Processes in Contemporary China [J]. Annals of the Association of American Geographers, 2015, 95 (2): 411 – 436.

[184] Lin J Y. An economic theory of institutional change: Induced and imposed change [J]. Cato Journal, 1989, 9 (1): 1 – 33.

[185] Lin J Y. Collectivization and China' s Agricultural Crisis in 1959 – 1961 [J]. Journal of Comparative Economics, 1993, 17 (6): 1228 – 1252.

[186] Lin L W. Corporate Social Responsibility in China: Window Dressing or Structural Change? [J]. Social Science Electronic Publishing, 2010, 28.

[187] Linowes D F. Socio – economic accounting [J]. Journal of Accountancy: Publication of the American Institute of Certified Public Accountants, 1968, 126, 37 – 42.

[188] Liu G. Wan J. Zhang H. Cai L. Eco – compensation Mechanism and Policies in China [R]. Review of European Community and International Environmental Law (RECIEL), 2008, 17 (2).

[189] Liu L J, Guo Q. Loneliness and Health – Related Quality of Life for the Empty Nest Elderly in the Rural Area of a Mountainous County in China [J]. Quality of Life Research, 2007, 16 (8): 1275 – 1280.

[190] Liu Y, Pan W, Shen M, et al. The politics and ethics of going green in China: Air pollution control in Benxi City and wetland preservation in the Sanjiang Plain [M] // Bauer J R. (ed.), Forging Environmentalism: Justice, Livelihood, and Contested Environments. M. E. Sharpe, 2006.

[191] Livesey S M, Kearins K. Transparent and Caring Corporations?: A Study of Sustainability Reports by the Body Shop and Royal Dutch/Shell [J]. Organization & Environment, 2002, 15 (3): 233 –258.

[192] Lotka A J. Contribution to the Energetics of Evolution [J]. Proceedings of the National Academy of Sciences of the United States of America, 1922, 8 (6), 147 –151.

[193] Lotka A J. Elements of Physical Biology [M]. Williams and Wilkins, 1925. https://ia802708. us. archive. org/17/items/elementsofphysic017171mbp/elementsofphysic017171mbp. pdf.

[194] Lu Y, Sun T. Local government financing platforms in China: A fortune or misfortune (IMF Working Paper) [R]. European Department and Monetary and Capital Markets Department, 2013. https://www. imf. org/external/pubs/ft/wp/2013/wp13243. pdf.

[195] Ma J. Ecological civilisation is the way forward [N]. Chinadialogue. 2007 –10 – 31. https://www. chinadialogue. net/article/show/single/en/1440 – Ecological – civilisation – is – the – way – forward

[196] Macintosh N B. Management Accounting and Control Systems: An Organizational and Behavioral Approach [M]. John Wiley cop, 1994.

[197] Macintosh N B. Quattrone P. Management Accounting and Control Systems: An Organizational and Sociological Approach (2ed edition). John Wiley and Sons, 2010.

[198] Marriott P, Edwards J R, Mellett H J. Introduction to Accounting [M]. SAGE, 2002.

[199] Marx K. Grundrisse: Foundations of the Critique of Political Economy (Martin Nicolaus) [M]. New York: Vintage, 1973 [1858].

[200] Marx K. Capital: Volume I: A Critique of Political Economy [M]. International Publishers, 1977 [1867].

[201] Marx K. Capital: Volume II: A Critique of Political Economy [M]. International Publishers, 1977 [1867].

[202] Marx K. Capital: Volume III: A Critique of Political Economy [M]. International Publishers, 1977 [1867].

[203] Marx K. Engels F. Manifesto of the Communist Party [M] // Marx/Engels Selected Works, Vol. I. Progress Publishers, 1969 [1848].

[204] Maskin E, Qian Y, Xu C. Incentives, Information, and Organizational Form [J]. Review of Economic Studies, 2000, 67 (2): 359 - 378.

[205] Mauss M. Essai sur le don: Forme et raison de l' échange dans les sociétés archaïques [M]. Taylor & Francis e - Library, 2002 [1950].

[206] Mathews M R. Twenty - five years of social and environmental accounting research: Is there a silver jubilee to celebrate? [J]. Accounting Auditing & Accountability Journal, 1997, 10 (4): 481 - 531.

[207] Maxwell D. Owen P. McAndrew L. Muehmel K. Neubauer A. Addressing the Rebound Effect (A project under the Framework contract ENV. G. 4/FRA/2008/0112). European Commission DG ENV. 2011.

[208] Mcelroy M W, Engelen J M L V, Wackernagel M. Corporate sustainability management: the art and science of managing non - financial performance [M]. Earthscan, 2012.

[209] Mebratu D. Sustainability and sustainable development: Historical and conceptual review [J]. Environmental Impact Assessment Review, 1998, 18 (6): 493 - 520.

[210] Meillassoux C. Femmes, Greniers & Capitaux [M]. Fran ç ois Maspero, 1975.

[211] Meng X. Labour Market Reform in China [M]. Cambridge University Press, 2000.

[212] Meng X, Gregory R, Wang Y. Poverty, inequality, and growth in urban China, 1986 - 2000 [J]. Journal of Comparative Economics, 2005, 33 (4): 710 - 729.

[213] Merkl - Davies D M, Brennan N M, Vourvachis P. Text Analysis Methodologies in Corporate Narrative Reporting Research [J]. Davies, 2012.

[214] Metcalf D, Li J. Chinese Unions: Nugatory or Transforming? An 'Alice' Analysis [C] // Centre for Economic Performance, LSE, 2005.

[215] Meyer J M. Global Liberalism, Environmentalism, and the Changing Boundaries of the Political: Karl Polanyi' s Insights [M] // Paavola J. Lowe I.

(eds.), Nature, Justice and Governance: Environmental Values in a Globalizing World. London: Routledge, 2005.

[216] Mısırlıoğlu İ U. Tucker J. Yükseltürk O. Does Mandatory Adoption of IFRS Guarantee Compliance? [J] The International Journal of Accounting, 2013, 48 (3), 327 - 363.

[217] Mitnick B M. Fiduciary Rationality and Public Policy: The Theory of Agency and Some Consequences [J]. Social Science Electronic Publishing, 2007.

[218] Mobley S C. The Challenges of Socio - Economic Accounting [J]. Accounting Review, 1970, 45 (4): 762 - 768.

[219] Mu Q, Zhang S Q. An evaluation of the economic loss due to the heavy haze during January 2013 in China [J]. China Environmental Science, 2013, 33 (11): 2087 - 2094.

[220] Mullan K, Grosjean P, Kontoleon A. Land Tenure Arrangements and Rural - Urban Migration in China [J]. World Development, 2011, 39 (1): 123 - 133.

[221] Müller - Wenk R. Ökologische Buchhaltung, eine Einführung [M]. St - Gall, 1972.

[222] Munda G. "Measuring Sustainability": A Multi - Criterion Framework [J]. Environment Development & Sustainability, 2005, 7 (1): 117 - 134.

[223] Napoli P. Le droit, l' histoire, la comparaison [M] // Remaud O, Schaub J - F, Thireau I. (eds.), Faire des sciences sociales: Comparer. éditions de l' EHESS, 2012.

[224] Neumayer E. Weak Versus Strong Sustainability - Exploring the Limits of Two Opposing Paradigms [M]. Edward Elgar, 2003.

[225] Ni Z. China' s hidden heavies behind Global 2000 [N]. Forbes. 2015 - 05 - 28. http: //www. forbes. com/sites/zheyanni/2015/05/28/chinas - hidden - heavies/.

[226] Nobes C. Accounting for capital: the evolution of an idea [J]. Accounting & Business Research, 2015, 45 (4): 413 - 441.

[227] Nolan P. De - collectivisation of agriculture in China, 1979 - 82: A long - term perspective [J]. Economic and Political Weekly, 1983, 18 (32), 1395 - 1406.

[228] Noronha C. Tou S. Cynthia M I. Guan J J. Corporate Social Responsibility Re-

porting in China: An Overview and Comparison with Major Trends [J]. Corporate Social Responsibility and Environmental Management, 2013, 20 (1), 29 -42.

[229] Norman W, Macdonald C. Getting to the Bottom of " Triple Bottom Line" [J]. Business Ethics Quarterly, 2004, 14 (2): 243 -262.

[230] Norton B G. Toward Unity Among Environmentalists [M]. Oxford University Press USA, 1991.

[231] O' Leary G, Watson A. The Role of the People' s Commune in Rural Development in China [J]. Pacific Affairs, 1982, 55 (4): 593 -612.

[232] Olesen K, Cheng F. Convergence of Accounting Standards Does Not Always Lead to Convergence of Accounting Practices Convergence of Accounting Standards Does Not Always Lead to Convergence of Accounting Practices: The Case of China [J]. 2011.

[233] Olson M. The logic of collective action: public goods and the theory of groups [M]. Harvard University Press, 1965.

[234] Ostrom E. Governing the Commons: The Evolution of Institutions for Collective Action [M]. Cambridge University Press 1990.

[235] Ostrom E. Challenges and growth: the development of the interdisciplinary field of institutional analysis [J]. Journal of Institutional Economics, 2007, 3 (3): 239 -264.

[236] Perotti E C, Sun L, Zou L. State - Owned versus Township and Village Enterprises in China [M] // Brada J C, Wachtel P, Yang D T. (eds.), China' s Economic Development (pp. 33 - 59). Palgrave Macmillan UK, 2014.

[237] Peterson T R. Sharing the Earth: The Rhetoric of Sustainable Development [M]. University of South Carolina Press, 1997.

[238] Peng S. Acceptance of China Research in Western Accounting Journals (1978 - 2007) [J]. China Journal of Accounting Research, 2009, 2 (1): 21 -70.

[239] Peng S, Bewley K. Adaptability to fair value accounting in an emerging economy: A case study of China's IFRS convergence [J]. Accounting Auditing & Accountability Journal, 2010, 23 (8): 982 -1011.

[240] Philipsen D. The Little Big Number: How GDP Came to Rule the World and

What to Do about It [M]. Princeton University Press, 2015.

[241] Phuong N C. Richard J. Economic transition and Accounting system reform in Vietnam [J]. European Accounting Review, 2011, 20 (4).

[242] Pigou A C. The Economics of Welfare [M]. Macmillan, 1920.

[243] Pilling D. Xi will have to yield power to the private sector [N]. Financial Times. 2015 - 09 - 23. https: //next. ft. com/content/11dc561e - 610f - 11e5 - 9846 - de406ccb37f2.

[244] Polanyi K. The Great Transformation: The Political and Economic Origins of Our Time (2nd edition) [M]. Beacon Press, 2002 [1944].

[245] Polanyi K. The economy as instituted process [M] // Polanyi K. Arensberg C. Pearson H. (eds.), Trade and Market in the Early Empires: Economies in History and Theory. The Free Press, 1957.

[246] Rambaud A, Richard J. The "Triple Depreciation Line" instead of the "Triple Bottom Line": Towards a genuine integrated reporting [J]. Critical Perspectives on Accounting, 2015, 33: 92 - 116.

[247] Reynolds B K. Lao Tzu: Persuasion through inaction and non - speaking [J]. 1969, 17 (1): 23 - 25.

[248] Richard J. Comptabilité et Développement Durable [M]. Economia, 2012.

[249] Richard J. Bensadon D. Collette C. Comptabilité financière - IFRS versus normes françaises (10e édition) [M]. Dunod, 2014.

[250] Riskin C. Feeding China: the experience since 1949 [J]. Political Economy of Hunger, 1987.

[251] Roach B, Wade W W. Policy evaluation of natural resource injuries using habitat equivalency analysis [J]. Ecological Economics, 2006, 58 (2): 421 - 433.

[252] Ru P, Zhi Q, Zhang F, et al. Behind the development of technology: The transition of innovation modes in China's wind turbine manufacturing industry [J]. Energy Policy, 2012, 43 (C): 58 - 69.

[253] Sahlins M D. Stone Age economics [M]. Aldine Atherton Inc., 1972.

[254] Saporta I. Le livre noir de l'agriculture: Comment on assassine nos paysans, notre santé et l'environnement [M]. Fayard, 2011.

[255] Schaltegger S. Burritt R. Contemporary Environmental Accounting: Issues, Concepts and Practice [M]. Sheffield: Greenleaf Publications, 2000.

[256] Scott W R. Financial Accounting Theory [M]. Prentice Hall, 1999.

[257] Shambaugh D. The Coming Chinese Crackup [N]. Wall Street Journal, 2015 -03 -06.

[258] Shirk S L. Changing Media, Changing China [M]. Oxford University Press, 2010.

[259] Silva C A da. Baker D. Shepherd A W. et al. Agro - industries for Development [R]. The Food and Agriculture Organization of the United Nations and The United Nations Industrial Development Organization by arrangement with CAB International, 2009.

[260] Simmel G. The Sociology of Georg Simmel [M]. The Free Press, 1950.

[261] Skousen C R, Yang J L. Western management accounting and the economic reforms of China [J]. Accounting Organizations & Society, 1988, 13 (2): 201 -206.

[262] Solow R M. On the Intergenerational Allocation of Natural Resources [J]. The Scandinavian Journal of Economics, 1986, 88 (1), 141 -149.

[263] Stanfield J R. The Institutional Economics of Karl Polanyi [J]. Journal of Economic Issues, 1980, 14 (3): 593 -614.

[264] Sun H, Qiang Z, Wang Y, et al. China' s solar photovoltaic industry development: The status quo, problems and approaches [J]. Applied Energy, 2014, 118 (C): 221 -230.

[265] Sun X. Call for return to green accounting [N]. China Daily, 2007 -04 -19.

[266] Suzuki T. The accounting figuration of business statistics as a foundation for the spread of economic ideas [J]. Accounting Organizations & Society, 2003, 28 (1): 65 -95.

[267] Suzuki T. IFRS (IAS 41), Plantation and Sustainable Development [R]. http: //www. thecasecentre. org/educators/products/view? id = 117695: University of Oxford, 2012.

[268] Synnestvedt T. Debates over environmental information to stakeholders as a policy instrument [J]. Eco - Management and Auditing, 2012, 8 (3): 165 -178.

[269] SynTao Co. A Journey to Discover Values 2007: Study of CSR Reporting in China [R]. 2007.

[270] SynTao Co. A Journey to Discover Values: Study of CSR Reporting in China

from 2012 to 2013 [R], 2013.

[271] Tam C M, Zeng S X, Deng Z M. Identifying elements of poor construction safety management in China [J]. Safety Science, 2004, 42 (7): 569 –586.

[272] The Economist. Membership required [N]. 2008 –07 –31. http: //www. economist. com/node/11848496.

[273] The European Commission. Developments in the income situation of the EU agriculture sector [R]. 2010.

[274] The European Union Chamber of Commerce in China. Overcapacity in China: An impediment to the Party' s reform agenda [R]. 2016. http: //www. europeanchamber. com. cn/en/publications – archive/405/Overcapacity _ in_ China_ An_ Impediment_ to_ the_ Party_ s_ Reform_ Agenda_ .

[275] The United Nations, European Commission, Food and Agriculture Organization of the United Nations, International Monetary Fund, Organisation for Economic Co – operation and Development, World Bank. System of Environmental – Economic Accounting 2012: Central Framework [R]. 2012.

[276] The White House, O. of the V. P. Remarks by Vice President Biden and Chinese Vice President Xi at the State Department Luncheon. 2012 –02 –14. https: //www. whitehouse. gov/the – press – office/2012/02/14/remarks – vice – president – biden – and – chinese – vice – president – xi – state – departm.

[277] The World Bank. Cost of pollution in China: economic estimates of physical damages [J]. 2010: 1 –151.

[278] Thiry G, Roman P. The Inclusive Wealth Index. A Sustainability Indicator, Really?. HAL – SHS Working Paper, FMSH – WP – 2014 – 71 <halshs – 01011250>, 2015.

[279] Tinker A M. Towards a political economy of accounting: An empirical illustration of the cambridge controversies [J]. Accounting Organizations & Society, 1980, 5 (1): 147 –160.

[280] Tinker T, Gray R. Beyond a critique of pure reason: From policy to politics to praxis in environmental and social research [J]. Accounting, 2003, 16 (5): 727 –761.

[281] Tweedie D. China affirms commitment to converge with IFRSs – full text of Sir

David Tweedie' s statement at the ceremony of the CAS announcement. Beijing, 2006.

[282] Tweedie D. Transparent, translucent, or transient: where have IFRS left us? [M] // Sullivan R N. (ed.), Global Perspectives on Investment Management. CFA Institute, 2006.

[283] United Nations Environment Programme (UNEP). Declaration of the United Nations Conference on the Human Environment. Presented at the United Nations Conference on the Human Environment [R]. Stockholm, 1972.

[284] Veblen T. The Theory of the Leisure Class [M]. Courier Corporation, 2012 [1899].

[285] Vilain L. La méthode IDEA: indicateurs de durabilité des exploitations agricoles [M]. Educagri Editions, 2008.

[286] Wackernagel M. Rees W. Our Ecological Footprint: Reducing Human Impact on the Earth [M]. New Society Publishers, 1998.

[287] Walder A G, Li B, Treiman D J. Politics and Life Chances in a State Socialist Regime: Dual Career Paths into the Urban Chinese Elite, 1949 to 1996 [J]. American Sociological Review, 2000, 65 (2): 191 -209.

[288] Wang G, Zheng Y. China: Development and Governance [M]. World Scientific, 2012.

[289] Wang J, Mendelsohn R, Dinar A, et al. Can China Continue Feeding Itself? The Impact of Climate Change On Agriculture [R]. The World Bank, 2008. http: //elibrary. worldbank. org/doi/abs/10. 1596/1813 - 9450 -4470.

[290] Wang X. The role of the government and the academics in the IFRS convergence process of Chinese Accounting Standards [M] // Bensadon D. Praquin N. (eds.), IFRS in a Global World: International and Critical Perspectives on Accounting. Springer, 2016.

[291] Warner M. Human Resources in the People' s Republic of China: the 'Three Systems' Reforms [J]. Human Resource Management Journal, 2010, 6 (2): 32 -43.

[292] Watts R L, Zimmerman J L. Agency Problems, Auditing, and the Theory of the Firm: Some Evidence [J]. Journal of Law & Economics, 1983, 26 (3): 613 -633.

[293] Weber M. Economy and Society: An Outline of Interpretive Sociology [M]. University of California Press, 1978 [1922].

[294] Wei Y D, Ye X. Urbanization, urban land expansion and environmental change in China [J]. Stochastic Environmental Research & Risk Assessment, 2014, 28 (4): 757 -765.

[295] Wen Z. Yang Y. Lawn P A. From GDP to GPI: quantifying thirty - five years of development in China [M] // Lawn P A. Clarke M. (eds.) Sustainable Welfare in the Asia - Pacific: Studies Using the Genuine Progress Indicator. Edward Elgar Publishing, 2008.

[296] Wheeler C. Chinese companies shore up government ties to survive [N]. The Globe and Mail. Beijing. 2012 -01 -05. http: //www. theglobeandmail. com/report - on - business/international - .

[297] White B, Saturnino M B Jr, Hall R, et al. The new enclosures: critical perspectives on corporate land deals [J]. Journal of Peasant Studies, 2012, 39 (3 -4): 619 -647.

[298] Winkle G M, Huss H F, Chen X. Accounting standards in the People' s Republic of China: Responding to economic reforms [J]. Accounting Horizons, 1994, 8 (3): 48 -57.

[299] Wong K K. Zhao X B. The influence of bureaucratic behavior on land apportionment in China: the informal process [J]. Environment & Planning C, 1999, 17 (1): 113 -126.

[300] Wu J, Boateng A, Drury C. An analysis of the adoption, perceived benefits, and expected future emphasis of western management accounting practices in Chinese SOEs and JVs [J]. International Journal of Accounting, 2007, 42 (2): 171 -185.

[301] Wu J, Deng Y, Huang J, et al. Incentives and Outcomes: China' s Environmental Policy [J]. Social Science Electronic Publishing, 2013, 9 (1): 1 -41.

[302] Wynne B. Where Is the Wealth of Nations? Measuring Capital for the 21Century [J]. World Bank Publications, 2005, 91 (303): 447 -448.

[303] Xie G. Cao S. Yang Q. Xia L. Fan Z. Chen B. ··· Humphrey S. China Ecological Footprint 2012: Consumption, Production and Sustainable Development. WWF, Institute of Geographic Sciences and Natural Resources Research,

Global Footprint Network, Institute of Zoology, Zoological Society of London, 2012.

[304] Xie X, Defrain J, Meredith W, et al. Family strengths in the People' s Republic of China: As Perceived by the University Students and Government Employees [J]. International Journal of Sociology of the Family, 1996, 26 (2): 17 -27.

[305] Xu J, Yeh A, Wu F. Land Commodification: New Land Development and Politics in China since the Late 1990s [J]. International Journal of Urban & Regional Research, 2010, 33 (4): 890 -913.

[306] Xu Y, Tang B S, Chan E H W. State - led land requisition and transformation of rural villages in transitional China [J]. Habitat International, 2011, 35 (1): 57 -65.

[307] Yan H. New Masters, New Servants: Migration, Development, and Women Workers in China [M]. Duke University Press, 2008.

[308] Young S T. Dhanda K K. Sustainability: Essentials for Business [M]. SAGE Publications, 2012.

[309] Zang X. Educational credentials, elite dualism, and elite stratification in China [J]. Sociological Perspectives, 2001, 44 (2), 189 -205.

[310] Zhang C. China trials environmental audits to hold officials to account [N]. Chinadialogue, China and the World Discuss the Environment, 2015 -06 - 18. https: //www. chinadialogue. net/article/show/single/en/7990 - China - trials - environmental - audits - to - hold - officials - to - account.

[311] Zhang J. Delivering Environmentally Sustainable Economic Growth: The Case of China [J]. Washington, 2012.

[312] Zhang X Q. Urban land reform in China [J]. Land Use Policy, 1997, 14 (3), 187 -199.

[313] Zhang W. (ed.). China Labour Statistical Yearbook 1996 [M]. China Statistics Press, 1996.

[314] Zhang Y, Andrew J. Land in China: Re - considering comparability in financial reporting [J]. Australasian Accounting Business & Finance Journal, 2010, 4 (1).

[315] Zhang Y, Andrew J, Collier H W. Chapter 8 - The Convergence of International Financial Reporting Standards [M] // China: A View on the Influ-

ence of Political Ideology on Chinese Accounting Profession WTO Accession and Socio - Economic Development in China. Elsevier Ltd, 2009: 135 - 147.

[316] Zhang Y. Fair value accounting as an instrument of Neoliberalism in China [D]. School of Accounting & Finance, University of Wollongong, 2012.

[317] Zhao M. CSR - Based Political Legitimacy Strategy: Managing the State by Doing Good in China and Russia [J]. Journal of Business Ethics, 2012, 111 (4): 439 - 460.

[318] Zhao Y. Labor Migration and Earnings Differences: The Case of Rural China [J]. Economic Development & Cultural Change, 2015, 47 (4): 767 - 782.

[319] Zheng Y. SOE reforms to correct wage anomalies [N]. Chinadaily. 2014 - 09 - 04. http: //usa. chinadaily. com. cn/epaper/2014 - 09/04/content_18548078. htm.

中文文献

[1] 陈挺. 生态补偿中市场环境主义与非市场环境主义的争论——基于科斯定理的质疑 [J]. 财政研究, 2013 (11): 10 - 12.

[2] 陈瑛. 爱劳动是第一美德 [N]. 光明日报, 2014 - 04 - 30 (002).

[3] 陈瑜. 我国会计准则国际协调研究——历程及对策 [D]. 厦门大学, 2004.

[4] 邓小平. 邓小平文选第三卷 [M]. 人民出版社, 1993.

[5] 董淑兰. 农业上市公司社会责任会计信息披露研究 [D]. 沈阳农业大学, 2011.

[6] 杜海涛. 成慧. 合理的经济增长率一定要有 [N]. 人民日报, 2014 - 02 - 17 (017).

[7] 冯蕾. 不以牺牲环境换增长 [N]. 光明日报, 2014 - 11 - 25 (001).

[8] 冯丽, 王媛媛, 闫晓冉, 等. 农场一级的农业环境影响评价——12 种基于指标的评估方法的对比分析 [J]. 农村经济与科技, 2012, 23 (10): 24 - 26.

[9] 冯巧根. 会计准则国际化中的权益失衡及其对策 [J]. 会计研究, 2003 (2): 8 - 12.

[10] 冯禹丁. 张玉洁. 分钱还是分权? 重议分税制 [N]. 南方周末. 2013 - 08 - 15.

[11] 冯悦.李克强透露自己上淘宝经历，赞店主半夜发货感人［N］. 李克强对话马云畅谈电商发展 曾上淘宝被店主留言感动.中国广播网.2013－11－09.http：//china.cnr.cn/xwwgf/201311/t20131109_ 514084368.shtml.
[12] 葛家澍.怎样认识会计的主要属性［J］. 中国经济问题，1980（5）：42－45.
[13] 葛家澍.创新与趋同相结合的一项准则——评我国新颁布的《企业会计准则——基本准则》［J］. 会计研究，2006（3）：5－8＋97.
[14] 葛家澍，李若山.九十年代西方会计理论的一个新思潮——绿色会计理论［J］. 会计研究，1992（5）：1－6.
[15] 耿建新.我国自然资源资产负债表的编制与运用探讨——基于自然资源资产离任审计的角度［J］. 中国内部审计，2014（09）：15－22.
[16] 耿建新，房巧玲.环境会计研究视角的国际比较［J］. 会计研究，2004（1）：69－75.
[17] 耿建新，胡天雨，刘祝君.我国国家资产负债表与自然资源资产负债表的编制与运用初探——以 SNA 2008 和 SEEA 2012 为线索的分析［J］. 会计研究，2015（1）：15－24.
[18] 顾准.社会主义会计的几个理论问题［J］. 会计通讯，1979（2）：25－33.
[19] 郭建华.人口老龄化对劳动力市场的影响分析［J］. 理论月刊，2011（04）：81－83.
[20] 郭力方.多晶硅：高污染、高耗能 YES or NO ？［N］. 中国能源报，2009－11－16（A06）.
[21] 海岛.生态补偿亟待立法［N］. 光明日报，2013－12－23（013）.
[22] 郝向荣.生物资产会计问题研究［D］. 山东农业大学，2007.
[23] 贺旭玲.我国农业企业会计制度问题研究［D］. 山东农业大学，2004.
[24] 贺雪峰.地权的逻辑［M］. 中国政法大学出版社，2010.
[25] 胡定核.上市公司信息披露的规范化问题研究［J］. 财贸经济，1995，1083（11）：47－50.
[26] 胡锦涛.在中央人口资源环境工作座谈会上的讲话［J］. 国土资源通讯，2004（5）：4－7.
[27] 蒋高明.中国生态环境危急［M］. 海南出版社，2011.
[28] 金振蓉.该好好算算“生态账”了［N］. 光明日报，2013－02－26（004）.

[29] 李宝震. 论社会主义会计的原则［J］. 会计研究，1980（1）：11－19.

[30] 李旻，赵连阁. 农业劳动力“女性化”现象及其对农业生产的影响——基于辽宁省的实证分析［J］. 中国农村经济，2009（05）：61－69.

[31] 李旻，赵连阁. 农业劳动力“老龄化”现象及其对农业生产的影响——基于辽宁省的实证分析［J］. 农业经济问题，2009，30（10）：12－18＋110.

[32] 李晓玲. 改革开放以来我国会计制度变迁的社会成本研究［D］. 山东大学，2007.

[33] 李扬，张晓晶，常欣. 中国国家资产负债表 2013：理论、方法与风险评估［M］. 中国社会科学出版社，2013.

[34] 李扬，张晓晶，常欣. 中国国家资产负债表 2015：杠杆调整与风险管理［M］. 中国社会科学出版社，2015.

[35] 李英. 国家治理现代化与会计变革［J］. 会计研究，2014（06）：25－30＋96.

[36] 李英楠. 李源潮穿上 133.8 元淘宝鞋，达沃斯点赞中国质造［N］. 新浪科技. 2016－01－23. http：//tech. sina. com. cn/i/2016－01－23/doc－ifxnuvxc1760657. shtml.

[37] 刘泉军，张政伟. 新会计准则引发的思考［J］. 会计研究，2006（3）：7－10.

[38] 刘玉廷. 中国企业会计准则体系：架构、趋同与等效［J］. 商业会计，2007（10）：6－10.

[39] 刘玉廷. 《企业会计制度》的中国特色及与国际惯例的协调［J］. 会计研究，2001（3）：3－8.

[40] 路晓燕. 公允价值会计的国际应用［J］. 会计研究，2006（4）：81－85.

[41] 马力. 绿色 GDP 搁浅：环保与统计部门存重大分歧. 新京报，2007－07－23.

[42] 马滢. 企业社会责任报告鉴证体系研究［J］. 现代经济信息，2014（04）：97－98.

[43] 马志娟，韦小泉. 生态文明背景下政府环境责任审计与问责路径研究［J］. 审计研究，2014（06）：16－22.

[44] 欧阳德. 国进民退中的中国私企［N］.（L. He，Trans.），FT 中文网. 2012－11－13. http：//www. ftchinese. com/story/001047453？ full＝y.

[45] 彭波. 生态补偿机制建设成效初显［N］. 人民日报，2013－04－24（006）.

[46] 彭向刚，向俊杰. 论生态文明建设视野下农村环保政策的执行力——对“癌症村”现象的反思 [J]. 中国人口·资源与环境，2013，23 (07)：13 -21.

[47] 郄建荣. 法治中国 30 年：环保职能部门完成四级跳 [J]. 资源与人居环境，2008 (24)：59 -62.

[48] 曲晓辉，陈少华，杨金忠. 会计准则研究——借鉴与反思 [M]. 厦门大学出版社，1999.

[49] 曲晓辉，高芳. 我国会计准则国际协调效果量化研究述评 [J]. 中国工商管理研究前沿，2008 (4)：14 -18.

[50] 任春艳. 上市公司盈余管理与会计准则制定 [M]. 中国财政经济出版社，2004.

[51] 邵维信，赵中华，张丽艳. “六统一”造就大农业方舟 [J]. 中国农垦，2011 (10)：31 -32.

[52] 沈洪涛，万拓，杨思琴. 我国企业社会责任报告鉴证的现状及评价 [J]. 审计与经济研究，2010，25 (06)：68 -74.

[53] 沈建民. 更深的绿：反溯供应链上的社会责任 [N]. 21 世纪经济报道，2009 -07 -22.

[54] 石智雷，杨云彦. 家庭禀赋、家庭决策与农村迁移劳动力回流 [J]. 社会学研究，2012，27 (03)：157 -181 +245.

[55] 宋永和，郭慧贤. CAS5 与 IAS41 的比较分析与借鉴 [J]. 中国农业会计，2015 (2)：47 -49.

[56] 孙玉娜，李录堂，薛继亮. 农村劳动力流动、农业发展和中国土地流转 [J]. 干旱区资源与环境，2012，26 (01)：25 -30.

[57] 陶娅洁. 国企家底首次公开：企业户数不到 1% 资产总额占 30% [N]. 中国产经新闻报. 2014 - 07 - 31. http：//finance. sina. com. cn/china/20140731/002619866660. shtml.

[58] 田俊荣. 吴秋余. 不要简单以 GDP 论英雄 [N]. 人民日报. 2014 -02 -10 (017).

[59] 万军，张惠远，王金南，葛察忠，高树婷，饶胜. 中国生态补偿政策评估与框架初探 [J]. 环境科学研究，2005 (02)：1 -8.

[60] 王斌. 生物资产相关会计标准演进分析 [J]. 中国农业会计，2009 (10)：38 -40.

[61] 王建新. 我国会计准则国际化协调进程及其效果研究——基于沪深 AB 股

的经验证据［J］. 会计研究，2005（6）：52－57.

［62］王金南，於方，曹东. 中国绿色国民经济核算研究报告2004［J］. 中国人口·资源与环境，2006（06）：11－17.

［63］王雷，李丛丛，应清，程晓，王晓昳，李雪艳，胡娈运，梁璐，俞乐，黄华兵，宫鹏. 中国1990～2010年城市扩张卫星遥感制图［J］. 科学通报，2012，57（16）：1388－1403.

［64］王强. 重视环保的官员因何升迁难？［N］. 纽约时报中文网，2013－04－15.

［65］王少勇. 农垦企业实行会计集中核算的探讨［J］. 中国农业会计，2003（6）：20－22.

［66］王文彬，林东模. 对稳健原则在我国是否适用问题的探讨［J］. 财会通讯，1986（11）：11－12.

［67］王学军. 林业企业公益性生物资产的核算［J］. 绿色财会，2007（10）：20－21.

［68］王芸，李坤. 我国政府环境审计变迁探讨［J］. 财会通讯，2016（22）.

［69］王泽霞，江乾坤. 自然资源资产负债表编制的国际经验与区域策略研究［J］. 商业会计，2014（17）：6－10.

［70］吴红月. 企业社会责任寻求中国发展之路［N］. 科技日报，2008－12－23（011）.

［71］武卫政. 党政同责抓环保［N］. 人民日报，2014－03－01（009）.

［72］席佳琳. 中国电商创造就业［N］. 金融时报. 2013－05－14. http：//www. ftchinese. com/story/001050395？full＝y&archive.

［73］习近平. 关于《中共中央关于全面深化改革若干重大问题的决定》的说明. 2013.

［74］肖本华. 后危机时代国际货币政策协调研究：基于金融稳定视角［M］. 中国财政经济出版社，2014.

［75］解焱. “生态补偿”之路如何走？［N］. 光明日报，2013－12－09（013）.

［76］新华网. 共和国的足迹——1979年：创办经济特区［N］. 2009－09－07. http：//news. xinhuanet. com/politics/2009－09/07/content_12007863. htm.

［77］徐汉峰. 公益性生物资产的计量与确认［J］. 郑州铁路职业技术学院学报，2008，20（1）：38－38.

[78] 许志峰. 我们需要什么样的 GDP [N]. 人民日报, 2014 - 02 - 24 (017).

[79] 阎达五. 谈谈“社会会计”的若干理论问题 [J]. 会计研究, 1988 (1): 49 - 52.

[80] 杨芳. 马葳. 习近平为何九天两提“供给侧结构性改革”? [N]. 人民网 - 时政频道. 2015 - 11 - 19. http: //politics. people. com. cn/n/2015/1119/c1001 - 27834311. html.

[81] 杨纪琬, 阎达五. 开展我国会计理论研究的几点意见——兼论会计学的科学属性 [J]. 会计研究, 1980 (1): 2 - 10.

[82] 杨敏. 增进合作共同发展积极推动会计准则国际趋同 ——在海峡论坛会计分论坛上的演讲. 财政部会计司司长杨敏 (2011 年 6 月 12 日, 厦门).

[83] 俞可平. 中国治理变迁 30 年 (1978—2008) [J]. 吉林大学社会科学学报, 2008 (03): 5 - 17 + 159.

[84] 原新, 刘厚莲. 改革开放以来中国农业劳动力变迁研究——基于人口普查数据的分析 [J]. 中国农业大学学报 (社会科学版), 2015, 32 (04): 76 - 83.

[85] 张帆. 生态补偿不能拖了 [N]. 人民日报, 2000 - 08 - 22 (010).

[86] 张航燕. 对编制自然资源资产负债表的思考——基于会计核算的角度 [J]. 中国经贸导刊, 2014 (31): 54 - 56.

[87] 张杰平. 伍新木. 建立和完善生态补偿制度 [N]. 人民日报, 2013 - 08 - 20 (007).

[88] 张容海. 浅谈建立我国环境会计的必要性与可行性 [J]. 农业经济, 2009 (1): 96 - 96.

[89] 张铁亮, 周其文, 郑顺安. 农业补贴与农业生态补偿浅析——基于农业可持续发展视角 [J]. 生态经济, 2012 (12): 27 - 29.

[90] 张歆. 上市银行涉房贷款逾 16 亿元, 开发贷首现绝对值负增长 [N]. 证券日报. 2016 - 05 - 03. http: //finance. ce. cn/rolling/201605/03/t20160503_ 11118032. shtml.

[91] 张颖萍. 我国生物资产准则与 IAS41 之比较 [J]. 财会月刊, 2007 (8): 84 - 85.

[92] 张志刚. 农业在产品会计处理的探讨 [J]. 中国农业会计, 2001 (9): 32 - 33.

[93] 赵杰, 赵洁. 《中文核心期刊要目总览》 (2008 版) 图书情报学核心期

刊研究分析 [J]. 图书馆学刊，2010，32 (4)：106 - 108.

[94] 赵忆宁. 我国分税制决策背景历史回放 [J]. 瞭望. 2008 - 08 - 04.

[95] 中国共产党章程. http：//www. gov. cn/jrzg/2012 - 11/18/content _ 2269219. htm.

[96] 中国证券监督管理委员会. 上市公司行业分类指引 (2012 年修订).

[97] 中华人民共和国财政部. 企业会计准则第 5 号——生物资产. 2006.

[98] 中华人民共和国土地管理法 [第二次修正版]. http：//www. npc. gov. cn/wxzl/gongbao/2004 - 10/21/content_ 5334569. htm. 2004 [1986].

[99] 中华人民共和国宪法 [2004 年修正版]. http：//www. china. com. cn/policy/txt/2012 - 01/14/content_ 24405089. htm. 2004.

[100] 中共中央关于全面深化改革若干重大问题的决定. 中国政府网，http：//www. gov. cn/jrzg/2013 - 11/15/content_ 2528179. htm.

[101] 中共中央国务院《关于加快发展现代农业进一步增强农村发展活力的若干意见》. 2013.

[102] 钟宏武. 中国企业社会责任报告编写指南：CASS - CSR 1.0 [M]. 经济管理出版社，2009.

[103] 周纯. 四大行新增不良贷款 2261 亿元，农行不良率破记录 [N]. 腾讯证券. 2016 - 03 - 31. http：//stock. qq. com/a/20160331/061314. htm.

[104] 朱崇明. 独具特色的中国农垦会计发展道路 [J]. 中国农业会计，1996 (12)：44 - 46.

[105] 庄庆鸿. 过半农民工不想上社保：户籍障碍成最大原因 [N]. 中国青年报，2014 - 09 - 19.